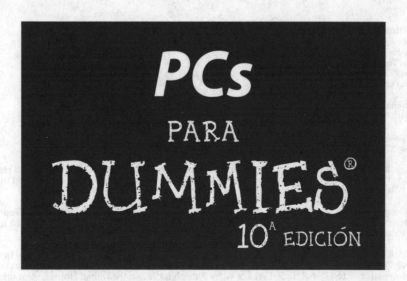

PCs

PARA

DUMMIES®

10ᴬ EDICIÓN

por Dan Gookin

ST EDITORIAL

PCs Para Dummies™, 10ª edición
Publicado por
ST Editorial, Inc.
Edificio Swiss Tower, 1er Piso, Calle 53 Este,
Urbanización Obarrio, Panamá, República de Panamá
Apdo. Postal: 0832-0233 WTC
www.st-editorial.com
Correo electrónico: info@st-editorial.com
Tel: (507) 264-4984 • Fax: (507) 264-0685

Para información general de nuestros productos y servicios o para obtener soporte técnico, contacte nuestro Departamento de Servicio al Cliente en los Estados Unidos al teléfono 800-762-2974, fuera de los Estados Unidos al teléfono 317-572-3993 o al fax 317-572-4002.

For general information on our products and services or to obtain technical support, please contact our Customer Care Department within the U.S. at 317-572-3993l, or fax 317-572-4002.

Para información en español llame al teléfono 786-206-9100, escriba a info@st-editorial.com o visite www.st-editorial.com.

Library of Congress Control Number: 2006920593

ISBN: 0-470-03678-8

Publicado por ST Editorial, Inc.
Impreso en México por Transcontinental.

Acerca del autor

Dan Gookin ha escrito sobre tecnología durante más de 20 años. Ha contribuido con artículos en una gran cantidad de revistas de alta tecnología y ha escrito más de 100 libros acerca de la tecnología de la PC.

Dan combina su amor por la escritura con su interés en la tecnología para crear libros que son informativos y entretenidos a la vez, pero nunca aburridos. Luego de vender más de 14 millones de títulos traducidos a más de 30 idiomas, Dan puede dar fe de que su método para construir tomos de informática parece funcionar.

Quizás el título más famoso de Dan es el original *DOS Para Dummies,* publicado en 1991. Éste se convirtió en el libro de informática vendido con mayor rapidez en el mundo; en un momento llegó a mover más copias por semana que el libro número uno en ventas del *New York Times* (aunque por ser un libro de referencia, no apareció en la lista de los libros más vendidos del *NYT*). Ese libro generó toda la línea de libros *Para Dummies*, que sigue siendo un fenómeno editorial hasta el momento.

Entre los títulos más recientes de Dan se incluyen *Laptops For Dummies*; *Buying a Computer For Dummies,* 2006 Edition; *Troubleshooting Your PC For Dummies*, 2nd Edition; *Power Excel & Word;* and *eBay Photos That Sell.* Además, mantiene el enorme y útil sitio web www.wambooli.com.

Dan cuenta con un título en comunicaciones y artes visuales de la Universidad de California, San Diego. Vive en el Pacífico Noroeste, donde disfruta pasar tiempo con sus cuatro hijos en los bellos bosques y los lagos azul moderado de Idaho.

ST EDITORIAL

Edición al español

Director general: Joaquín Trejos

Director editorial: Alonso Trejos

Editor en jefe: Giorgos Katsavavakis

Editora adjunta: María Laura Sessa

Edición: Sandra Argüello

Editor técnico: Antony Morera

Traducción: Rita Benavides

Gerente de producción: Milagro Trejos

Director de arte: Fernando Francia

Diagramación: Jeffrey Torres

Asistentes de producción: Karla Beirute
Nancy Moya

Adquisiciones, Editorial y Desarrollo de Medios

Editor del proyecto: Rebecca Huehls

(Edición anterior: Andrea Boucher)

Editor de adquisiciones: Bob Woerner

Editores de copy: Rebecca Senninger
Rebecca Whitney

Editor técnico: Danilo Celic

Gerente editorial: Leah Cameron

Gerente de desarrollo de medios:
Carmen Krikorian

Especialista en desarrollo de medios:
Kit Malone

Supervisora de desarrollo de medios:
Laura VanWinkle

Asistente editorial: Amanda Foxworth

Caricaturas: Rich Tennant
(www.the5thwave.com)

Producción

Coordinador del proyecto: Maridee Ennis

Diseño y gráficos: Seth Conley
Kelly Emkow
Heather Ryan
Janet Seib
Mary Gillot Virgin
Shae Lynn Wilson

Correctores: Andy Hollandbeck
Carl William Pierce
Dwight Ramsey

Índices: TECHBOOKS Production Services

Nota del editor. En esta versión se han incluido ejemplos adaptados para el mundo de habla hispana. Sin embargo, para algunos casos no necesariamente existe una equivalencia apropiada; por lo tanto, se encontrarán ejemplos que corresponden a la lengua inglesa o a la cultura de habla inglesa. De igual manera, algunos términos técnicos por consenso han sido adoptados del inglés. Además, con el fin de facilitar la lectura, en este libro se incluyen pantallas en inglés y en español.

Un vistazo al contenido

Tabla de contenido

Introducción

odo cambia con mucha rapidez en la industria de la computación, de manera que llegó el momento de hacer otra revisión y actualizar este libro clásico, que llega a su 10ª edición. He hecho muchos cambios en esta versión; he cambiado algunos temas de lugar y he mejorado el texto para que *PC Para Dummies* le pueda dar la respuesta a la pregunta de siempre: "¿Cómo es que una PC convierte a una persona inteligente en un zombi?".

No es necesario que ame la PC. Algunas personas lo hacen, pero la mayoría no. La razón es sencilla: *no* es fácil usarla. Es cierto que ahora es más fácil que hace 10 años, pero algunas cosas siguen siendo enigmáticas. Los archivos de ayuda son desconcertantes. ¡El soporte técnico ya ni siquiera está en su idioma! Entonces, usted se queda petrificado cuando tiene un problema y se pregunta por qué a nadie le preocupa sentarse y explicarle algo en términos comprensibles. Bueno, ¡ya puede estar tranquilo!

Este libro explica los aspectos básicos de su PC, cómo trabaja, qué sirve para qué y todo lo que quiere saber o, quizás, no sabía que lo quería saber. Honestamente, no es tan difícil usar o comprender las PC. Lo que sucede es que a un autor como yo y a un libro como éste les ha tomado un tiempo encontrar las palabras apropiadas.

Entre las cubiertas amarillo y negro de este libro encontrará información amigable de mucha utilidad para usar su PC. Este libro usa términos amigables y de uso común que por lo general son irreverentes. Aquí no hay nada sagrado. Otros pueden encargarse de alabar la parte electrónica. Este libro se enfoca en usted y en sus necesidades. En este libro descubrirá todo lo que necesita acerca de su PC sin jerga incómoda o prerrequisitos para el grado de Maestría en Ingeniería. Además, se divertirá.

¿Qué hay de nuevo en esta edición?

¡De verdad hice una gran labor! Me senté con principiantes y observé su forma de usar las PC. Anoté lo que era obvio para ellos. Ésas son las cosas que ya no tengo que mencionar. También hice anotaciones de lo que la mayoría de las personas que usan una PC no conocen. Incluso los llamados expertos tienen dificultades con algunos conceptos básicos. Así, en cuanto tuve todo este conocimiento y comprensión nuevos de los usuarios de PC, me senté frente al procesador de palabras, me rompí los nudillos de los dedos, sufrí, esperé unos minutos a que pasara el dolor y luego volví a organizar este libro con un énfasis nuevo y bastante entusiasmo, dirigidos a quienes usan una PC por primera vez, así como los usuarios antiguos que aún se sienten aturdidos por algunas cosas.

Esta edición de *PC Para Dummies* es específica para cualquier PC con el sistema operativo Windows XP, ya sea la edición Home o Pro. Si tiene una versión de Windows más antigua, honestamente tiene una PC pasada de moda, por lo que le sugiero adquirir una nueva con Windows XP y disfrutar los beneficios de una PC más potente.

Éstos son algunos de los temas nuevos que se cubren en esta edición:

- Información completamente nueva y muy detallada acerca de las redes informáticas, donde se incluyen las conexiones a Internet y las opciones cada vez más conocidas de redes inalámbricas.

- Información básica para comprender lo que es una PC y su forma de trabajar.

- Información clave acerca de la esencia de un archivo. En realidad, al comprender el archivo, logra comprender todo el concepto del software.

- Información actualizada sobre los módems de banda ancha (alta velocidad).

- Información detallada acerca del puerto USB.

- Más información acerca de la configuración de la PC.

- Información general actualizada sobre todos los aspectos de la tecnología de la PC, el hardware y el software, información muy numerosa para mencionarla aquí. Así que ¿por qué no comenzar a leer el libro de inmediato?

Al igual que en años anteriores, presento la información de este libro en un tono sensato, relajante y capaz de calmar incluso a quien le tenga más fobia a las PC.

¿Dónde comenzar?

Este libro está diseñado para que lo pueda abrir en cualquier lugar y comenzar a leer, como una referencia. Tiene 31 capítulos. Cada uno cubre un aspecto específico de la PC, como encenderla, usar la impresora, usar el software o patearla, por ejemplo. Cada capítulo se divide en pedazos de información con secciones independientes, las cuales se refieren al tema principal del capítulo. Algunos ejemplos de las secciones que puede encontrar son:

- Apagar el aparato.

- ¿Dónde está el cordón de la energía?

- ¡Detente impresora! ¡Detente!

 ✔ Probar la red.

 ✔ Deshacerse de un CD o CD-R.

 ✔ Descargar un archivo de Internet.

No tiene que memorizar nada de lo que está en este libro. Nada relacionado con una PC es memorable. Cada sección está diseñada para que pueda leer la información con rapidez, digerir lo que lee y luego dejar el libro a un lado y comenzar a usar la PC. Si aparece algo técnico, se le indica para que pueda saltarlo.

Convenciones utilizadas en este libro

Este libro es una referencia. Comience con el tema del que quiere más información; búsquelo en la tabla de contenido o en el índice. Vaya al área de interés y lea la información que necesita. Luego, con la información en su cabeza, puede cerrar el libro y hacer la tarea que necesita, sin leer nada más.

Cada vez que describo un mensaje o la información en la pantalla, se ve de la siguiente forma:

`Éste es un mensaje en pantalla.`

Si tiene que digitar algo, se ve de la siguiente forma:

> **Digite**

Usted digita el texto **Digite** como se muestra. Se le dice si debe presionar la tecla Enter y cuándo hacerlo.

Los comandos del menú de Windows se muestran así:

> Elija Archivo (File)⇨Salir (Exit).

Esta línea significa que debe elegir el menú Archivo y luego elegir el comando Salir. Las letras subrayadas son teclas de acceso directo, las cuales se pueden presionar en lugar de usar el 🖰 para elegir un objeto del menú: presione la tecla Alt para activar el menú y luego presione las teclas subrayadas, F y luego E, en este ejemplo.

Las combinaciones de teclas que tendría que digitar se muestran de la siguiente forma:

> Ctrl+S

Esta línea quiere decir que debe presionar y sostener la tecla Ctrl (Control), digitar una *S*, y luego soltar la tecla Ctrl. Funciona como cuando presiona Shift+S en el teclado y se produce una *S* mayúscula. La misma cosa con una tecla diferente.

Lo que no necesita leer

Cuando usa una PC hay mucha información técnica involucrada. Para que pueda mantenerse alejado de ella, la he incluido en recuadros marcados como información técnica. No es necesario que la lea. A menudo, es sólo una explicación compleja de lo que ya se ha mencionado en el capítulo. Leerla sólo le enseña algo sustancial acerca de su PC, lo cual no es la meta aquí.

Suposiciones tontas

Voy a suponer que usted tiene una PC y de alguna forma la usa para hacer algo. Usted usa una PC (o está planeando usarla) y usará Windows XP, ya sea la versión para el hogar o profesional, como su sistema operativo o programa principal. Este libro no cubre ninguna versión anterior de Windows.

Este libro se refiere al menú que aparece cuando usted hace clic en el botón Inicio o lo activa como el *menú del botón Inicio*. El menú Todos los programas en el panel Inicio se conoce como *Todos los programas*, aunque podría decir *Programas* en su pantalla.

Prefiero usar el Panel de control de Windows en vista Clásica, pero también prefiero usar el menú del botón Inicio en el menú de la vista más nueva de Windows XP. (Este tema se cubre en el Capítulo 5.)

Íconos usados en este libro

Este ícono le avisa cuándo hay información técnica innecesaria. Es una tontería que agregué porque sentí la necesidad de explicar algo totalmente innecesario (un hábito difícil de romper). Tiene total libertad de saltarse cualquier cosa con ese pequeño dibujo.

Este ícono por lo general indica un consejo útil o una perspicacia que hace del uso de la PC algo interesante. Por ejemplo, cuando vierte ácido sobre su PC, asegúrese de llevar puesto un delantal, unos guantes de protección y lentes de seguridad.

Este ícono indica que hay algo que debe recordar, como que dejó la puerta del refrigerador abierta cuando salió de la casa esta mañana o que debe revisar su cremallera antes de hablar frente a una gran audiencia.

Este ícono indica que tiene que ser cuidadoso con la información que se presenta; por lo general, es un recordatorio de algo que no debe hacer.

Ponerse en contacto con el autor

Mi dirección de correo electrónico aparece aquí, por si quiere escribirme:

dgookin@wambooli.com

Así es, ésa es mi dirección y yo respondo todos los mensajes de correo electrónico. Sin embargo, no puedo arreglar su PC. Recuerde que usted le pagó a otros para recibir soporte técnico y debería usarlo. Siempre estoy dispuesto a responder dudas relacionadas con este libro.

También puede visitar mi sitio web, el cual está repleto de páginas de ayuda útiles, información adicional, juegos y foros interactivos divertidos:

http://www.wambooli.com/

Los foros interactivos se encuentran en:

http://forums.wambooli.com/

La página de apoyo de este libro está en esta dirección:

http://www.wambooli.com/help/pc/

Hacia dónde ir desde aquí

Con este libro en la mano, está listo para salir a conquistar su PC. Comience por observar la tabla de contenido o el índice. Busque un tema y vaya a la página indicada y estará listo para comenzar a trabajar. Además, puede escribir en este libro, rellenar los espacios, marcar las páginas con un doblez en la esquina y hacer cualquier cosa que haría palidecer a un bibliotecario. ¡Disfrútelo!

Parte I
Presentación de la PC

En esta parte . . .

Casi cualquier persona puede reconocer una PC. Son tan comunes que casi cualquiera puede reconocerlas. Pero, ¿sabe usted lo que en realidad es una PC?

Hay algo más en una PC que un aparato de consumo que puede armar con rapidez y comenzar a usar de inmediato. A pesar de los avances tecnológicos y del progreso para hacer las cosas "amigables para el usuario", la PC sigue siendo un dispositivo muy técnico. Si quiere sacarle el máximo provecho a la suya, debe conocerla formalmente. Eso es lo que encontrará en esta primera parte del libro.

Capítulo 1

¿PC? ¿Qué es eso?

- -

En este capítulo

▶ Comprender los aspectos básicos de las PC

▶ Aprender acerca de I/O

▶ Descubrir el hardware y el software

▶ Conocer el sistema operativo

▶ Saber que su PC no explotará

- -

¿ Adivine qué? ¡Los vendedores le mintieron! Le dijeron que una PC era fácil de usar. Dijeron que en un instante estaría en Internet. Le explicaron que los programas informáticos ahora son tan sencillos y útiles que no tiene que tomar clases, que el cielo no lo permita, ¡ni comprar un libro! Sí, ¡son puras mentiras!

En la urgencia por convertir las PC en un producto de consumo, junto con los hornos tostadores y los teléfonos celulares, los vendedores de PC tuvieron que inventar todas esas historias. Desde luego es posible arreglárselas para usar una PC con el conocimiento mínimo de lo que está sucediendo. Pero usted sabe que es mejor hacerlo bien.

Si usted es muy inteligente y tiene un coeficiente intelectual que sonrojaría a Einstein, o si es un visitante de otro planeta y todo este asunto de las PC le parece facilísimo, ¡bien por usted! De lo contrario, me atrevo a pensar que ha descubierto que en realidad las PC son complejas e intimidantes y lo pueden hacer sentir como un tonto.

Este capítulo es una introducción al concepto de la PC, a la información básica necesaria para comprender por completo el monstruo que quizás piensa comprar, acaba de comprar o ha tenido durante algunos años. Luego de leer este capítulo, tendrá una visión más amplia de lo que se trata todo este asunto.

Lo más básico de la PC

La mayoría de estos aparatitos son bastante sencillos: un tostador calienta el pan; un horno microondas calienta agua; un auto proporciona transporte; un teléfono le permite hablar con alguna otra persona ya sea al otro lado del mundo o frente a la mesa. El objetivo de cualquier dispositivo se puede resumir con una descripción muy sencilla. ¿Qué sucede en el caso de una PC?

Se ha dicho que las PC son indescriptibles. En algún momento, la PC se consideraba la solución fundamental para la cual no existía ningún problema. Pero eso no es del todo correcto. La PC es una simple criatura que básicamente hace una cosa: toma una información de entrada (input) y luego la modifica para crear algún tipo de información de salida (output) (vea la Figura 1-1). El enorme potencial de esa simple actividad, sin embargo, es lo que hace que la PC parezca un dispositivo tan complejo.

Figura 1-1
Lo que hace la PC en su nivel más básico.

ENTRADA → ← SALIDA

Para ayudarle a tener una noción de lo que hace una PC, debería comprender tres conceptos informáticos básicos:

- I/O
- Procesamiento
- Almacenamiento

Esta sección amplía estos conceptos para darle una síntesis de lo que puede haber aprendido en una clase de informática, si se ha preocupado por tomar una.

I/O

> *No seas nunca ni deudor ni acreedor.*
>
> — Hamlet, Acto I, Escena III

Nadie acusaría jamás a una PC de ser un verdadero parásito, pero está obsesionada con las letras I y O.

IO por lo general se escribe I/O y quiere decir Entrada (Input) y Salida (Output), las cuales son dos de las cosas que mejor hace la PC. De hecho, I/O es en gran medida lo único que hace. Cuando comprende este concepto tiene clara la esencia de lo que es una PC y de lo que puede hacer.

✔ Los dispositivos conectados a su PC están divididos en campos de input y output.

✔ Los dispositivos de *input (entrada)* se usan para enviarle información a la PC. El teclado y el son dos dispositivos de entrada, al igual que el escáner y la cámara digital.

✔ Los dispositivos de *output (salida)* son elementos que usa la PC para mostrar sus dispositivos de salida como la pantalla y la impresora.

✔ Algunos dispositivos funcionan como de entrada y de salida, por ejemplo, el disco duro y el módem. La PC puede usar esos dispositivos para proporcionar entrada así como para enviar salida a otros dispositivos.

✔ ¡No deje que los términos como *disco duro* y *módem* lo perturben! Si tiene curiosidad, los puede buscar en el índice. De lo contrario, siga leyendo y asienta de vez en cuando como si entendiera. En todo caso, eso impresionará a la persona que lo esté mirando.

Procesar

Si una PC no procesara la información, sería básicamente como una tubería: el agua ingresa al sistema, fluye por algunas cañerías y luego sale del sistema. El agua es la misma antes, durante y después del viaje. Pero con una PC, usted tiene el elemento agregado del *procesamiento,* lo cual significa hacerle algo a la entrada para obtener algo distinto en la salida.

✔ El procesamiento está a cargo de un aparatito dentro de la PC llamado (lógicamente) un *procesador.*

✔ El procesador en realidad no sabe qué hacer con todo esa entrada. Decirle a la PC lo que debe hacer es el trabajo del *software.* El tema del software se trata más adelante en este capítulo.

✔ Es sorprendente pensar en esto: la entrada es totalmente digital. Sin embargo, con el procesamiento adecuado, la salida puede ser cualquier cosa desde un poema hasta una imagen gráfica o una sinfonía. Todo esto ocurre gracias al poder del procesamiento.

Almacenar

La última parte de la ecuación quitar es el almacenaje, que en una PC se conoce como *memoria.* El almacenaje es necesario en el nivel más básico porque el procesador necesita un lugar para realizar su magia, un bloc para garabatos locos, por llamarlo de alguna forma.

En una PC moderna, el almacenaje viene en dos formas: temporal y de larga duración.

RAM es el almacenaje temporal, donde el procesador hace su trabajo, donde funcionan los programas y donde se almacena la información mientras se trabaja con ella. El RAM es el área de juegos del microprocesador, su tienda, su guarida.

Las unidades de disco (disk drives) proporcionan almacenamiento a largo plazo. Los discos permiten que se guarde la información y se use más adelante, como un armario o unidad de almacenaje. El almacenamiento de disco es el lugar donde van las cosas cuando el microprocesador no está trabajando directamente con ellas, pero de donde se puede recuperar la información más adelante si se necesita.

✔ Todas las PC necesitan almacenamiento.

✔ RAM es la sigla de Random Access Memory. Por lo general sólo se le llama *memoria*.

✔ RAM también se conoce como *almacenamiento temporal*.

✔ Las unidades de disco vienen en una amplia variedad de tipos: removibles y no removibles y con varios nombres y números adjuntos. Debido a su variedad, las unidades de disco por lo general se conocen como *almacenamiento a largo plazo*.

✔ Otro término para las unidades de disco es *memoria del disco,* aunque no prefiero ese término porque es fácil confundirlo con RAM.

✔ No se quede dándole vueltas a esos términos. La jerga informática, como *RAM* y *unidad de disco,* se explica más adelante en este libro.

✔ Las PC en las misiones a la Luna del Apolo tenían mucha capacidad de almacenamiento para el día. Por esta razón los astronautas no tenían que digitar manualmente los programas necesarios para ejecutar la PC. A pesar de eso, se requería una cantidad inimaginable de digitación y programación en la cápsula.

El mundo del hardware y el software

Un sistema de cómputo es una combinación de dos cosas distintas: *hardware* y *software*. Al igual que otros pares famosos (El Gordo y El Flaco, dulce y amargo), el hardware y el software deben llevarse bien para crear el sistema de cómputo completo.

El *hardware* es la parte física de una PC, cualquier cosa que pueda tocar y ver. La consola de la PC, el monitor, el teclado y el 🖱, todos son elementos del hardware.

El *software* es el cerebro de la PC. Le dice al hardware lo que debe hacer.

En cierta forma, nos ayuda a pensar en el hardware y el software como una orquesta sinfónica. En el caso del hardware, serían los músicos y sus instrumentos. El software es la música. En el caso de una PC, la música (software) le dice a los músicos y sus instrumentos (hardware) lo que tienen que hacer.

Sin software, el hardware sólo está ahí sentado luciendo bien. No puede actuar porque no tiene instrucciones ni nada que le diga lo que debe hacer después. Al igual que una orquesta sinfónica sin música, eso puede ser una pérdida de tiempo muy costosa (en especial a escala sindical).

No, usted tiene que tener software para que la PC funcione y complete el sistema informático. De hecho, es el software el que determina la personalidad de su PC.

✔ Si lo puede lanzar por una ventana, es hardware.

✔ Si lo puede lanzar por una ventana y regresa, es un gato.

✔ El software de la PC es más que instrucciones que le dicen al hardware lo que tiene que hacer, cómo actuar o cuándo perder sus datos.

✔ El software de la PC es más importante que el hardware. Como el maestro y el alumno, es el software el que le dice al hardware lo que tiene que hacer. Es muy importante prestarle atención a este aspecto cuando compra un PC por primera vez ya que la mayoría de las personas se concentran más en el hardware del PC nuevo que en el software que lo controla.

✔ Sin el software apropiado, el hardware de su PC no tiene nada que hacer. Es ahí donde la PC mágicamente se convierte en el ancla del bote.

El sistema operativo de la PC

La parte más importante del software dentro de la PC es el *sistema operativo*. Cumple varias tareas:

✔ Controlar el hardware de la PC.

✔ Administrar todo el software de la PC.

✔ Organizar los archivos y la información que usted crea.

✔ Relacionarse con usted, el humano.

Hacer todo esto es una gran tarea. Por suerte, los diseñadores de PC han logrado que un único programa haga todas esas cosas. El sistema operativo no es un flojo.

En las PC, el sistema operativo más común es Windows. También hay otros sistemas operativos disponibles que hacen lo que se ha mencionado y pueden controlar el hardware, pero Windows domina el mercado. Este libro asume que Windows es el sistema operativo de su equipo.

La forma en que el sistema operativo lleva a cabo sus diversos trabajos se cubre en otra parte de este libro.

RECUERDE

✔ ¡El hardware *no* está a cargo! El software tiene que llevar la batuta de la PC. El chico fuerte entre todos los programas de software es el sistema operativo.

✔ La parte del software más importante de la PC es el sistema operativo. Es su programa número, el gran pastel, el gran jefe, *le roi.*

✔ El hardware se rinde y le brinda su control al sistema operativo unos instantes después de que usted enciende el equipo. Vea el Capítulo 4 para obtener información con respecto a encender y apagar la PC.

✔ El sistema operativo por lo general viene con la PC cuando usted la compra. Nunca tiene que agregar un segundo sistema operativo, aunque algunos sistemas se actualizan y mejoran de vez en cuando.

✔ Cuando compra software, lo compra para un sistema operativo, no para la marca de la PC. Por lo tanto, en lugar de comprar software para su Dell o IBM, usted busca en la sección de Windows de la tienda de software.

Otro software

El sistema operativo no es el único software que usted usa en su PC. Si usted es un usuario típico, es probable que obtenga docenas, si no centenas de otros programas o software para personalizar su PC y lograr que haga esas cosas que usted quiere.

El software se conoce con varios nombres. Además de software, puede encontrar:

Aplicaciones: esta categoría de software se usa para la productividad o para crear cosas. Las aplicaciones son el software que hace el trabajo.

Programas: cualquier cosa que sea un "programa de cómputo" también es software, pero esta categoría incluye software que se puede o no usar para la productividad o para producir salidas, como un juego para PC o un programa para reproducir un CD.

Utilidades o herramientas: éstos son programas diseñados para ayudarle a ejecutar la PC o a trabajar con el hardware. Por ejemplo, usted puede usar una herramienta para mejorar el desempeño de las unidades de discos de su PC.

La Parte IV de este libro profundiza más en cuanto al software de cómputo.

Lo que usted hace

Usted usa el software para controlar el hardware de su PC y el resultado es que usted produce algo. Ese algo, ya sea un documento, una obra musical, un video, un diseño gráfico, cualquier cosa, se almacena en la PC en una unidad que se llama un *archivo*.

El sistema operativo es lo que le dice a las diversas aplicaciones y programas cómo y dónde guardar lo que usted crea. El sistema operativo ayuda a mantener las cosas ordenadas y ofrece reglas para poner nombres y ayuda para encontrar todos los archivos.

Este libro trata sobre los archivos y su organización en el Capítulo 21.

La PC (como en PC Para Dummies)

El tipo de equipo que tiene, o que pronto tendrá, es una PC. Ésa es la razón por la que este libro lleva el título *PC Para Dummies*. Existen muchas variedades de máquinas, desde muy grandes hasta pequeños dispositivos manuales. La categoría más grande hasta el momento, sin embargo, es la PC.

PC quiere decir *computadora personal*. El diseño de la PC se basa en sus primeros ancestros, el IBM PC. En ese momento, a las PC se les decía *microcomputadoras.* A pesar de que existían muchas microcomputadoras, IBM PC se convirtió en la más popular y exitosa.

Específicamente, una PC hoy es cualquier equipo que pueda ejecutar el sistema operativo de Windows. Existen diferencias sutiles entre el hardware de la PC de un fabricante a otro, pero, de manera universal, si el equipo ejecuta Windows, es una PC. (Tenga en cuenta que esto no incluye los coches, las máquinas de coser o las máquinas del corazón que también podrían ejecutar Windows.)

- ✔ En una visión amplia, lo que específicamente *no* es una PC es una Macintosh. Si usted tiene una Macintosh, de cualquier forma o variedad, debería adquirir el libro *Mac Para Dummies,* un libro bien escrito por mi amigo David Pogue.

- ✔ Si usted tiene un equipo portátil, le recomiendo que adquiera el libro *Laptops Para Dummies*, un libro bien escrito por mi amigo Dan Gookin.

La pregunta más importante: ¿explotará su PC?

Con mucha alegría le puedo informar que no, su PC no explotará. Al menos no bajo circunstancias normales. Pero, si es un poco letrado, es totalmente posible pensar que una PC es capaz de hacer combustión espontánea, aunque nunca ha sucedido en la vida real.

Cualquier persona que haya visto un episodio antiguo de *La Guerra de las Galaxias* por televisión o cualquier programa de Irwin Allen de 1960 sabe que las máquinas son capaces de explotar y hacerlo de una forma muy dramática. Cuando a un televisor se le dan las instrucciones más sutiles, aunque ilógicas, la computadora del televisor típica se inquieta y se calienta, y eventualmente explota y lanza chispas y pedazos.

En la vida real, las PC tienen una muerte mucho más silenciosa. En la muerte típica de una PC, ésta sólo se niega a encender cuando se activa el interruptor. Claro, en ocasiones la fuente de poder puede sufrir un problema. Pero es mucho menos dramático si lo comparamos con la explosión de la guerra de computadoras de Eminiar VII en *La Guerra de las Galaxias,* episodio 23.

Ahora, a pesar de que su PC no explotará, sí admito que puede ser más amigable. Me encantaría decir que la PC es muy fácil de comprender, pero no es así. Incluso aquellos que ya dominan su uso descubren cosas nuevas y útiles todos los días. Por supuesto, usted ya ha dado un paso gigante para lograr que su PC sea más una amiga que un potencial barril de pólvora: usted tiene este libro, que comienza con este amistoso capítulo, una agradable introducción al mundo de la PC.

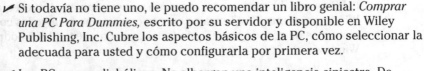 ✔ Si todavía no tiene uno, le puedo recomendar un libro genial: *Comprar una PC Para Dummies,* escrito por su servidor y disponible en Wiley Publishing, Inc. Cubre los aspectos básicos de la PC, cómo seleccionar la adecuada para usted y cómo configurarla por primera vez.

 ✔ Las PC no son diabólicas. No albergan una inteligencia siniestra. De hecho, cuando las llega a conocer, son como botaderos.

Capítulo 2

Mirada con ojo de conocedor

En este capítulo

▶ Reconocer diferentes tipos de la PC

▶ Observar el hardware básico de la PC

▶ Encontrar cosas en la consola

▶ Ubicar los conectores, hoyos y enchufes de la PC

▶ Usar símbolos y colores útiles

*U*sted pensaría que 25 años después de los albores de la revolución informática, la mayoría de las personas sabrían cómo luce una PC. Pero no es así. Es muy común que las personas piensen que el monitor es *la PC*. ¡No es así! Entonces, ¿cómo se hace para saber qué es la PC y qué es una unidad periférica? Para eso leerá este capítulo.

De las dos partes del sistema de la PC, hardware y software, el hardware es el que recibe más atención (aunque el software es más importante). Este capítulo le ofrece una vista general de lo que es una PC y dónde puede encontrar cosas útiles e interesantes para ella.

Variaciones de una PC típica

No existe algo como una PC típica, al igual que no existe algo como el coche típico. A pesar de que las PC y los coches tienen partes comunes, la organización y el diseño son diferentes de un fabricante a otro. Ésta es una perspectiva general de los diversos tipos de PC disponibles y el nombre oficial que reciben:

Mini torre: la configuración de la PC más popular. En este caso la PC se coloca sobre el escritorio y su forma es vertical o se coloca fuera de la vista debajo del escritorio.

Escritorio (Desktop): en algún momento fue la configuración de la PC más popular. Tiene una consola en forma de bloque que se coloca de forma horizontal sobre el escritorio y el monitor se coloca encima.

Escritorio (Small footprint): una versión más pequeña que el escritorio. Se usa por lo general en sistemas caseros de bajo costo. El *footprint* es la cantidad de espacio en el escritorio que usa la PC.

Sistema de torre: en esencia un escritorio de tamaño completo que se coloca de lado, lo cual hace que esta PC sea alta como una torre. Las torres tienen mucho espacio para expandirse. Esto las convierte en las preferidas de los usuarios locos por el poder. Las torres por lo general se colocan en el suelo y se apoyan en un extremo de la mesa.

Equipo portátil: un tipo especial de PC que al cerrarse se convierte en un paquete manual muy liviano. Es ideal para que los puntos de revisión de seguridad en los aeropuertos se pongan más lentos. Las PC portátiles trabajan justo como sus hermanas escritorio; las excepciones se mencionan a lo largo de este libro.

Elegir el sistema de PC apropiado depende de sus necesidades. Los amantes del poder admiran la capacidad de expansión de la torre o quizás de la mini torre. Los amigos que siempre andan de camino aman las portátiles. Los escritorios footprint caben en cualquier escritorio. (Sólo recuerde que el espacio abarrotado siempre se extiende para llenar el espacio disponible en el escritorio.)

El hardware básico de su PC

En la Figura 2-1 aparece un sistema de cómputo típico. Las piezas grandes importantes se han señalado para su disfrute. Es importante que sepa cuál pieza es qué y cuáles son los términos apropiados.

Consola: la caja más importante de la PC es la consola, aunque también se puede llamar *unidad de sistema* (término sabelotodo) o el *CPU* (incorrecto). Es una caja que contiene el *alma* de su PC: tripas electrónicas además de varios botones, luces y hoyos dentro de los que conecta el resto del sistema.

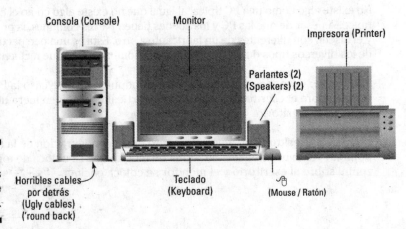

Figura 2-1
Cosas básicas de la PC.

Consola (Console) Monitor Impresora (Printer)

Parlantes (2) (Speakers) (2)

Horribles cables por detrás (Ugly cables) ('round back) Teclado (Keyboard) (Mouse / Ratón)

Monitor: dispositivo donde la PC despliega la información, su salida.

Teclado: es en lo que digita; la forma principal en la que se comunica con la PC, con su entrada.

Ratón: no es un roedor ni una plaga. El ☝ de la PC es un dispositivo útil que le permite trabajar con objetos gráficos que se muestran en el monitor.

Altoparlantes: las PC emiten un pitido y chillan por medio de un conjunto de altoparlantes en estéreo. Puede configurar unos externos, como aparece en la Figura 2-1 o pueden estar incorporados dentro de la consola o el monitor. Si invierte más dinero, puede incluso obtener un *subwoofer* (altavoz) que puede colocar debajo del escritorio. Ahora, *ese* ruido hará vibrar las ventanas de sus vecinos.

Impresora: es donde imprime la salida de la PC que también se le llama *hard copy*.

Quizás encuentre, además de estos objetos básicos, otras cosas alrededor de su PC, como un escáner, una cámara digital, un *joystick* y una unidad de disco externa, digamos, componentes vitales de la PC.

Algo que definitivamente no aparece en la Figura 2-1, y algo que nunca verá en el manual de una PC y mucho menos en los anuncios, es la maraña de cables que habitan detrás de toda PC. ¡Qué desorden! Estos cables son necesarios para conectar las cosas de la pared al aparato. No existe ningún champú ni enjuague en la Tierra capaz de quitar esos enredos.

✔ Asegúrese de saber dónde están la consola, el teclado, el ☝, los altoparlantes y la impresora dentro de su propio sistema. Si la impresora no está presente, quizás es una impresora de una red que se ubica en otra habitación.

✔ Tonto pero cierto: la mayoría de los principiantes (y cualquier persona que no sepa casi nada) creen que el monitor es "la PC".

✔ Los capítulos en la Parte II de este libro proporcionan más detalles de los componentes individuales de la PC que apenas se mencionan y se ilustran en la Figura 2-1.

✔ CPU quiere decir *u*nidad *c*entral de *p*rocesamiento. Es otro término para el microprocesador de la PC (vea el Capítulo 6). No obstante, algunas personas se refieren a la consola como el CPU. ¡Vaya si están equivocados!

Un vistazo a la consola

Esa consola, la caja principal que es en realidad el sistema de su PC, no está sola. En la consola usted conecta cualquier otro aparatito que use como parte del sistema de la PC. Para acomodarlos, la consola tiene muchos hoyos donde se conectan esos aparatos. No sólo eso, la consola tiene puertas y ranuras para que usted pueda acceder directamente a cosas importantes dentro de ella. Como si se tratara de nueces que le puede agregar a un helado, la consola tiene botones interesantes para presionar e interruptores para subir o bajar. Esta sección hace una reflexión de todo eso.

> ✔ Trate de localizar en su propia PC las cosas que se mencionan en esta sección. Conozca sus ubicaciones así como sus nombres informáticos oficiales.
>
> ✔ No todas las consolas son iguales. Use esta sección como una guía general.

Puntos principales de interés en el frente de la consola

El frente de la consola es para usted, querido usuario de la PC. Es ahí donde usted interactúa con el sistema directamente, al agregar o quitar discos, observar las luces, apretar botones y quizás incluso conectar uno o dos objetos especiales dentro de la PC.

Use la Figura 2-2 como su referencia mientras busca los siguientes objetos:

Unidad de CD-ROM o DVD: al igual que un reproductor de música o video, su PC digiere CD y DVD por medio de una ranura o bandeja en el frente de la consola. Algunas PC quizás tengan una unidad de CD/DVD dual y puede ser que otras tengan uno de cada uno. Puede leer más en el Capítulo 8.

Expansión futura: algunos puntos en la nariz de la consola pueden lucir como un CD-ROM o como unidades de disco, ¡pero, no lo son! Son tan sólo espacios que cubren los hoyos. Puede usar esos hoyos para agregarle cosas a su PC algún día.

Unidad de disco flexible: esta ranura come discos floppy. Algunos software vienen en discos floppy y usted puede usarlos para mover archivos de una PC hacia otra. No todas las PC que se venden hoy día vienen con una unidad de disco flexible.

Ductos de aire: muy bien, esta parte no es muy impresionante, pero la mayoría de las consolas muestran algún tipo de respiradero en el frente. ¡No bloquee los respiraderos con libros o notas adhesivas! El aparato necesita respirar.

Puertas secretas: algunas PC, en especial los modelos caseros, tienen un panel secreto o una puerta que se abre. Detrás de ella, puede encontrar conectores para joysticks, micrófonos, audífonos y otros objetos útiles que quizás necesite conectar y desconectar de vez en cuando. Tener el panel secreto es más útil que tener que ir detrás de la PC y buscar a tientas los conectores y los hoyos.

Botones y luces: la mayoría de los botones de la PC se encuentran en el teclado. Algunos de los más importantes están en la consola y estos botones en PC más lujosas están acompañados por muchas luces pequeñas impresionantes. Estos botones y luces incluyen los siguientes:

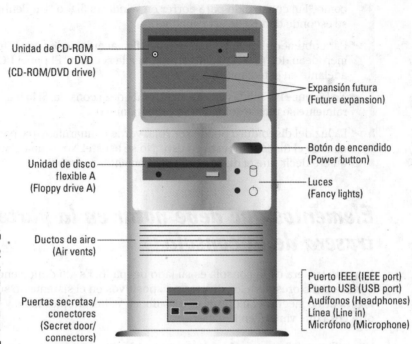

Unidad de CD-ROM
o DVD
(CD-ROM/DVD drive)

Expansión futura
(Future expansion)

Botón de encendido
(Power button)

Unidad de disco
flexible A
(Floppy drive A)

Luces
(Fancy lights)

Ductos de aire
(Air vents)

Figura 2-2
Cosas
que debe
notar en el
frente de la
consola.

Puertas secretas/
conectores
(Secret door/
connectors)

Puerto IEEE (IEEE port)
Puerto USB (USB port)
Audífonos (Headphones)
Línea (Line in)
Micrófono (Microphone)

 ✔ **Botón de encendido:** ya no es un botón sencillo de encendido y apagado, es el *botón de encendido* y puede hacer más que sólo encender y apagar la PC. Vea el Capítulo 4 para obtener detalles.

 ✔ **Botón de reseteo:** poco común, aunque todavía se encuentra en algunas PC. Es un botón que obliga a la PC a reiniciar en momentos de congoja. Considérelo un valor agregado si su PC lo tiene.

 ✔ **Botón dormir:** este botón poco común está diseñado específicamente para colocar la PC en coma y suspender todas las actividades sin apagarla. En algunas PC, este botón y el botón de encendido son el mismo.

✔ **Luces de la unidad del disco:** estas luces parpadean cuando el disco duro, la unidad de disco flexible o la unidad de CD-ROM está trabajando. En un disco duro, la luz le da certeza de que está vivo y feliz haciendo su trabajo. En el caso de los otros tipos de unidades (con discos removibles), la luz indica que la PC está usando la unidad.

Otras cosas divertidas y poco usuales quizá se ubiquen en el frente de su consola; la mayoría son características de una marca determinada de PC.

✔ El frente de la consola podría tener una etiqueta de la marca o el tatuaje del fabricante.

✔ Algunas PC más nuevas tienen calcomanías en las que aparece el número de instalación secreto de Windows o dicen cosas sin sentido como "Fui construido para correr en Windows 3D" o "Un Pentium Wazoo se esconde dentro de esta consola".

✔ Para obtener información más específica acerca de los conectores que merodean detrás del panel secreto, vea la sección "El panel I/O", más adelante en este capítulo.

✔ No bloquee las salidas de aire en el frente de la consola. Si lo hace, la PC literalmente se puede sofocar. (Se calienta mucho.)

✔ La luz del disco duro puede ser roja, verde o amarilla, y parpadea cuando el disco duro está en uso. ¡No se asuste! No es una alarma, sólo quiere decir que el disco duro está haciendo su trabajo.

Elementos que debe notar en la parte trasera de la consola

La parte trasera de la consola es su lado ocupado. Es ahí donde encuentra varios conectores para los diversos dispositivos en el sistema de su PC: un lugar para conectar el monitor, el teclado, el ⌐, los altoparlantes y cualquier otra cosa que viniera en la caja.

Use la Figura 2-3 como guía para encontrar las siguientes cosas importantes en la parte trasera de la consola de la PC. Note que algunas cosas pueden ser diferentes, algunas pueden hacer falta y algunas más nuevas puede que no se mencionen aquí.

Fuente de poder: es aquí donde la PC se conecta a un cordón que va a la pared.

Ventilador: el aire se queda aquí atrapado, sopla dentro de la consola para enfriar las cosas y luego sale por los respiradores.

Interruptor de voltaje: use este objeto para cambiar las frecuencias de poder para que coincidan con las especificaciones de su país o región.

Ranuras de expansión: estas ranuras están disponibles para agregar componentes nuevos en *tarjetas de expansión* a la consola y expandir el hardware de su PC. Cualquier conector en las tarjetas de expansión aparece en esta área, como los conectores de audio y video en una tarjeta de expansión de DVD.

Ductos de aire: de nuevo, la salida de aire para que la PC respire.

Panel I/O: además del cable de poder y de cualquier cosa agregada a una tarjeta de expansión, el resto de las opciones de expansión de su PC y de cosas del tipo que se enchufan, se ubican en un área central que se llama el panel I/O. Los detalles de lo que puede encontrar ahí se cubren en la siguiente subsección.

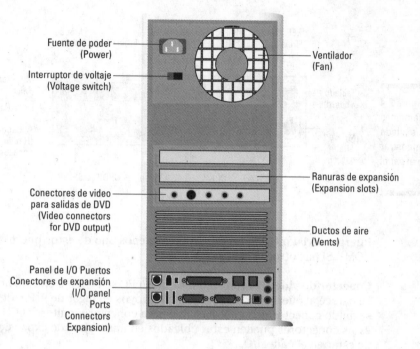

Fuente de poder
(Power)

Interruptor de voltaje
(Voltage switch)

Ventilador
(Fan)

Conectores de video
para salidas de DVD
(Video connectors
for DVD output)

Ranuras de expansión
(Expansion slots)

Ductos de aire
(Vents)

Figura 2-3
Elementos
importantes
en la parte
trasera de la
consola.

Panel de I/O Puertos
Conectores de expansión
(I/O panel
Ports
Connectors
Expansion)

El panel I/O

Ya sea para ayudar a mantener todos los conectores en un solo lugar o para
crear la ubicación más abarrotada de cables en la consola, es muy probable
que su PC tenga un panel I/O que normalmente se ubica en la parte trasera de
la consola. Es aquí donde puede agregarle varias opciones de expansión a la
PC así como conectar los dispositivos estándar que aparecen en la Figura 2-1.

Use la Figura 2-4 como guía para saber lo que es cada cosa. Los objetos
que encuentra en el panel I/O de su PC pueden tener etiquetas con texto o
pueden incluir los símbolos que aparecen en el Cuadro 2-1.

Conector del teclado: el teclado se conecta en este pequeño hoyo.

Conector del 🖰: generalmente tiene el mismo tamaño y forma que el conector del teclado, aunque este hoyo tiene un ícono de 🖰 cerca para informarle
que el 🖰 se conecta ahí.

Puerto USB: conecte dispositivos de moda en estas ranuras Universal Serial
Bus (USB) de tamaño Certs. Vea el Capítulo 7 para obtener más información
acerca del USB.

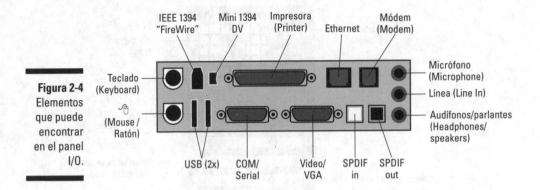

Figura 2-4
Elementos
que puede
encontrar
en el panel
I/O.

Puertos serial o COM: las PC tienen al menos uno de estos puertos, llamado COM1. Si hay otro, se llama COM2.

Conector de video/VGA: el monitor de su PC se conecta en este hoyo, el cual se parece al puerto serial, pero tiene 15 hoyos en lugar de 9. Puede haber un segundo conector de monitor digital para conectar monitores LCD. Además, estos conectores pueden estar ubicados en una tarjeta de expansión en lugar de estar en el panel I/O.

SPDIF In/Out: estos conectores se usan para añadir el cable de fibra óptica que se usa para el audio digital. El audio que ingresa a la PC se conecta en el hoyo In; el sonido que genera la PC sale por el hoyo Out.

Enchufe del micrófono: el micrófono de la PC se conecta en este hoyo.

Enchufe de línea de entrada: este enchufe es donde usted le conecta su estéreo o VHS a la PC para capturar sonido.

Enchufe de alta voz/salida de audio: es donde usted enchufa los altavoces externos o audífonos de su PC, o donde conecta la PC a un sistema de audio. (También busque un conector de audífonos en el "panel secreto" en el frente de la consola.)

Módem de marcación: es aquí donde conecta el módem de su PC al enchufe telefónico de la pared. Si hay dos hoyos de teléfono o módem en el panel I/O, el segundo es para una extensión telefónica. Note que no es aquí donde conecta un módem de banda ancha (DSL o cable).

Conector Ethernet (red): éste es el lugar donde enchufa un conector de red de área local (LAN), o donde le agrega un módem de banda ancha la PC. No todas las PC tienen uno de estos conectores.

Puerto de impresión: la impresora de la PC se enchufa en este conector.

Puertos IEEE: estos puertos se usan con muchos propósitos, similares a los puertos USB. Se les puede llamar IEEE, 1394 o FireWire. Una versión más pequeña del puerto se puede llamar DV, para Video Digital.

Los siguientes conectores no aparecen en la Figura 2-4 pero están disponibles en muchas PC:

S-Video Out: si su PC tiene una unidad de DVD, el conector S-Video le permite conectar un televisor S-Video a su PC.

Puerto de joystick: un puerto que se usa para los joysticks de estilo antiguo, pero ahora la mayoría se conectan en el puerto USB.

¿Cuál es la buena noticia? Usted conecta todo esto sólo una vez. Luego, la parte trasera de su PC le da la cara a la pared por el resto de su vida y usted nunca más tiene que verla (bueno, a menos que le agregue algo en el futuro).

✔ ¡Los conectores del teclado y el ⌐ son *diferentes*! Asegúrese de conectar el aparato apropiado en el hoyo correcto, de lo contrario el teclado y el ⌐ no funcionarán.

✔ Vea el Capítulo 7 para obtener más información sobre los hoyos y lo que se conecta en ellos.

✔ Vea el Capítulo 13 para obtener más información sobre los módems.

Jeroglíficos y colores útiles

Aunque la mayoría de los conectores de la PC son diferentes, los fabricantes tienen un grupo de colores y símbolos comunes que usan para identificar los diversos hoyos, conectores y puertos en la parte de atrás de la consola. Éstos aparecen en una lista en el Cuadro 2-1 para ayudarle a encontrar las cosas, en caso de que sea necesario.

Cuadro 2-1	Formas, conexiones, símbolos y colores		
Nombre	*Conector*	*Símbolo*	*Color*
COM/Serial			Cian
Video digital			Blanco
Ethernet/RJ-45			Ninguno

(Continúa)

Cuadro 2-1 (continuación)

Nombre	Conector	Símbolo	Color
IEEE 1394			Ninguno
IEEE 1394 mini			Ninguno
Infrarrojo			Ninguno
Joystick			Mostaza
Teclado			Púrpura
Línea de entrada (audio)			Gris
Micrófono			Rosado
Módem			Ninguno
Monitor			Azul
			Verde
Poder			Amarillo
Impresora			Violeta
SPDIF In		**IN**	Rosado/blanco
SPDIF Out		**OUT**	Negro
Micrófonos/Audífonos			Lima
S-Video			Amarillo
USB			Ninguno

Capítulo 3

Insertar la pestaña A dentro de la ranura B

- -

En este capítulo

▶ Ensamblar el sistema de su PC

▶ Comprender los cables de la PC

▶ Conectar los aparatos en la consola

▶ Usar una regleta

▶ Administrar una UPS

- -

No hay nada difícil con respecto a armar una PC. Un niño podría hacerlo. Bueno, un niño con un coeficiente intelectual como de 240. O quizás un niño que tiene suerte. Dicen que si usted consigue un martillo bastante grande y se pone a martillar, en algún momento conseguirá algo, pero algo más afín al arte contemporáneo que a una PC realmente funcional.

Este capítulo se relaciona con el armado de su PC. Específicamente, se trata de lo que va en cada lugar y de la forma como varias cosas se conectan entre ellas. En realidad, esto puede ser tan sencillo como insertar la proverbial Pestaña A en la primordial Ranura B, en especial cuando usted sabe dónde está la Pestaña A y cómo calza en la Ranura B.

✔ En este capítulo se cubre la forma básica de armar la PC. Encender la PC se cubre en el Capítulo 4.

✔ Vea el Capítulo 7 para obtener información adicional con respecto a lo que debe hacer después, específicamente luego de agregar un USB, IEEE u otras opciones de expansión para su PC.

Armar su PC

Su PC funciona más rápido cuando la saca de la caja.

Desempaque las cajas

Las PC pueden venir en una, dos o varias cajas. Si tiene suerte, una de las cajas dice algo como "Abrir primero". Abra ésa de primero. De lo contrario, trate de localizar la caja en la que se encuentra la consola. Debe abrir ésa primero.

Asegúrese de revisarlo todo. Algunas veces, los fabricantes colocan objetos importantes dentro de las cajas o entre las piezas del material de empaque. Revíselo todo con cuidado.

Abra también las otras cajas para asegurarse de tener todas las piezas necesarias para el sistema de su PC. (Refiérase al Capítulo 2 para revisar las piezas.) Si le hace falta algo, ¡llame a alguien!

✔ Guarde el recibo del empaque, la garantía, el recibo de compra y otros papeles importantes en un solo lugar.

✔ No llene la tarjeta de la garantía hasta que la PC esté configurada y funcionando bien. (Si tiene que devolver la PC, las tiendas prefieren que *no* haya llenado la tarjeta de la garantía.)

✔ Guarde las cajas y todos los materiales del empaque. Los necesita si tiene que devolver la PC. Además, las cajas son la mejor forma de enviar la PC si tiene que mudarse. Algunas compañías de mudanza no aseguran una PC a menos que esté empacada en la caja original.

✔ Es posible que su PC venga con algún tipo de diagrama que le dice cómo armar todos los componentes. Si es así, primero siga esas instrucciones y use las de este libro como sugerencias.

Primero arme la consola

La consola es la caja principal de la PC, el lugar de todas sus actividades. Por lo tanto, es mejor que la arme de primero. Colóquela en el escritorio o en el lugar donde cree que pronto se convertirá en el experto informático que siempre ha soñado ser.

Todavía no voltee la consola hacia la pared. Necesita comenzar a conectar las cosas en la parte trasera. Hasta que no tenga todo conectado en ella no querrá voltearla hacia la pared. (Incluso en ese momento, deje un espacio para que no presione los cables.)

✔ La consola necesita respirar. No coloque la PC en un espacio reducido o dentro de un armario donde el aire no circule.

✔ Evite colocar la consola cerca de una ventana por la que entre el calor del sol. A las PC no les gusta trabajar en el calor extremo ni tampoco en el frío extremo.

✔ Las PC cerca de la ventana también son un objetivo tentador para los ladrones.

Es una PC, no un horno ni un refrigerador

Su PC quiere trabajar en las mismas temperaturas que ustedes los humanos disfrutan. La mayoría de las PC mencionan sus temperaturas preferidas en algún lugar de su caja. En general, las temperaturas entre 40 y 80 Fahrenheit (de 4 a 27 Celsius) son las mejores. Cuando se calienta mucho, la PC empieza a actuar de manera extraña y puede ser que se reinicie espontáneamente. Cuando la temperatura baja mucho, ¡la PC quizás ni siquiera encienda!

También evite la humedad, la cual realmente puede trabar una PC. He escuchado a lectores de climas tropicales que han encontrado moho dentro de una PC, ¡tal era la cantidad de humedad! Si se dispone a usar la PC en un lugar húmedo, trate de hacerlo en una habitación con aire acondicionado.

Una guía general para conectar cosas en la consola

Todas las partes principales dentro del sistema de su PC se conectan directamente en la consola. Esto quiere decir que cuando tenga la consola ubicada, el siguiente paso en el ensamblaje de su PC es desempacar las otras piezas y conectarlas a la consola.

¡Todavía no conecte nada en el enchufe de la pared! Aun más, cuando comienza a armar el sistema de la PC y a agregarle varios aparatitos, asegúrese de que los dispositivos con un interruptor se mantengan en la posición de apagado (off).

Esta sección cubre los aspectos básicos para conectar muchas cosas populares en la consola. Use esta información cuando arme la PC por primera vez, así como más adelante cuando expanda o le agregue algo al sistema.

A menos que lea algo que diga lo contrario, la mayoría de los aparatitos se pueden enchufar mientras la PC está encendida. Existen algunas excepciones para esta regla, así que ¡lea con atención esta sección!

Audio

La PC usa un pequeño conector *mini-DIN* para el audio estándar. La mayoría de los aparatos de audio (altoparlantes, micrófonos) usan este conector. Si no es así, puede adquirir un adaptador en cualquier tienda de audio o en Radio Shack.

- ✔ Los altoparlantes de PC se conectan al enchufe de la línea de salida, de los altoparlantes o de los audífonos en la consola.

- ✔ Los micrófonos se enchufan en el conector del micrófono.

✔ El conector Line In se usa para conectar cualquier fuente de sonido que no esté amplificada, como su estéreo, VHS, fonógrafo, vitrola o cualquier otro dispositivo que genere sonido.

✔ Sí, la diferencia entre el Line In y el enchufe de micrófono es que los dispositivos Line In no están amplificados.

✔ Asegúrese de buscar en el frente de la consola otro lugar donde conectar los audífonos. Es mucho más útil que usar el conector de la parte de atrás.

✔ Si su PC tiene DVD de audio, asegúrese de conectar los altoparlantes en la salida de la tarjeta del DVD, no en la salida de audio estándar en el panel I/O.

IEEE, 1394, FireWire

En una PC, el puerto IEEE se usa principalmente para conectar dispositivos de audio y video, en la mayoría de los casos una cámara de video digital. Además, existen unidades de disco externas y escáneres, los cuales también puede usar con el puerto IEEE.

En general, la mayoría de las PC no vienen con un puerto IEEE, por lo que en su lugar se usa el puerto USB. Aun más, puede agregarle un puerto IEEE a su PC con sólo instalar una simple tarjeta de expansión.

Puede conectar cualquier dispositivo IEEE en la PC en cualquier momento. La PC o el dispositivo pueden estar encendidos o apagados cuando conecta cosas o las quita. Asegúrese de revisar la documentación del dispositivo por si existe alguna excepción a esta regla.

Conozca los cables de su PC

A menos que el sistema de su PC sea un aparatito inalámbrico, los dispositivos que tiene se conectan a la consola por medio de un cable. El cable se conoce por el hoyo o puerto en el que se enchufa, así como por su longitud. Por ejemplo, los cables USB se conectan en puertos USB y vienen en diversas longitudes.

Los extremos de un cable para PC están diseñados de manera tal que no los pueda conectar al revés. Generalmente, el conector de la consola es de un tamaño y el conector para el aparatito es de otro tamaño. Existen algunas excepciones, en cuyo caso no importa cuál extremo del cable se conecta dónde.

Algunos cables están pegados permanentemente a sus dispositivos: por ejemplo, el 🖱 y el teclado tienen ese tipo de cable. Otros cables están separados, eso quiere decir que debe recordar enchufar ambos extremos.

Si necesita cables adicionales, puede adquirirlos en cualquier tienda de suplementos para PC o para oficina, o también en Internet. Como sugerencia, mida la distancia para la cual necesita el cable y luego duplíquela para adquirir un cable de la longitud apropiada. Por ejemplo, si hay 60 centímetros entre su consola y el lugar donde quiere el micrófono, adquiera un cable de 1,20 metros.

✔ Existen dos tipos de conectores IEEE: pequeños y grandes. El pequeño se usa específicamente con video digital y a menudo está rotulado con DV. Asegúrese de buscar uno de éstos en el panel secreto en el frente de la consola (si lo tiene).

✔ Los dispositivos IEEE requieren un cable IEEE, que puede o no venir con el dispositivo.

✔ Vea el Capítulo 7 para obtener más información sobre IEEE.

Teclado y

El teclado de la PC se conecta al puerto del teclado en la parte de atrás de la consola. El se conecta en el puerto del . Note que ambos puertos se ven iguales, pero son diferentes. No conecte el teclado o el en el puerto equivocado porque ninguno de los dos trabajará.

✔ Si usa un teclado o USB, conéctelo en cualquier puerto USB.

✔ Algunos teclados y ratones USB vienen con un adaptador pequeño, diseñado para convertir el puerto USB en un conector de puerto de teclado o .

✔ No conecte el teclado o el en su respectivo puerto mientras la PC está encendida. Eso puede dañar el teclado, el o la PC. Esta advertencia no aplica cuando conecta un teclado o en un puerto USB.

Módem

Un módem de marcado se conecta al enchufe de pared de la compañía telefónica con un cable de teléfono estándar. (Es probable que el cable venga con la PC.) Funciona igual que conectar un teléfono, y el cable se deja conectado todo el tiempo. (El módem "se cuelga" después de una conexión, igual que un teléfono.)

Puede usar el segundo enchufe del módem, si está disponible, para conectar un teléfono verdadero a la PC, de manera que pueda usar el teléfono cuando la PC no está en la línea. Ese segundo enchufe está rotulado con la palabra Phone y puede ser que tenga el símbolo de un teléfono al lado. (El primero está rotulado con la palabra Line.)

También existen módems de marcado externos, los cuales se conectan ya sea al puerto USB o al puerto serial. Todavía necesita un cable telefónico para conectar el módem externo al enchufe de pared de la compañía telefónica. Note que los módems externos tienen interruptores de encendido y apagado.

✔ Los módems de banda ancha, ya sea cable, DSL o satelital, se conectan en el enchufe de red de la PC. Vea "Redes", más adelante en este capítulo.

✔ Tenga cuidado de no confundir el enchufe del módem con el enchufe de red. Se parecen, pero el de red es un poco más ancho.

Monitor

El monitor se conecta en el VGA, o adaptador de gráficos, conector que se encuentra en la parte de atrás de la consola. El enchufe se coloca en una sola posición. Si usted tiene un monitor digital, busque y use un enchufe digital. Algunos monitores digitales vienen con un adaptador digital a VGA si su consola no cuenta con un enchufe digital.

Si la consola tiene dos conectores VGA, debe usar el que se ubica en la tarjeta de expansión en lugar del que está en el panel I/O de la consola.

Redes

Conecte el cable de red o Cat-5 en el enchufe de red ubicado en la parte de atrás de la consola. Ésta es la forma de conectar su PC a una red, o de conectarse a un módem de banda ancha.

Otro nombre para el conector de red es RJ-45. Su tamaño es parecido al del conector del módem, así que trate de no confundirlos.

La Parte III de este libro cubre las redes de PC.

Impresora

Conecte la impresora de su PC en el puerto de la impresora. El cable de impresora de la PC estándar tiene dos extremos distintos, sólo uno de ellos se puede conectar a la consola. El otro se enchufa en la PC.

Si usa una impresora USB, utilice cualquier puerto USB para conectar la impresora a la consola.

✔ Para las impresoras que tienen las dos opciones, impresora y USB, use la opción USB.

✔ Si usted usa un cable de impresora estándar, asegúrese de conseguir un cable bidireccional. A menudo es necesario para que el software de la impresora trabaje apropiadamente.

✔ También puede acceder a las impresoras por medio de la red. Vea la Parte III de este libro para obtener más información sobre las redes.

Audio óptico

Las PC más nuevas tienen conectores SPDIF que le permiten usar dispositivos de audio digitales. Esos dispositivos también deben tener conectores SPDIF y usted tiene que usar un cable de fibra óptica especial (que no es barato) para conectar estos juguetes de última moda.

✔ Enchufe la entrada del audio óptico en la conexión SPDIF In de la PC. Para usar la salida de audio óptico de la PC, conecte el cable dentro del conector SPDIF Out.

✔ Tenga cuidado de no golpear o tocar los extremos del cable óptico. Los mejores cables vienen con pequeñas tapas protectoras que puede dejar en los extremos cuando el cable no está conectado.

✔ El audio óptico es opcional.

✔ SPDIF quiere decir Sony/Philips Digital Interconnect Format. También se escribe S/PDIF o S/P-DIF.

S-Video

El conector S-Video está diseñado para enviar la salida del video desde la PC hasta un monitor o pantalla de televisor o cualquier aparatito que tenga una entrada S-Video. Por ejemplo, usted puede conectar la consola a un televisor de formato grande para utilizar un juego de PC. Puede hacer esto en lugar de conectarle un monitor estándar a su PC.

✔ El S-Video es sólo para el output de video; no transmite audio.

✔ Vea el Capítulo 10 para obtener mayor información acerca de monitores de PC.

Serial

El puerto serial o COM ya no es tan popular como lo fue en una época, aunque todavía puede encontrar módems externos o 🖱 que se conectan a este puerto. De lo contrario, lo puede dejar de lado.

✔ COM es la forma corta para la palabra *com*unicaciones.

✔ Cuando usted tiene dos puertos seriales, el primero es COM1 y el segundo es COM2.

✔ Otro término para el puerto serial es RS-232.

USB

Los dispositivos USB se conectan en el puerto USB, cualquier puerto USB, aunque algunos dispositivos específicamente se conectan en la consola o en un concentrador USB.

Los cables USB tienen dos extremos diferentes, el A y el B. El extremo A es plano y se encuentra en la consola o en la parte de atrás de cualquier concentrador. El extremo B tiene forma trapezoidal y se conecta en el dispositivo USB. La mayoría de estos cables son de la variedad A-B. Los cables de extensión A-A también existen, de manera que trate de no confundirlos.

- Usted quizás añadirá su cámara digital o escáner a la consola con un cable USB.

- Muchos dispositivos USB funcionan como concentrador y proporcionan más conectores USB para otros aparatitos.

- Los cables USB vienen en una variedad de longitudes, pero los cables nunca son mayores a 3 o 4 metros. Si la longitud es mayor, la señal puede verse comprometida.

- Los dispositivos USB más nuevos por lo general son más rápidos y mejores que el USB estándar original. A estos dispositivos más nuevos se les conoce como dispositivos de alta velocidad o USB 2.0 y necesitan un puerto USB 2.0. La mayoría de las PC vienen con este puerto, aunque en una PC más vieja se puede agregar una tarjeta de expansión interna.

- Los dispositivos USB se pueden conectar o desconectar si el equipo está encendido o apagado. Si la PC está encendida, de inmediato reconoce el dispositivo y lo pone a disposición del usuario.

- Algunos dispositivos USB no deberían desconectarse hasta que la PC termine de usarlos. Vea el Capítulo 7 para obtener más información al respecto, así como otros detalles para usar el USB.

Aparatitos inalámbricos

Sólo porque el aparatito diga que es inalámbrico, no crea que eso significa que no tiene cables. Por ejemplo, un teclado o ⌁ inalámbrico quizás no se conecten a la consola con un cable, pero un transmisor inalámbrico está conectado con un cable a la consola, ya sea a los puertos USB, IEEE o los del teclado y el ⌁. Sin embargo, más allá de ese punto, no tiene más cables.

La red inalámbrica más o menos obedece a ese concepto. El adaptador de red en la consola tiene una pequeña antena, no tiene cables. Pero el resto de la red, en algún momento necesitará uno o dos cables. En el Capítulo 19 encontrará información superficial acerca de la red inalámbrica.

Conectar cosas a la pared

Lo último que necesita hacer, después de conectar los componentes de su PC a la consola y de armar todas las partes, es conectar todos esos aparatitos a la pared. ¡Las cosas necesitan electricidad!

La poderosa regleta

Quizás haya notado que tiene mucho más dispositivos por conectar que enchufes disponibles en la pared. ¡No hay problema! ¡Para eso se inventaron las regletas! La idea es conectar todos los aparatos en la regleta y luego conectar esa regleta a la pared, como se ilustra en la Figura 3-1.

Siga estos pasos:

1. Asegúrese de que todos sus aparatitos con interruptores para encendido y apagado se encuentren en la posición de apagado (Off).

2. Asegúrese de que la regleta esté en la posición de apagado.

3. Conecte todos los aparatos en la regleta.

4. Encienda todos los aparatitos (On).

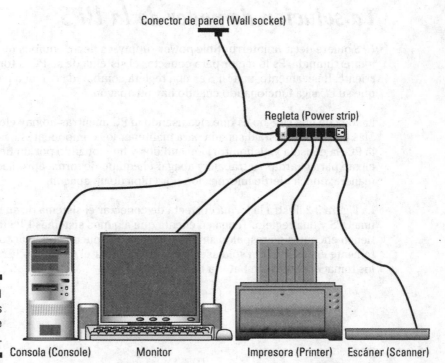

Conector de pared (Wall socket)

Regleta (Power strip)

Figura 3-1
Conecte sus
aparatos de
esta forma.

Consola (Console)   Monitor   Impresora (Printer)   Escáner (Scanner)

Ahora está listo para poner a funcionar el sistema de su PC; para hacerlo, encienda la regleta. Pero ¡no todavía! La información oficial para el encendido y el apagado se encuentra en el Capítulo 4. Vea ese capítulo para obtener más información, aunque mi recomendación es que termine de leer todo este capítulo antes de continuar.

- ✔ La mayoría de las regletas tienen seis enchufes, lo cual es suficiente para un sistema de cómputo típico. Si no es así, compre una segunda regleta, conéctela a su propio enchufe de pared y úsela para el resto de los dispositivos.

- ✔ Trate de conseguir una regleta con filtro de sonido (noise filtering). Todavía mejor, ¡invierta más en una regleta que tenga una línea acondicionada! Eso es muy bueno para sus andanzas electrónicas.

- ✔ Recomiendo la regleta Kensington SmartSockets. A diferencia de las regletas más baratas, ésta alinea sus enchufes de forma perpendicular, lo cual resulta más sencillo para conectarla en transformadores voluminosos.

- ✔ No conecte una regleta en otra; desde el punto de vista eléctrico, ¡es inseguro!

- ✔ No conecte una impresora láser en una regleta. La impresora láser chupa mucha energía para que eso sea efectivo o seguro. En su lugar, debe conectar la impresora láser directamente en el tomacorriente de la pared. (Eso dice el manual de su impresora láser, si es que lo ha leído alguna vez.)

La solución de poder de la UPS

UPS quiere decir *u*ninterruptible *p*ower *s*upply, es decir, equipos de energía ininterrumpida. Es lo mejor para conectar el sistema de su PC al tomacorriente. Básicamente, una UPS es una regleta combinada con una batería para que su PC siga funcionando cuando hay un apagón.

La idea de una UPS no es que siga usando la PC mientras no hay electricidad. Más bien, la UPS está diseñada para mantener los componentes básicos de la PC (la consola y el monitor) encendidos y funcionando por un tiempo suficiente para guardar su trabajo y apagar el equipo de forma apropiada. De esa manera, nunca pierde información por culpa de un apagón.

La Figura 3-2 ilustra la forma correcta de conectar el sistema de su PC con una UPS y una regleta. Tenga en cuenta que algunos sistemas UPS también tienen enchufes de respaldo sin batería para que pueda conectar todo directamente en la UPS. Tan sólo asegúrese de enchufar el monitor y la consola a los tomacorrientes sin batería de respaldo.

Sobrevoltajes, picos de voltaje y golpes de relámpagos

El poder que proviene de los enchufes de la pared hacia su PC no es tan puro como el aire de las montañas. En ocasiones, puede verse afectado por algunos de los diversos problemas eléctricos que, de vez en cuando, llegan sin invitación a su casa u oficina. He aquí el detalle:

Ruido en línea: interferencia eléctrica en la línea de poder; comúnmente se ve como estática en el televisor cuando alguien usa una licuadora.

Sobrevoltaje transitorio: un aumento gradual de la energía.

Serge: algún muchacho europeo.

Pico de voltaje: aumento repentino de energía, como sucede cuando cae un rayo cerca.

Apagón parcial (o caída): lo contrario a un sobre-voltaje transitorio; una disminución de energía. Algunos motores eléctricos no funcionan y las luces de la habitación son más oscuras de lo normal.

Apagón total: ausencia de energía en la línea.

Si es posible, trate de conseguir una regleta con protección contra picos de voltaje para su PC.

Esto tiene un costo adicional, pero vale la pena. Si quiere una regleta todavía mejor, busque una que tenga tanto protección contra picos como filtra-ción de ruido o un acondicionamiento de línea.

La forma más cara de protección es la protección contra sobrevoltaje. En este caso la regleta daría la vida por absorber todo el golpe del sobrevoltaje y salvar su equipo.

Observe que los picos de voltaje llegan no sólo por medio de las líneas de alta tensión, sino también por medio de las líneas telefónicas. Así que, si los rayos son algo común en su área, adquiera una regleta con protección para la línea telefónica, así como con protección para redes si usa un módem de banda ancha.

Para más información acerca de esas moles-tias que pueden llegar a su casa por medio de los tomacorrientes, contacte a su compañía eléctrica; ellos le pueden ofrecer sus propias soluciones para ayudarle a mantener a salvo sus valiosos aparatos electrónicos, como la protección contra sobrevoltaje en la caja de interruptores.

✔ Ignore lo que dice en la caja: una UPS *tal vez* le proporcione cinco minu-tos de poder para la PC. Vaya a lo seguro y guarde su información en un disco, luego cierre Windows y apague la PC. Puede imprimir, escanear, usar el módem o hacer cualquier cosa cuando regrese la electricidad.

✔ Mantenga la UPS encendida todo el tiempo. Sólo necesita apagarla cuando no haya electricidad y la PC se haya apagado de forma apropiada.

✔ Además de servir para emergencias con el suplemento de electricidad, una UPS le proporciona niveles más altos de protección eléctrica a su equipo. Muchos modelos ofrecen protección contra sobrevoltaje, picos y caídas de voltaje, lo cual mantiene su PC funcionando bien a pesar de los defectos en el flujo eléctrico que tenga su compañía eléctrica.

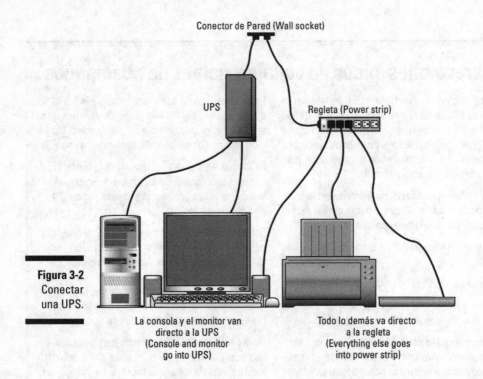

Conector de Pared (Wall socket)

UPS

Regleta (Power strip)

Figura 3-2
Conectar
una UPS.

La consola y el monitor van
directo a la UPS
(Console and monitor
go into UPS)

Todo lo demás va directo
a la regleta
(Everything else goes
into power strip)

Usar la UPS (una pequeña obra teatral)

*Se escucha una fuerte explosión. Las luces parpadean y luego se apagan.
ROBERTO se queda sentado en la oscuridad, pero su PC sigue encendida. La
UPS emite un sonido en intervalos distanciados apenas por unos segundos.
FELICIA entra corriendo.*

FELICIA: ¡Se ha ido la luz! La brocheta que puse en el tostador se ha
arruinado! ¿Perdiste ese garabato urgente que estabas creando en Paint?

ROBERTO: No, querida. Todavía estoy trabajando en él. ¿Lo ves? Con
nuestra UPS la consola y el monitor de la PC siguen funcionando durante
este breve apagón.

FELICIA: ¡Ya veo! Eso explica el ruido que escucho.

ROBERTO: Sí, la UPS suena cuando se va la electricidad. Lo hace por si
no me percato de la oscuridad.

FELICIA: ¡Bueno! Apúrate, ¡imprime tu garabato!

ROBERTO: ¡No! No he de imprimir. La impresión puede esperar, razón por la cual no conecté la impresora a la UPS. Al igual que tu tostador, no tiene poder alguno.

FELICIA: ¿Qué puedes hacer? ¡Apúrate! ¡La batería UPS no durará por siempre!

ROBERTO: Relájate, gentil esposa. He de guardar la información en un disco. [Ctrl+S] Ahora puedo apagar la PC, con la seguridad de que el archivo de mi garabato está almacenado a salvo en el disco duro interno. Ahí va. *(Apaga la PC y el monitor. Apaga la UPS y el sonido se detiene).* Ahora podemos sobrellevar la tormenta con paz y tranquilidad.

Dos horas después, cuando regresa la luz, FELICIA y ROBERTO están tomando vino:

FELICIA: Querido, en verdad eres inteligente, ¡la forma en que usaste esa UPS!

ROBERTO: Bueno, estoy agradecido de haber leído el libro de Dan Gookin, *PC Para Dummies,* publicado por ST Editorial. Creo que debería comprar más de sus libros.

FELICIA: ¿Quién hubiera pensado que podríamos encontrar tal felicidad gracias a un libro de computación?

Se besan.

Capítulo 4

PC encendida, PC apagada

En este capítulo

▶ Iniciar su PC

▶ Conocer Windows

▶ Ingresar y salir de Windows

▶ Usar el modo Stand By

▶ Hibernar la PC

▶ Reiniciar Windows

▶ Apagar la PC

▶ Mantener la PC siempre encendida

Para algunos, una PC es aterradora aun sin saber que el aparato diabólico no tiene un verdadero interruptor. Algunas de las PC más diabólicas en toda la ficción parecen averiguarlo de inmediato. En cuanto nuestro héroe piensa: "¡Vamos! Es tan sólo una PC, la voy a desconectar", la PC va un paso adelante. "¡No puedes desconectarme!", dice con su voz mecánica. "Me he conectado directamente al sistema de energía". ¡Ja, ja!

Aunque quizá su PC no tiene un enorme interruptor rojo, sí tiene un *botón de encendido*. Ese botón se usa para encenderla y apagarla. También puede usar ese botón para otros propósitos porque la PC en realidad le permite definir lo que hará. Eso es para parecer amigable, ¡no aterrador! Aun así, he dedicado todo este capítulo al tema de encender la PC y luego apagarla.

Encender su PC

Cuando todo está conectado y listo para comenzar (vaya al Capítulo 3), encienda la PC de la siguiente forma:

1. **Encienda todo menos la consola.**

2. **Encienda la consola de último.**

Por otro lado, si todo está conectado a una regleta, sólo encienda la regleta.

Si la consola y el monitor están conectados a una UPS (que debería mantenerse encendida todo el tiempo) y todo lo demás está conectado a una regleta, haga lo siguiente:

1. **Encienda la regleta, la cual enciende todos los dispositivos externos o** *periféricos* **de la PC.**

2. **Presione el botón de inicio del monitor para encenderlo.**

3. **Presione el botón de inicio de la consola para encenderla.**

El éxito se ve cuando el sistema de su PC toma vida; puede escuchar el abanico y las unidades de disco entrar en acción, y quizás las diversas luces en la consola, el teclado y en otros dispositivos le parpadeen. El escáner y la impresora pueden también anunciar su entrada en acción. ¡Prepárese para comenzar a usar la PC!

✔ Al encender la consola de último, deja un espacio de tiempo para que los otros dispositivos en el sistema de la PC inicien y se preparen para trabajar. De esa forma, la consola los reconoce y le permite a usted usar esos dispositivos en el sistema de su PC.

✔ No todos los dispositivos de la PC tienen sus propios interruptores. Por ejemplo, algunos escáneres y unidades de disco USB usan el poder del puerto USB. Para apagar estos dispositivos, debe desconectar el cable USB (aunque eso no es necesario a menos que el dispositivo se esté comportando de forma inapropiada).

✔ No tiene que encenderlo todo cuando la PC inicia. Por ejemplo, si no piensa imprimir, no es necesario que encienda la impresora. De hecho, no es necesario encender la mayoría de las impresoras hasta que esté listo para imprimir.

✔ Algunos dispositivos se pueden dejar encendidos todo el tiempo. Por ejemplo, su impresora quizás tenga un modo de energía baja especial que le permite tenerla encendida todo el tiempo; de verdad usa muy poca energía. Por lo general, es mejor mantener esos dispositivos encendidos todo el tiempo que encenderlos y apagarlos varias veces al día.

✔ En general es una buena idea mantener el DSL o cable módem encendido siempre.

✔ También vea la sección que está más adelante "¿Debería dejar la PC encendida todo el tiempo?" para obtener más información.

✔ El botón más grande al frente del monitor lo enciende. Algunos modelos más antiguos pueden tener el interruptor en la parte de atrás. De hecho, muchos dispositivos tienen sus interruptores en la parte trasera, por lo general, junto al lugar donde entra el cordón de la energía.

✔ Cuando algo no se enciende, revise para ver si está conectado. Confirme que todos los cables estén bien conectados.

Haga caso omiso a estos términos para "iniciar una PC"

Cualquiera de los siguientes términos es equivalente a "iniciar la PC". Úselos bajo su propio riesgo, usualmente ante la presencia de un profesional técnico especializado.

Cold start   Cycle power   Hard start

Power on Power up Soft boot   Warm boot

Boot Reboot Reset Restart

El programa Configurador de la PC

En algún momento durante el proceso de inicio, usted observa un mensaje en el monitor que le pide presionar una cierta tecla o hacer una combinación en el teclado para acceder al programa Configurador de la PC. *¡Préstele atención a esas teclas!*

No siempre necesita ejecutar o acceder al programa Configurador de la PC, pero es bueno saber cómo llegar ahí cuando lo necesite. Por ejemplo, hágalo cuando está agregándole más memoria a la PC, actualizando algunos tipos de hardware o deshabilitando características de chipset; aspectos técnicos y poco comunes, pero en ocasiones necesarios.

- ✔ En la hoja de Referencia rápida de este libro, anote las teclas que se usan para acceder al programa Configurador de la PC.

- ✔ Entre las teclas comunes que se deben presionar para ingresar al programa Configurador de la PC se incluyen Sup, Del o Delete, F1, F2, F10, F11, así como la barra espaciadora.

- ✔ El programa Configurador de la PC es parte de su hardware. No es parte de Windows.

- ✔ Una característica del programa Configurador es que puede usar una contraseña de sistema para su PC. A pesar de que recomiendo el uso de contraseñas en Internet y para las cuentas de su PC, no recomiendo definir una contraseña de sistema en el programa Configurador de la PC. A diferencia de esas otras contraseñas, si olvida la contraseña del sistema, no hay nada que pueda hacer y su PC no sirve para nada.

¡Problemas en la tierra del inicio!

La esperanza es que Windows inicie de inmediato y que usted comience a trabajar. Puede experimentar algunos desvíos inoportunos en el camino.

La advertencia más común ocurre cuando deja un disco en la unidad de disco flexible de la PC. Usted observa un mensaje sobre un disco que no es del sistema o algo así de tenebroso. En todo caso, quite el disco de la unidad A y presione la tecla Enter del teclado; la PC inicia de la forma acostumbrada.

Para otros problemas de inicio, como reiniciar en el modo seguro, vea mi libro *Troubleshooting Your PC For Dummies* (Wiley Publishing, Inc.).

¡Aquí viene Windows!

Iniciar una PC es un proceso relacionado con el hardware. Pero el hardware es tonto, ¿lo recuerda? Necesita software para que las cosas funcionen. La parte del software más importante es el sistema operativo de su PC. Para la mayoría de las PC, ese sistema operativo es *Windows.* Por consiguiente, luego de iniciar el hardware de su PC, deberá lidiar con Windows.

Regístrese, invitado misterioso

La primera vez que ejecuta Windows en su PC seguirá algunos pasos adicionales de configuración. Después de eso, quizás averigüe que tiene que *registrarse* e identificarse. Esto se hace en primer lugar como una medida de seguridad (especialmente si le ha colocado una contraseña a su cuenta), pero también para mantener sus cosas separadas de cualquier otra persona que pudiera usar la misma PC.

Elija su cuenta de la lista y, opcionalmente, digite una contraseña si se le pide que lo haga. La Figura 4-1 muestra una amigable pantalla de registro típica de Windows. Así es como funciona:

1. **Haga clic en el nombre de su cuenta o en el divertido dibujo junto a ella.**

   Si no tiene un nombre de cuenta, puede usar Invitado, si está ahí. (Vea un libro más específico de Windows para más información sobre configurar cuentas.)

2. **Ingrese su contraseña dentro del cuadro, si es que aparece.**

   Con cuidado digite su contraseña.

3. **Haga clic en la flecha verde o presione la tecla Enter para que Windows revise su contraseña.**

Si todo sale bien, luego observa la ubicación principal de Windows, su sala de estar que se conoce como *escritorio.* Siga leyendo esta sección. Si olvida su contraseña, inténtelo de nuevo. Puede usar el vínculo Sugerencia contraseña para recordarla. ¡Pero tiene que digitar una contraseña para ingresar al sistema!

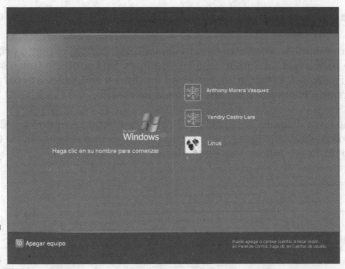

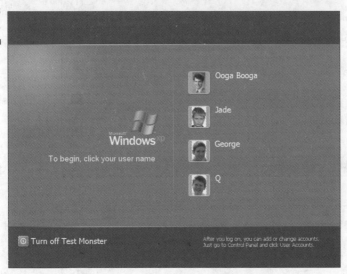

Figura 4-1
"Déjennos
entrar",
imploran los
usuarios.

✔ La pantalla de registro en la Figura 4-1 es la pantalla de Bienvenida. También existe una versión más sencilla, una pantalla en la que aparecen espacios en blanco para un nombre de usuario y la contraseña. Debe digitarla dentro del cuadro Contraseña y luego hacer clic en el botón Aceptar para registrarse e ingresar.

✔ Es posible evitar la pantalla de registro. Si la PC sólo tiene una cuenta y esa cuenta no tiene una contraseña, la pantalla de Bienvenida no aparece. Sin embargo, no recomiendo esta técnica porque las contraseñas son importantes. Las futuras versiones de Windows obligarán a todos los usuarios, aunque sólo sea uno, a registrarse. Quizás es mejor que se acostumbre desde ahora.

Bienvenido al escritorio

La cara bonita de Windows es algo llamado *escritorio* o el punto principal de inicio para hacer cualquier cosa en Windows. Un escritorio típico se muestra en la Figura 4-2. Créalo o no, ésa es su intuitiva y amigable lista para usar PC que lo mira fijamente a la cara. Usted la ha creado.

Lo que haga después depende de la razón por la que adquirió la PC. Este libro ofrece algunas ideas, pero recuerde que es una *referencia*, no un tutor. Como tal, la referencia para encender su PC ha terminado.

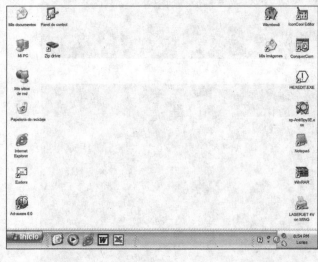

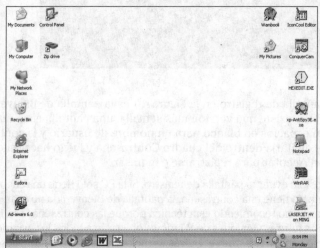

Figura 4-2
¿Por qué se llama escritorio? El mundo quizás nunca lo sabrá.

Apagar la PC

Desde que la sociedad ha contado con electricidad, no ha existido nada más fácil que apagar algo. Esto es así, a menos que lo que esté apagado sea una PC. Dejemos que sea la industria informática la que haga algo como apagar una PC lo más lógico posible.

No se trata de apagar la PC, sino de la forma en que la apaga: ¿del todo?, ¿temporalmente?, ¿sólo un poco? Vocabulario técnico y el hecho de que la PC no tenga un interruptor (no, es un *botón de inicio*) es la razón por la que en este capítulo hay más páginas dedicadas a apagar la PC que a encenderlo.

Sus opciones para apagar la PC

Éstas son sus opciones para apagar la PC, desde no apagarla hasta tirar con furia del cordón eléctrico. Vea las subsecciones que siguen para obtener los detalles:

Mantener la PC encendida todo el tiempo. Una opción viable, dada la super-abundancia de otras opciones. Vea la sección "¿Debería dejar la PC encendida todo el tiempo?" cerca del final de este capítulo.

Salir (Log Off). Una forma de decirle a Windows que ha terminado sin tener que apagar la PC y luego encenderla de nuevo.

Espera (Stand By). La PC entra en un modo especial para Dormir en el cual ahorra energía.

Hibernación (Hibernate). La PC se apaga, pero cuando la enciende de nuevo, revive mucho más rápido.

Reiniciar (Restart). Con esta opción apaga y enciende la PC en un solo paso, principalmente cuando instala o actualiza algún software o en ocasiones para arreglar problemas menores; es como darle un golpe a Windows en la cabeza.

Apagar (Shut Down). La verdadera opción para apagar la PC.

Desenchufe el cordón eléctrico de un jalón. Este método es satisfactorio, pero no recomendado.

Salirse (Log Off)

Seré honesto: nadie hace esto. Pero si alguien lo hace, es poco frecuente. Aunque varias personas pueden usar la misma PC, en pocas ocasiones tiene que salir del sistema. De hecho, si es el único que usa su PC, puede omitir toda esta sección; ni siquiera se moleste en el proceso de salirse.

Al salirse, les permite a los usuarios de la misma PC ingresar y usar sus cuentas para hacer cualquier cosa que deseen. Pero al salirse, se asegura de que su sesión ha terminado apropiadamente y se ahorra el tiempo de reinicio.

Ésta es la forma de salirse y permitir que otra persona use la PC:

1. **Haga clic en el botón Inicio (Start).**

2. **Haga clic en el botón Cerrar sesión (Log Off) en la parte inferior del panel de Inicio.**

   Puede ser que eso sea suficiente. También puede ser que vea el cuadro de diálogo Cerrar sesión Windows, como aparece en la Figura 4-3. Si es así, siga el Paso 3:

3. **Haga clic en el botón Cerrar sesión (Log Off).**

Figura 4-3
¡Largo de aquí, vago!

En el momento que la PC lo deja salirse, se le solicita que guarde archivos que estén sin guardar y cualquier programa abierto o ventana se cierra. Es todo por este día. Es hora de que otra persona use la PC.

Si observa el botón Cambiar de usuario (switch user) (vea la Figura 4-3), puede usarlo para salirse con rapidez y dejar que otra persona ingrese al sistema. Esta opción es más rápida que salirse, ya que no es necesario que guarde sus archivos o que cierre sus programas. Cuando regresa (ingresa de nuevo), toda su información lo está esperando de la misma forma en que la dejó al salir.

Otra forma rápida de salirse y ponerle *seguro* a la PC es presionar la combinación de teclas Win+L. La tecla Win es la tecla de Windows en su teclado, quiere decir cerradura o cierre con seguro. Para quitarle el seguro al sistema y traerlo de regreso, ingrese a Windows como lo haría normalmente. Muchos usuarios usan este truco de Win+L cuando se alejan de la PC para asegurarse de que nadie husmee en sus cosas mientras están lejos.

Un momento, por favor (Modo de espera)

El modo de espera, también conocido como Dormir o Suspender, se diseñó como una medida para ahorrar energía. Lo que hace es colocar su PC en un modo de poder bajo especial. Es casi como si la PC estuviera durmiendo (de ahí el nombre). El monitor queda en blanco, la rotación del disco duro disminuye y la PC se queda ahí sin hacer otra cosa que ahorrar electricidad.

Para poner su PC en modo Espera, siga estos pasos:

1. **¡Guarde su trabajo!**

   Este paso es importante. Debe guardar sus documentos o archivos en el disco antes de colocar su PC en el modo Espera. Si quiere estar aún más a salvo, cierre sus programas. Podría perder datos si ocurre un apagón mientras su PC está inactiva.

2. **Haga clic en el botón Inicio (Start).**

3. **Haga clic en el botón Apagar equipo (Turn Off Computer) en la parte inferior del panel Inicio.**

   El cuadro de diálogo Apagar equipo aparece como se muestra en la Figura 4-4.

 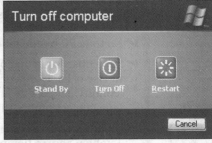

Figura 4-4
Opciones para apagar su PC.

4. **Haga clic en el botón Suspender (Stand By).**

   En ese momento la PC parece como si se hubiera apagado, pero en realidad está descansando. ¡No se deje engañar!

Para despertarla, debe presionar alguna tecla o mover el 🖱. La PC vuelve a la vida, fresca y descansada, y resume las operaciones que usted dejó.

El modo Dormir se controla por medio del ícono Opciones de energía, en el Panel de control de Windows. Es ahí donde puede configurar las opciones para colocar la PC automáticamente en el modo Dormir o para controlar cuáles partes de la PC van a dormir y cuáles no.

Hibernación cibernética

En lugar de apagar su PC, debería pensar más bien en hibernar. En realidad es mucho mejor que apagarlo, en especial si siempre anda con prisa. En seguida le presento la forma de hacerlo:

1. **Haga clic en el botón Inicio (Start).**

2. **Haga clic en el botón Apagar equipo (Turn off computer) en la parte inferior del panel Inicio.**

   Puede ver el famoso cuadro de diálogo Apagar equipo (vea la Figura 4-4). Pero, ¿cómo? ¡No hay botón para hibernar!

3. **Presione y sostenga la tecla Shift.**

   Cualquier tecla Shift activa el botón de Hibernación, el cual, inexplicablemente, se encuentra en el mismo lugar del botón Espera. Muy bien. ¡Siga presionando esa tecla Shift!

4. **Haga clic en el botón Hibernar (Hibernate).**

   El disco duro de la PC suena durante unos segundos y luego se apaga.

Sí, la PC de verdad está apagada.

Mover el ⌐ o usar el teclado no se despierta la PC. Para salir del modo de hibernación, oprima el botón de encendido de la consola. A diferencia de un inicio normal, la PC de inmediato vuelve a la vida y vuelve a su estado anterior. Además, restablece las cosas como estaban la última vez que usted usó la PC.

- ✔ No toda PC puede hibernar.
- ✔ Si no observa la opción Hibernar en el Paso 3, quizás su PC no la tenga. Revise el Panel de control de Windows para estar seguro; abra los íconos Opciones de energía y busque en el cuadro de diálogo una pestaña con el nombre Hibernar.
- ✔ Hibernar ahorra electricidad, ya que la PC está realmente apagada. También ahorra tiempo porque se demora menos encenderla de nuevo.
- ✔ Si tiene una PC con diversos sistemas operativos, es decir, un sistema *multibuteo*, tiene que seleccionar Windows XP de ese menú primero. Después de eso, Windows deja de hibernar y restablece las cosas a la forma en que estaban.

Reiniciar Windows

Usted necesita reiniciar Windows en dos ocasiones. Windows le pide que reinicie el equipo después de instalarle algo nuevo o de hacerle algún cambio, o en el momento que algo *extraño* suceda. Por alguna razón, un reinicio aclara la cabeza de la PC y las cosas vuelven a la normalidad.

Ésta es la forma de reiniciar Windows:

1. **Haga clic en el botón Inicio (Start).**

2. **Haga clic en el botón Apagar equipo (Turn Off Computer) en la parte inferior del panel Inicio.**

   El cuadro de diálogo Apagar equipo aparece (vea la Figura 4-4).

3. **Haga clic en el botón Reiniciar (Restart).**

Windows se apaga, casi como si estuviera apagando la PC. Pero, justo en el momento en el que se apagaría el sistema, comienza de nuevo y se reinicia.

✔ Si algún archivo no se ha guardado, se le pide que lo guarde antes de cerrar Windows.

✔ Mientras la PC se cierra, quizás se encuentre varios cuadros de diálogo Finalizar ahora. Éstos son programas rebeldes que se niegan a cerrarse. Si observa alguno, haga clic en el botón Finalizar ahora para hacer más expedito el proceso de reinicio.

✔ Windows quizás inicie o reinicie por sí solo; o, cuando está haciendo una actualización, quizás tenga que hacer clic en un botón de una ventana para reiniciarlo.

✔ Recuerde quitar cualquier disco flexible de la unidad A antes de reiniciar. Si deja un disco adentro, la PC trata de iniciarse desde ese disco, lo cual es tonto, pero nadie dijo que las PC fueran inteligentes.

Apagar el aparato

Sí, estos pasos en realidad funcionan:

1. **Haga clic en el botón Inicio (Start).**
2. **Haga clic en el botón Apagar equipo (Turn Off Computer) en la parte inferior del panel Inicio.**

   Usted observa el cuadro de diálogo Apagar equipo, como se mostró más atrás en este capítulo, en la Figura 4-4.

3. **Haga clic en el botón Apagar (Shut down).**

   Luego de un instante, la PC se apaga por sí sola.

Si tenía archivos o documentos sin guardar, Windows le pide que los guarde antes de apagarse por completo.

Después de apagar la consola, continúe y apague los otros componentes en el sistema de su PC: monitor, escáner y otros dispositivos externos. Por otro lado, si tiene una regleta, tan sólo apague el interruptor para que todo se apague.

Si tiene una UPS, sin embargo, *no* la apague; es necesario que la deje encendida para que su batería se mantenga cargada.

✔ Algunos programas rebeldes podrían requerir que usted deliberadamente los cierre. Eso está bien. Hágalo de forma apropiada; evite usar artillería hasta donde sea posible.

✔ Si la PC se apaga y de inmediato reinicia, usted tiene un problema. Consulte a su vendedor o al fabricante de la PC para obtener asistencia o revise mi otro libro, *Troubleshooting Your PC For Dummies,* publicado por Wiley Publishing, Inc.

¿Para qué sirve el botón de encendido?

Sí, es verdad que la PC ya no tiene un interruptor sino que tiene un *botón de encendido*. Entonces, ¿cuál es el problema? El gran problema es que el botón de encendido es *programable*. Puede decirle a la PC lo que tiene que hacer cuando presiona el botón de encendido, desde "no hacer nada" hasta "apagar la PC". La decisión depende de usted.

Normalmente, presionar el botón de encendido es lo mismo que cerrar Windows. Cuando lo presiona, la PC automáticamente completa los pasos que aparecen en la sección anterior. Pero ésa es apenas una de las cinco posibles cosas que puede hacer este botón. Para verlas todas, siga estos pasos:

1. **Abra el Panel de control de Windows.**

   Vea el Capítulo 5 para obtener información con respecto a abrir el Panel de control.

 2. **Haga doble clic con el 🖰 en el ícono Opciones de energía (Power options) para abrirlo.**

   El cuadro de diálogo Propiedades de opciones de energía aparece.

3. **Haga clic en la pestaña Opciones avanzadas (Advanced).**

   Busque este texto en el cuadro de diálogo: "Cuando presione el botón de encendido de mi equipo". Una lista desplegable debajo de ese texto tiene opciones que le dicen a la PC qué hacer cuando presiona el botón de encendido. Puede ver hasta cinco opciones:

   • **No hacer nada (Do nothing).** Esta opción deshabilita el botón de encendido. Al presionarlo no sucede nada.

   • **Preguntarme qué hacer (Ask me what to do).** Al presionar el botón de encendido aparece el cuadro de diálogo Apagar equipo, como se muestra antes en este capítulo en la Figura 4-4.

   • **Suspender (Stand By).** La PC entra en el modo Espera.

   • **Hibernar (Hibernate).** La PC hiberna.

   • **Apagar (Shut down).** La PC se apaga.

   Por ejemplo, si quiere que la PC sólo se apague cuando usted presiona el botón de encendido, elija la opción que dice Apagar.

4. **Seleccione una función para el botón de encendido.**

5. **Haga clic en Aceptar (OK).**

No todas las PC cuentan con botones de encendido programables, y a menudo la selección de las funciones de dicho botón está limitada al diseño de la PC. No se desilusione si su PC no cuenta con algunas de las características de otros equipos o incluso si no tiene la posibilidad de asignarle una función al botón de encendido.

Sin importar la configuración que elija de la lista anterior, cuando usted presiona y sostiene el botón de encendido durante dos o tres segundos, la PC instantáneamente se apaga. Recuerde este truco, pero úselo sólo en momentos de desesperación. De lo contrario, apague la PC de manera apropiada, como se describe en este capítulo.

Algunas PC sí cuentan con un verdadero botón para encenderlo y apagarlo además del botón de encendido. Este botón se encuentra en la parte trasera de la consola y está señalado con los símbolos | y O, para encendido y apagado, respectivamente. Úselo en lugar del botón de encendido sólo en casos de emergencia total.

¿Debería dejar la PC encendida todo el tiempo?

He escrito acerca de PC durante más de 20 años y esta pregunta sigue sin responderse. ¿Debería dejar la PC encendida todo el tiempo? ¿Gasta electricidad? ¿Será mejor para la PC estar encendida todo el tiempo, como el refrigerador? ¿Algún día sabremos *la verdad*? ¡Por supuesto que no! Pero las personas tienen sus opiniones.

"Quiero dejar mi PC apagada todo el tiempo"

Bueno, estoy de su lado.

"Quiero dejar mi PC encendida todo el tiempo"

Lo apoyo. Si usa la PC a menudo, como para un negocio en casa, o si la enciende y la apaga varias veces al día, déjela encendida todo el tiempo.

El único momento en el que apago mis PC es cuando voy a estar fuera durante más de un fin de semana. Incluso entonces, sólo las pongo a hibernar (bueno, a las que tienen dicha característica) en lugar de apagarlas.

¿Esto gasta electricidad? Quizás, pero la mayoría de las PC tienen el modo Espera y ahorran energía cuando no están en uso. Las PC modernas no usan tanta cantidad de energía y tener una encendida todo el tiempo no aumenta mucho su recibo eléctrico, no como un jacuzzi u otras máquinas.

Además, las PC disfrutan de estar encendidas todo el tiempo. Tener el abanico funcionando hace que la parte interna de la consola se mantenga a una temperatura constante, lo cual evita algunos problemas en el sistema para apagarla (enfriarla) y encenderla de nuevo (calentarla).

¿Qué debería hacer? ¡Haga aquello con lo que se sienta más cómodo! En mi caso, dejo encendidas mis PC siempre principalmente porque las uso todo el tiempo y me resulta más fácil tener acceso inmediato a ellas que tener que esperar a que inicien.

✔ Si usa su PC sólo una vez al día (en la noche para enviar correos electrónicos, chatear y usar Internet, por ejemplo), tenerla apagada durante el resto del día está bien.

✔ La mayoría de los negocios mantienen sus PC encendidas todo el tiempo.

✔ Cualquier cosa que haga con su PC, siempre es una buena idea apagar el monitor cuando usted esté fuera. Algunos monitores pueden dormir al igual que las PC, pero si no lo hacen, apagarlas puede ahorrar algo de electricidad.

✔ Si deja la PC encendida todo el tiempo, no le coloque un cobertor para polvo. Esos cobertores le producen a la PC su propio efecto invernadero y hace que la temperatura dentro del sistema aumente más allá del punto de ebullición.

✔ Otra buena idea: apague la PC durante una tormenta eléctrica. Aunque tenga protección contra picos de voltaje o una UPS, no deje que uno de esos picos entre a su PC durante una tormenta eléctrica. Desenchúfela. También recuerde desenchufar la línea telefónica. Nunca está de más ser precavido.

Capítulo 5

Lugares para visitar y cosas por ver en Windows

- -

En este capítulo

▶ Visitar el escritorio

▶ Buscar la barra de tareas

▶ Merodear en la bandeja del sistema

▶ Usar el botón Inicio

▶ Llegar al Panel de control

▶ Buscar Conexiones de red

▶ Ubicar lugares importantes en Windows

▶ Obtener ayuda

- -

*E*l software lleva la batuta de la PC. El número uno en su PC es el *sistema operativo*, el programa principal que controla todos los otros programas. Sería impresionante si el sistema operativo fuera diabólico en alguna medida. Pero no lo es. No, el sistema operativo está a cargo porque algún programa tiene que estarlo. Además, el sistema operativo está muy ocupado cuidando el hardware de la PC y obedeciendo todos sus antojos.

Éste es un libro de hardware, sin embargo muchas de las cosas del hardware que se mencionan en este libro tienen relación directa con Windows. Como el software está a cargo del hardware y Windows está a cargo de todo el software, este capítulo cubre algunos de los lugares más importantes en Windows que usted necesita visitar para administrar o ajustar el hardware de su PC.

Para obtener más información acerca de las diversas partes de Windows, como el escritorio, la barra de tareas y la bandeja del sistema, por favor vea el libro *PC Para Dummies Referencia Rápida* (Wiley Publishing, Inc.).

El escritorio

La pantalla principal de Windows es el *escritorio*. Ahí es donde aparecen las verdaderas ventanas, las que albergan los programas que usted ejecuta o las que le muestran una lista de archivos o íconos. El escritorio también puede tener sus propios íconos, como los de acceso directo a programas, archivos o carpetas que usted usa a menudo. También puede estar adornado con una imagen llamativa o un fondo de pantalla.

Fondo de escrito   Íconos

Botón de inicio   Barra de herramientas   Bandeja de sistema/ Área de notificación

Figura 5-1
El escritorio
de Windows.

Desktop background   Icons

Start button   Taskbar   System tray/notification area

La Figura 5-1 muestra un escritorio típico de Windows XP. Usted puede ver diversos íconos en cualquier extremo de la pantalla, un fondo muy atractivo, además de un botón de inicio y una barra de tareas en la parte inferior. (El botón Inicio y la barra de tareas se cubren más adelante en este capítulo.)

- ✔ El *escritorio* es tan sólo el fondo en el cual Windows le muestra sus elementos, como una hoja vieja que usted cuelga en la pared para molestar a sus vecinos cuando proyecta las diapositivas de sus vacaciones en Gran Caimán.

- ✔ Los íconos son imágenes pequeñas que representan los archivos o programas en su PC. Vea el Capítulo 20 para obtener más información sobre los íconos.

- ✔ Puede cambiar el papel tapiz del escritorio por cualquier imagen. Vea el Capítulo 10.

- ✔ También vea el Capítulo 10 para obtener información sobre cambiar el tamaño del escritorio o su *resolución*.

- ✔ El nombre del escritorio se heredó con el tiempo. Hace algunas generaciones de PC, en realidad se veía como un escritorio ya que tenía un bloc de papel, un reloj, goma, tijeras y otras herramientas de oficina.

Dominar la barra de tareas

El escritorio se parece más a una pizarra de corcho para pegar íconos que a un lugar donde usted toma Windows y lo estrangula, si es eso lo que desea hacer. Si en realidad quiere ingresar a Windows, debe prestarle atención a la barra de tareas.

La barra de tareas por lo general está ubicada en la parte inferior del escritorio, como se muestra en la Figura 5-2. En la imagen aparecen cuatro áreas importantes, aunque la barra de despliegue rápido podría no estar visible en la barra de tareas de su PC.

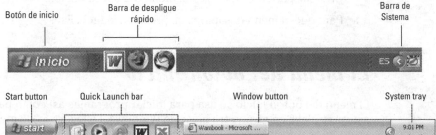

Figura 5-2
La barra de tareas.

La barra de tareas se usa para controlar las ventanas en la pantalla. Ésta le permite cambiar con rapidez entre esas ventanas o *tareas*, al hacer clic en el botón de una ventana. La barra de tareas también es el hogar del botón Inicio, así como de otras opciones que se cubren a lo largo de este capítulo.

La bandeja del sistema o área de notificaciones

La pequeña caja en el extremo opuesto al botón de Inicio en la barra de tareas (vea la Figura 5-2) muestra la hora y el día actuales así como otros íconos pequeños que representan programas especiales que funcionan en Windows. La ubicación se llama *bandeja del sistema* o *área de notificaciones*.

- ✔ Puede ver más información sobre los programas especiales al hacer doble clic o clic derecho en sus íconos.

- ✔ Algunos íconos muestran burbujas con mensajes cuando suceden ciertas cosas en las ventanas.

- ✔ No hay forma de deshabilitar por completo la bandeja del sistema. Puede ocultar íconos, pero no puede apagar esta característica por completo sin comprar una utilidad especial para hacerlo. (No recomiendo hacer esto último.)

El botón Inicio

El botón Inicio es donde usted inicia un sinnúmero de actividades en Windows. En realidad es el lugar al que debe ir cuando quiere iniciar un programa o actividad, ajustar la forma en que trabaja Windows o incluso apagar la PC.

El botón Inicio se ubica en un extremo de la barra de tareas, por lo general en la esquina inferior izquierda del escritorio. Cuando hace clic en el botón Inicio con el ᗏ, se despliega el menú de ese botón. ¡Aquí empieza la diversión… o la angustia!

- ✔ También puede hacer que aparezca el menú del botón Inicio al presionar la tecla Win en el teclado de su PC. Si su PC no tiene esa tecla, presione Ctrl+Esc para que aparezca el menú del botón Inicio.

- ✔ Para que el menú desaparezca, presione la tecla Esc.

El menú del botón Inicio

El menú del botón Inicio se usa para iniciar programas así como para llegar a lugares clave en algún otro lugar de Windows. La Figura 5-3 le muestra un ejemplo de la forma como puede verse el menú.

En la figura aparecen las cosas importantes que se pueden encontrar en el menú de Inicio. Tenga en cuenta que ese botón se puede personalizar, de manera tal que lo que ve en su pantalla podría ser diferente a lo que aparece en la figura.

- ✔ Para personalizar el menú del botón Inicio, hágale clic derecho y elija Propiedades del menú que aparece. Haga clic en el botón Personalizar

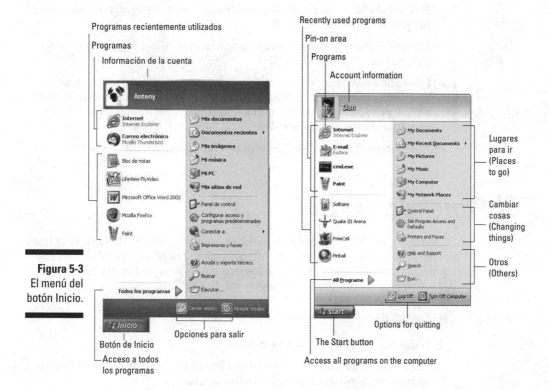

Figura 5-3
El menú del
botón Inicio.

en el cuadro de diálogo. Ahí puede encontrar muchas opciones para ajustar la forma en que luce y se comporta este menú.

✔ La Figura 5-3 muestra el menú de Inicio de Windows XP. También está disponible un menú de Inicio clásico, el cual tiene una apariencia distinta. Este libro asume que usted tiene el menú del botón Inicio de Windows XP, como aparece en la Figura 5-3.

El menú Todos los programas

Cada uno de los programas (el software y las aplicaciones) instalados en su PC se encuentran en el menú Todos los programas del menú Inicio. Al hacer clic en ese objeto aparece un menú dinámico lleno de opciones; de hecho, el menú está tan abarrotado que puede llenar la pantalla con más de una columna de opciones.

El menú Todos los programas está organizado en programas y submenús. Para ejecutar un programa, haga clic en su ícono o nombre. Por otro lado, usted puede ver más programas organizados en muchos submenús al hacer clic en el nombre de uno. Note que hay submenús dentro de submenús para agregar un poco más de confusión.

✔ El Capítulo 23 cuenta con más información acerca del menú Todos los programas.

✔ El menú Todos los programas se puede llamar Más programas en algunas versiones de Windows XP.

✔ Los submenús Programas son un poco escurridizos. Aparecen y desaparecen conforme usted pasa el ⌐ sobre ellos. ¡Tenga cuidado! Acceder a ellos puede ser un poco complicado si acostumbra mover el ⌐ muy rápido o si éste es muy sensible.

✔ Absténgase de golpear su ⌐ contra la mesa cuando se comporta mal.

El Panel de control

Un lugar importante que debe conocer en Windows, especialmente si se trata del hardware de su PC, es el Panel de control. El *Panel de control* es una ventana especial con íconos relacionados con muchos aspectos del hardware, del software y la configuración en general de su PC.

Para que aparezca la ventana mágica del Panel de control, haga lo siguiente:

1. **Haga clic en el botón Inicio (Start).**

2. **Haga clic en el objeto del menú del Panel de control (Control Panel) al lado derecho del menú del botón Inicio.**

Si no ve el objeto del Panel de control ahí, abra el ícono Mi PC en el escritorio. Haga clic para elegir Panel de control de la lista Otros sitios en el extremo izquierdo de la ventana. También, puede hacer clic en la flecha hacia abajo en la barra Dirección y seleccionar Panel de control de la lista desplegable.

La Figura 5-4 muestra una ventana típica del Panel de control, llena de íconos. Los capítulos siguientes en este libro cubren lo que hacen muchos de ellos.

Observe que la Figura 5-4 muestra el Panel de control en la vista Clásica, la cual es mi preferida y es la forma que usa este libro para hacer sus referencias. Es más rápido que usar la vista Categoría. Para cambiar a la vista Clásica, haga clic en el ⌐ sobre el texto "Cambiar a Vista Clásica" en el extremo izquierdo de la ventana.

El control de redes

Si piensa poner su PC en una red o va a usar una conexión a Internet de banda ancha (cable o DSL), necesita saber dónde se encuentra la Central de redes de Windows. Es una ventana solapada que se llama Conexión de red.

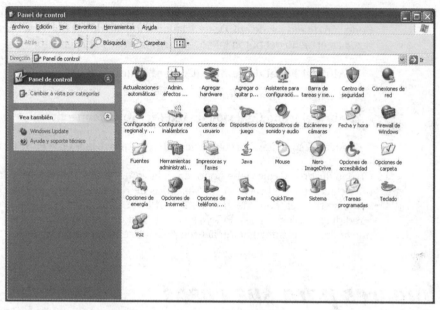

Figura 5-4
El Panel de control.

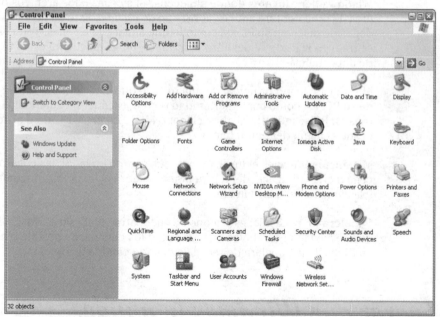

Para que aparezca la ventana Conexión de red, haga clic en el botón Inicio y elija Conexión de red desde ahí. Desgraciadamente, puede ser que esta opción no aparezca en el menú del botón Inicio, en cuyo caso debe hacer esto:

1. **Abrir el Panel de control (Control Panel).**

   Vea la sección anterior.

2. **Abrir el ícono Conexión de red (Network Connections).**

   Ahí está su ventana, la cual se describe con más detalle en la Parte III de este libro.

Otro lugar de red que debe conocer es la ventana Mis sitios de red, la cual se puede acceder al abrir el ícono Mis sitios de red en el escritorio o al elegir Mis sitios de red del menú del botón Inicio. La ventana muestra varias conexiones a red disponibles para su PC, ya sea en la red de área local o en Internet. De nuevo, hay más información acerca de esta ventana en la Parte III.

Lugares para sus cosas

Windows tiene lugares donde almacenar sus cosas o los archivos que usted crea. El gran nombre aquí es el *sistema de archivo*. Éste incluye todas las unidades de disco en su PC así como lo que almacena en ellas. Todo este tema se trata en la Parte IV del libro. Por ahora, tenga en cuenta estos tres lugares de importancia:

Mi PC: este ícono principal detalla todo lo que está almacenado en el disco de su PC, así como cualquier unidad de red, escáner o cámara digital. La ventana Mi PC se muestra al abrir el ícono Mi PC en el escritorio o al accederlo desde el menú del botón Inicio.

Mis documentos: es el lugar para lo que guarda en la PC, las cosas que almacena o crea. Para acceder a la ventana, se abre el ícono Mis documentos o se usa el menú del botón Inicio.

Papelera de reciclaje: este ícono se encuentra en el escritorio. Es el lugar al que se envían los archivos cuando usted los elimina. Es posible recuperar los archivos de la Papelera de reciclaje cuando cambia de opinión.

Lograr que Windows le ayude

¡Windows es enorme! Documentar todo el sistema operativo requeriría no sólo un libro bastante grueso, sino, más bien, muchos volúmenes gruesos de ese libro. Ni siquiera Microsoft vende algo así. En su lugar, lo que hizo fue colocar toda su documentación e información útil en la PC. Se le llama sistema de Ayuda de Windows.

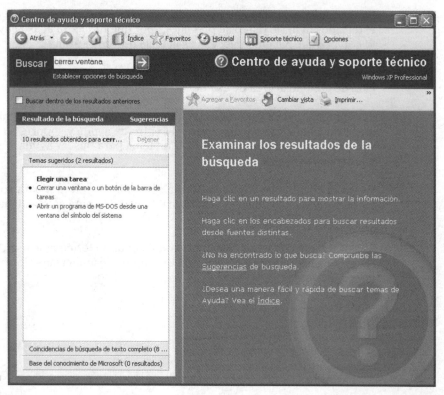

Figura 5-5
¿Ayuda?

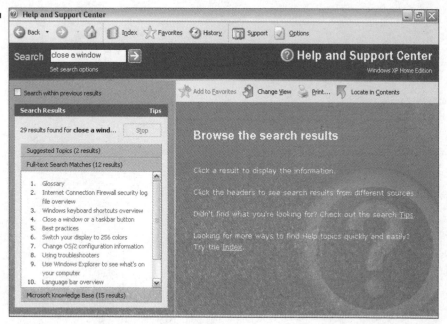

Para acceder al sistema de Ayuda de Windows, usted presiona la tecla F1 en el teclado. Ya lo sé. Usted se pregunta, ¿por qué F1? ¿Será acaso Fayuda? No lo comprendo. Sin embargo, ésa es la tecla que debe usar.

Presionar F1 en medio de una tarea en Windows hace que aparezca información de utilidad acerca de esa tarea.

Para obtener ayuda general, elija el comando Ayuda y soporte técnico del menú del botón Inicio y observará el Centro de ayuda y soporte técnico. Ahí puede escribir una pregunta o elegir un tema para buscar ayuda, como se muestra en la Figura 5-5.

Tenga en cuenta que Windows podría conectarse a Internet para completar su pedido de ayuda. Esto es normal (y usted lo nota sólo si tiene una conexión telefónica a Internet).

El motor de ayuda es su propio programa. Cuando termina de usar la ayuda, recuerde salir. Haga clic en el botón Cerrar en la esquina superior izquierda de la ventana.

Parte II
Las entrañas de la PC

"Bueno, éste es su problema. Usted sólo tiene la mitad de lo que necesita."

En esta parte . . .

El hardware de su PC es más que el teclado y el monitor. Usted puede tocar el teclado y el mouse, puede mirar el monitor y, de vez en cuando, puede darle una palmada a la impresora, pero el sistema de una PC es más que esas cosas físicas. Si planea sacarle el máximo provecho a su PC, necesitará conocer los detalles, las *entrañas*. O sea, lo que merodea dentro de la consola y los nombres reales de todos esos aparatitos y otro hardware que componen el sistema de su PC. En esta parte del libro encontrará cómo ponerle nombre, usar, ajustar y abusar de todo eso.

Capítulo 6
Dentro de la caja

consola yace un caos de enigmas
bles como enredaderas que
es de poder y unidades de discos,
e alta tecnología, transistores, capa-
uchos de los cuales son afilados y
er, pero tampoco es excitante.

mpleja de las entrañas de la consola, éste
e las consolas de las PC se abren con faci-
lgunas ocasiones, usted necesita ingresar
cede en pocas ocasiones, pero sucede.
este capítulo como referencia para decirle lo
orma de proseguir para no electrocutarse.

de la consola

onsola de su PC. Tiene muchas opciones para
expa̶ ecesidad de abrir la caja. Aun así, mi recomendación
es que se ̶ a la configuración interna de su PC o, al menos, que
tenga un conoc̶ básico de lo que es cada cosa y del lugar donde se
ubica, así como de su nombre adecuado.

Las entrañas de su PC

La Figura 6-1 resalta las cosas importantes que debe notar dentro de la consola de su PC. La figura muestra una vista lateral, como si quitara el extremo derecho de la consola y observara el interior. (El lado izquierdo de la imagen muestra el frente de la consola.)

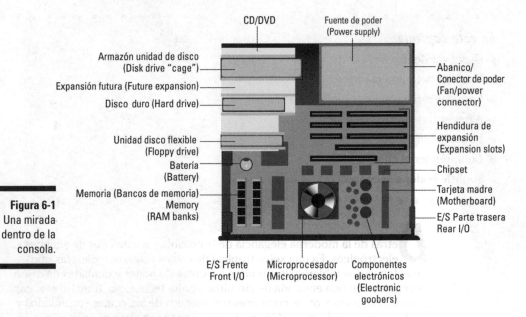

Figura 6-1
Una mirada dentro de la consola.

En la Figura 6-1 hacen falta los miles de cables que engalanan el abdomen de la consola. Además, el detalle en la tarjeta madre es un poco escaso y la consola típica suele ser menos espaciosa. También, si ha tenido la PC por algún tiempo, se encontrará un poco de polvo, ¡incluso hasta pelos de gato!

Las tres partes principales de la barriga de la consola son:

✔ El armazón de la unidad del disco.

✔ El suministro de poder.

✔ La tarjeta madre.

El *armazón de la unidad del disco* es un artefacto que se usa para sostener las unidades de discos internos, un CD-ROM, un DVD, un disco duro y quizás una unidad de disco flexible. Ese armazón también tiene espacio para más unidades de discos (lo que se llama "expansión futura"), usualmente se encuentra detrás de algunos paneles en el frente de la consola.

El suministro de poder alimenta la consola con eso tan importante llamado electricidad. Puede leer más acerca de este tema en la sección "La fuente de poder de la PC", al final de este capítulo.

Por último, la *tarjeta madre* es la tarjeta de circuitos principal de la PC. Es algo importante, de manera que se habla al respecto más adelante en este capítulo en la sección "La madre de todas las tarjetas".

Todo lo que esté dentro de la caja de la PC es un componente *modular*. Ese término quiere decir que las piezas individuales se pueden reemplazar sin tener que botar toda la consola. (La modularidad ha sido una de las claves del éxito de la PC a lo largo de los años.)

Abrir el armazón (si se atreve)

No tiene que ingresar a la consola si no quiere hacerlo. Más bien, devuélvale la consola al vendedor o al técnico de mantenimiento cuando sea necesario hacerle un trabajo. Pero si tiene alguna inclinación por arreglar cosas o tiene un seguro de vida enorme, está bien que abra la consola para agregarle o reemplazarle algo.

Aquí están los pasos generales que recomiendo para abrirla:

1. **Apague la PC.**

   Vaya al Capítulo 4.

2. **Desenchufe la consola y quite el cordón de la electricidad.**

   Apagar la consola no es suficiente. Es necesario desenchufar el cable eléctrico. Desenchufar otros cables no es necesario a menos que necesite hacerlo para girar la consola.

3. **Aleje la consola de la pared o ubíquela en un lugar donde tenga espacio para trabajar.**

4. **Abra el armazón de la consola.**

   Los pasos para abrirlo dependen de cada armazón. Con algunas es necesario usar un destornillador para quitar algunos tornillos. Otras se abren con sólo un pequeño movimiento.

Ahora estamos listos para trabajar dentro de la consola. Vaya a la Figura 6-1 y trate de encontrar las cosas. ¡Pero trate de encontrar los cables! ¡Qué pesadilla!

✔ Nunca enchufe la consola cuando el armazón esté abierta. Si necesita probar algo, ¡ciérrelo!

✔ Típicamente, usted abre el armazón para hacer una de estas tres cosas: agregar más memoria, agregar una tarjeta de expansión o reemplazar la batería de la PC.

✔ Mientras trabaja en la consola, trate que una mano toque el armazón o, preferiblemente, algo de metal, como el armazón de la unidad del disco. De esa forma, su potencial eléctrico es igual al de la consola y reduce el riesgo de generar electricidad estática, que puede dañar su PC.

Cerrar el armazón

Cuando termine lo que lo haya motivado a abrir el armazón, ¡ciérrelo! Revise que todos los cables se hayan conectado de nuevo y que las operaciones internas estén en su lugar y que no hayan quedado herramientas o tornillos adentro.

Vuelva a colocar la tapa o el cobertor y luego enchufe la consola en el cordón del poder. Encienda la PC y rece para que todavía funcione.

 ✔ Una buena idea es no atornillar el armazón hasta que esté seguro de que el trabajo tuvo éxito.

 ✔ Vea el Capítulo 15 para obtener información específica con respecto a actualizar el hardware de su PC.

La madre de todas las tarjetas

La tarjeta de circuitos más grande de la PC es la *tarjeta madre*. Ahí es donde yacen sus componentes electrónicos más importantes. La tarjeta madre es el hogar de los siguientes componentes esenciales de la PC, muchos de los cuales se ilustran luego en este capítulo, en la Figura 6-1:

 ✔ Microprocesador

 ✔ Chipset

 ✔ Memoria

 ✔ Batería

 ✔ Ranuras de expansión

 ✔ Conectores I/O

 ✔ Componentes electrónicos

El microprocesador, el chipset, la batería y la tarjeta de expansión tienen sus propias secciones en este capítulo. Véalas para obtener más información. La memoria de la PC es un tema amplio de manera que se cubre exclusivamente en el Capítulo 9.

Los *conectores I/O* son sólo lugares en la tarjeta madre donde los paneles I/O de la consola se enchufan. También hay un conector donde las unidades de disco se enchufan, así como un conector de poder para la electricidad de la fuente de poder. Los componentes electrónicos son esas piezas variadas de tecnología que los ingenieros colocan en la tarjeta madre para que se vea impresionante.

- ✔ La tarjeta madre es la parte principal del circuito dentro de su PC.
- ✔ Aunque muchos chips de la PC pueden estar en la tarjeta madre, el chip principal es el *microprocesador*. La tarjeta madre existe para darle soporte a ese chip.

El microprocesador

En el corazón de cualquier PC late el *microprocesador*. Ése es el chip principal de la PC, su músculo.

Tenga en cuenta que el microprocesador *no* es el cerebro de la PC. El software es el cerebro. El microprocesador es únicamente hardware y sólo hace lo que el software le indica.

El trabajo del microprocesador es bastante sencillo. Puede hacer matemática básica, puede buscar y colocar información en la memoria y hacer todo lo relacionado con la entrada y salida (I/O). La clave del éxito del microprocesador es que, a diferencia del meditabundo adolescente, el microprocesador lo hace todo con rapidez.

- ✔ Cuando esté cansado de hablar, puede referirse al microprocesador como el *procesador*.
- ✔ Otro término para un microprocesador es CPU, que quiere decir Unidad de Procesamiento Central (*Central Processing Unit*, en inglés).
- ✔ Los microprocesadores modernos se calientan mucho y por lo tanto necesitan un enfriamiento especial. Dentro de la PC puede notar que el microprocesador lleva un abanico pequeño de sombrero. Eso ayuda a mantenerlo frío.

Ponerle nombre a un microprocesador

Hace mucho tiempo, en una economía muy lejana, a los microprocesadores se les ponían números famosos, como 386 y 8088. Ahora la tendencia es hacia los nombres, pero no de personas como Juan o Marcia. No, ahora los microprocesadores reciben nombres de héroes potenciales de ciencia ficción o de medicamentos. Éstos son algunos:

Pentium: el microprocesador de primera, desarrollado por el líder de la industria Intel.

Celeron: una versión más económica de Pentium que a menudo se usa en PC más económicas o *caseras*.

Athlon: una imitación de Pentium de Intel, rival de AMD. Athlon es tan bueno como Pentium, aunque menos costoso.

Duron: la imitación Celeron de AMD.

Otros nombres y números se pueden usar junto con esos nombres principales. No vale la pena enfatizar mucho en ellos ya que la industria informática los cambia muy a menudo. El único criterio importante que se usa para juzgar un microprocesador (además del precio) es su velocidad, lo cual se cubre en la siguiente subsección.

- ✔ Los dos tipos más populares de chips Pentium que se venden ahora son Pentium 3 y Pentium 4. Este último es el más nuevo y el mejor de los dos.

- ✔ Pentium también tiene algunos hermanos de mayor valor: los microprocesadores Itanium y Xeon, que se usan exclusivamente en equipos servidores de mayor tamaño.

- ✔ Intel es el fabricante líder de microprocesadores a nivel mundial. La compañía desarrolló el 8088, el cual vivió en las entrañas de la primera PC IBM.

- ✔ Otra forma de describir un microprocesador es por el tipo de enchufe en la tarjeta madre al que se conecta. Esta información es importante sólo para esas personas que eligen construir sus propias PC.

- ✔ Existe poca diferencia entre un microprocesador Intel verdadero y uno que no sea Intel. Para el software de su PC, el microprocesador es el mismo sin importar quien lo haya fabricado. Sin embargo, debo mencionar que los fabricantes de juegos prefieren AMD.

La forma de medir un microprocesador

Los microprocesadores se miden según dos factores: su poder y rapidez.

El poder se mide en bits. Específicamente, se mide cuántos bits puede movilizar el chip a la vez. En el caso de un microprocesador de PC típico, esto puede ser 32 bits o 64 bits; 32 bits es lo más común.

Algo que puede ayudar es pensar que los bits en un microprocesador son como los cilindros en un coche. Entre más tenga, más poder tiene el motor. También, un mejor ejemplo son los carriles en una autopista: entre más tenga, más partes de datos (tráfico) se pueden movilizar.

La velocidad actual de los microprocesadores se mide en gigahertz (GHz) o miles de millones de ciclos por segundo. Entre más alto sea el valor, más rápido es el microprocesador, con velocidades promedio entre 2.0 GHz (más lento) y 4.0 GHz (más rápido).

Por desgracia, la velocidad no es una medida realista para saber qué tan rápido realiza su trabajo un microprocesador. La velocidad es algo relativo cuando se trata de PC, pero aun así, un Pentium que trabaja a 2.4 GHz es más lento que uno que trabaja a 3.0 GHz, aunque no es algo que usted vaya a notar.

"Muy bien, entonces, ¿cuál es el microprocesador de mi PC?"

No es sencillo, después de llegar a casa, confirmar que su PC tiene el micro-procesador que usted compró. Incluso si abre la armazón, en realidad no puede ver el microprocesador porque tiene el pequeño abanico de sombrero e incluso si mueve ese sombrero, los números y los nombres impresos en el chip puede que no le sirvan de nada.

Una forma de descubrir el tipo de microprocesador que habita en el corazón de su PC es usar Windows. El cuadro de diálogo Propiedades del sistema muestra un breve resumen del microprocesador y el RAM, similar al que aparece en la Figura 6-2.

Para llamar al cuadro de diálogo Propiedades del sistema, presione Win+Break en su teclado (eso es la tecla de Windows más la tecla llamada Break o Pause Break o Pausa). También puede abrirlo con el ícono Sistema (System) en el Panel de control.

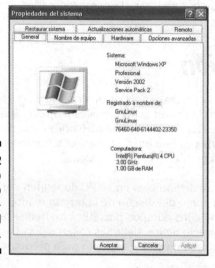 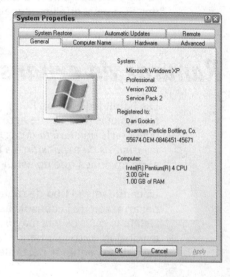

Figura 6-2
El cuadro de diálogo Propiedades del sistema.

En la Figura 6-2, usted puede ver que la PC cuenta con un microprocesador Pentium 4 que funciona a 3.00 GHz. La PC cuenta con 1GB de RAM. Esto calza con lo que pagué, pero no todos los cuadros de diálogo Propiedades del sistema de las PC son tan explícitos.

✔ No todo cuadro de diálogo Propiedades del sistema muestra información tan completa como la que aparece en la Figura 6-2. Cuando Windows en realidad no lo sabe, puede decir algo impreciso como "x86 Family".

✔ Una de mis formas favoritas de fisgonear programas es con CPU-Z. Éste es el sitio web:

```
http://www.cpuid.org/cpuz.php
```

✔ Vea el Capítulo 9 para obtener más información acerca del RAM.

"¿Puede mejorar el microprocesador de mi PC?"

Algunas PC se venden con la idea de que usted más adelante pueda cambiar el microprocesador por uno más rápido. Eso es cierto: en muchas PC, usted puede comprar una CPU, quitar el viejo y conectar el nuevo. ¡Puf! Obtiene velocidad al instante. Pero no recomiendo hacerlo.

Para sacar verdadera ventaja de la tecnología más nueva, en realidad necesita más que un microprocesador nuevo. Lo que necesita es una tarjeta madre nueva, un poco más de memoria y, mientras está ahí, nuevas unidades de disco. De lo contrario, el poder de la CPU nuevo se pierde en los circuitos de la CPU viejo.

Otro tema es el costo. De manera individual, los microprocesadores son costosos, especialmente los más nuevos, los mejores. Es más sencillo comprarse una PC nueva que preocuparse por mejorar el microprocesador.

Ranuras de expansión

Las habilidades de su PC se pueden expandir de diversas formas. Una de las formas más directas de agregarle circuitos adicionales u opciones a la PC es conectarle una *tarjeta de expansión* a la tarjeta madre por medio de una de las *ranuras de expansión*. La idea es que puede expandir su sistema al agregarle opciones que no están incluidas con la PC básica.

La cantidad y el tipo de ranuras disponibles en su PC dependen del tamaño del armazón de la consola así como del diseño de la tarjeta madre. Algunos sistemas caseros y la mayoría de los equipos portátiles no tienen ranuras de expansión. Esto mantiene el precio de los sistemas caseros más bajo y, en el caso de los equipos portátiles, son muy chicos como para preocuparse por tarjetas de expansión. Las mini PC de escritorio por lo general tienen de tres a cinco ranuras de expansión y las de torre pueden tener hasta ocho.

Las ranuras de expansión vienen en tres presentaciones:

ISA: el tipo más antiguo de ranura de expansión. ISA se refiere a Industry Standard Architecture (Arquitectura Estándar de la Industria). Eso se debe a que en realidad nunca tuvo un nombre hasta que otro tipo mejor apareció. Las ranuras ISA siguen siendo compatibles con tarjetas de expansión más antiguas. La mayoría de las PC tienen una o dos ranuras de expansión ISA por razones de compatibilidad.

PCI: es la forma más común de expansión interna para una PC (también para Macintosh, pero ese no es nuestro tema). Las probabilidades de que al adquirir una tarjeta de expansión ésta sea PCI, son muy altas.

AGP: quiere decir Accelerated Graphics Port (Puerto de Gráficos Acelerado). Este tipo especial de ranura sólo sirve para tarjetas de expansión de video, usualmente las atractivas y caras que hacen todo tipo de gráficos impresionantes. No toda PC tiene este tipo de ranura, y si su PC la tiene, sólo tiene una de ellas.

Las partes traseras de la mayoría de tarjetas ISA y PCI se adhieren a la parte trasera de la consola; la parte de atrás de la tarjeta reemplaza la cubierta metálica de la ranura para revelar conectores especiales o aditamentos para la tarjeta de expansión.

Tener ranuras de expansión en su PC es algo bueno, pero no del todo necesario. La mayoría de bondades disponibles por medio de las tarjetas de expansión también se pueden agregar a la PC con dispositivos externos USB o IEEE.

✔ Si tiene la opción, elija una tarjeta de expansión PCI en lugar de un modelo ISA.

✔ Las PC más pequeñas tienen la menor cantidad de ranuras de expansión. Los modelos de PC de torre tienen la mayor cantidad.

✔ Para obtener más información sobre las tarjetas de expansión de video, vea el Capítulo 10.

✔ A las tarjetas de expansión en ocasiones se les llama *daughterboards (tarjetas hijas)*. ¿Lo comprende? Tarjeta madre, tarjeta hija. Espero con ansias la *tarjeta tía* o quizás la *tarjeta prima segunda*.

✔ La mayoría de las tarjetas de expansión vienen con cables. Este desorden de cables hace que la tarjeta madre se vea más como un plato de pasta electrónico. Algunos cables están enredados dentro de la PC; otros quedan colgando por fuera. Los cables son los que hacen que las mejoras internas y el proceso de instalación sean tan difíciles.

Reloj al ritmo de tic-tac

Una parte del hardware de todas las PC pero que no necesariamente está visible en la tarjeta madre es el reloj interno. El reloj es operado por baterías, lo cual le permite darle seguimiento a la hora, de día o de noche, si la PC está conectada o no.

La PC muestra la hora actual en la bandeja del sistema en la barra de tareas. Si apunta el 🖰 hacia la hora y lo sostiene sin moverlo, la fecha actual aparece. Pero hay más acerca del reloj.

La PC usa el reloj interno no sólo para darle seguimiento a la hora y para programar cosas, sino también para ponerle la hora a los archivos. De esa forma, puede determinar el momento en que se crearon los archivos, ordenar su información y hacer otras cosas relacionadas con la hora.

✔ Windows muestra un ícono de fecha y hora en la bandeja del sistema en la barra de tareas. (Vea el Capítulo 5.)

✔ El formato de fecha y hora se basa en su país o región. Puede cambiarlo al ir al Panel de control y abrir el ícono Configuración regional y de idioma.

"¡Mi reloj está chiflado!"

Las PC desordenan los relojes. Una PC típica pierde uno o dos minutos de tiempo todos los días. ¿Por qué? ¡Quién sabe!

En general, el reloj avanza lento o rápido según lo que sucede dentro de la PC. Entre más cosas sucedan, más equivocado estará el reloj. Específicamente si pone su PC a dormir o a "hibernar", el reloj se puede volver muy loco. (Vaya el Capítulo 4 para obtener más información sobre la opción de hibernar.)

Algo positivo es que el reloj de la PC conoce bien la hora de verano. Windows de manera automática adelanta o retrasa el reloj y lo hace sin necesidad de que se lo estén recordando. La PC lo sabe y obedece.

¿Qué debe hacer si el reloj está perdido? Bueno, póngale la hora adecuada, por supuesto. ¡Siga leyendo!

Poner la hora

Para fijar la fecha y la hora en su PC, haga doble clic en la hora en la barra de tareas: clic-clic. El cuadro de diálogo Propiedades de fecha y hora aparece como por arte de magia, como se muestra en la Figura 6-3.

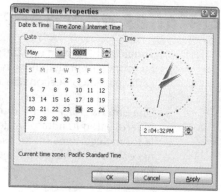

Figura 6-3
El cuadro
de diálogo
Propie-
dades de
fecha y
hora (Date
and Time
Properties).

Manipule los controles en el cuadro de diálogo Propiedades de fecha y hora para cambiar o colocar la fecha y la hora.

Por ejemplo, digite **10:00 AM** si son las 9:58 AM o algo cercano. Luego, cuando la dama que da la hora por teléfono (o quien sea) dice que son las 10 en punto, haga clic en el botón Aplicar en el cuadro de diálogo Propiedades de fecha y hora. Esa acción define la hora al instante. Haga clic en Aceptar cuando haya terminado.

Internet, ¡hora del rescate!

Una forma de dominar el reloj salvaje es hacer que la PC automáticamente sincronice la hora con uno de los servidores de hora mundiales. Un Servidor de horario es una computadora diseñada para proporcionar información precisa con respecto a la hora a cualquier PC que se registre en Internet.

Para configurar su PC de manera que use un Servidor de horario y se sincronice con la hora en Internet, abra el cuadro de diálogo Propiedades de fecha y hora, como se describe en la subsección anterior. Luego haga clic en la pestaña Hora de Internet (vea la Figura 6-3).

Coloque una marca junto a la opción Sincronice automáticamente con un servidor de horario de Internet. Tiene la opción de elegir un servidor de horario de la lista desplegable.

Windows de forma automática ajusta el reloj de la PC cuando usted esté conectado a Internet. ¡No tiene que volver a hacer nada más!

Detalles aburridos sobre la batería

Todas las PC tienen una batería interna, la cual es parte de la tarjeta madre. Su propósito principal es ayudarle al reloj a mantener la hora cuando la PC está apagada o desconectada.

Una batería típica de PC dura cerca de seis años, posiblemente más. Cuando muere, usted lo nota porque la hora y la fecha están muy perdidas o quizás la PC incluso tiene un mensaje que le dice que la batería de la tarjeta madre necesita reemplazarse. Puede conseguir el reemplazo en cualquier tienda Radio Shack.

- ✔ Sí, tiene que abrir la caja de la consola para llegar a la batería. Tampoco crea que será fácil encontrarla.

- ✔ La batería de la PC también se puede usar para respaldar información especial del sistema, como el número de unidades de disco, la configuración de la memoria y otra información que la PC necesita saber todo el tiempo, pero que de otra forma no recordaría.

- ✔ La batería de la tarjeta madre es, además de otras baterías en la PC, como la batería principal que se usa para darle energía a un equipo portátil.

El chipset

Los científicos de la informática en lugar de referirse a los chips de la tarjeta madre como variados y diversos han ideado un único término descriptivo. Todos esos chips se llaman *chipset*.

El chipset es lo que define la personalidad de su PC. Contiene instrucciones para operar el hardware básico: el teclado, el ⌐⊕, la interfaz de la red, el sonido y el video, por ejemplo.

Hay diferentes chipsets disponibles según los tipos de características que ofrezca la PC. Por ejemplo, algunas tarjetas madre pueden venir con gráficos avanzados en el chipset o quizás con redes inalámbricas. Es difícil saberlo por los extraños nombres y números del chipset. Debe referirse a su documentación para ver lo que en realidad tiene. (Aun así, la información sólo es interesante para los sabelotodos acérrimos de PC.)

- ✔ Las distintas PC usan también chipsets distintos, según la compañía que fabricó la tarjeta madre.

- ✔ Un término más antiguo para el chipset, en particular el chip ROM principal en una PC, es BIOS. *BIOS* quiere decir Basic Input/Output System (Sistema básico de entrada y salida). Hay un BIOS para el teclado y el ⌐⊕, uno para el sistema de video, uno para la red y así sucesivamente. Todos en conjunto conforman el _chipset_. (Vea el Capítulo 9 para obtener más información sobre el ROM.)

La fuente del poder de la PC

Merodeando dentro de la consola de la PC hay algo que no sirve para pensar y que no se usa para almacenar datos. Ésa es la _Fuente de poder_. Hace muchas maravillas para la Sra. PC:

✔ Trae la electricidad del tomacorriente de la pared y la convierte de corriente salvaje CA a corriente leve CD.

✔ Le da electricidad a la tarjeta madre y a todo lo que habite en ella.

✔ Le proporciona vida a las unidades de disco internas.

✔ Tiene abanicos para mantener frío el interior de la consola.

✔ Tiene o está conectada directamente al botón de encendido de la PC.

La fuente de poder también está diseñada para el peor daño si su PC sufre un problema eléctrico como un relámpago o un pico de voltaje. En esas ocasiones, la fuente de poder está diseñada para morir y sacrificarse por el bien de su PC. _¡No entre en pánico!_ Si reemplaza la fuente de poder descubrirá que el resto de su PC sigue funcionando bien.

✔ Gracias a los abanicos, la fuente de poder es la parte más ruidosa de cualquier PC.

✔ Las fuentes de poder se miden en _watts_. Entre más hardware interno tenga su PC (por ejemplo, unidades de discos, memoria y tarjetas de expansión) mayor será la cantidad de watts que debería proporcionar la fuente de poder. La PC típica tiene una fuente de poder de entre 150 y 200 watts. Los sistemas más poderosos quizás requieran una fuente de poder de más de 300 watts.

✔ Una forma de evitar que su fuente de poder y su PC se dañen (incluso durante una tormenta eléctrica) es invertir en un protector contra picos de corriente o UPS. Vaya al Capítulo 3 para obtener más detalles.

Capítulo 7

Los puertos básicos

Una de las claves del éxito de la PC a lo largo de los últimos 25 años es su posibilidad de expansión. Usted puede no sólo expandir una PC en el interior de la consola (por medio de las ranuras de expansión), sino también agregarle una cantidad casi infinita de aparatos al sistema en la parte externa de la consola. Eso se hace conectando el aparato en uno de los *puertos* básicos de la PC, como se menciona en este capítulo.

¿Qué es un puerto?

Quizás usted ha mirado los barcos en un puerto. Si es así, ya conoce la palabra *puerto*. Sin embargo, aún no conoce la forma tan peculiar en que se usa la palabra *puerto* cuando se trata de PC.

En el mundo informático, un *puerto* de hardware es un lugar en la PC desde donde se puede enviar información o recibirla, o ambas. A menudo se le llama *puerto I/O* ya que se usa para la entrada y la salida (input y output). La información sale de la PC a través del puerto y también ingresa a la PC desde cualquier aparato que se coloque en el puerto.

Por razones tanto tecnológicas como históricas, la PC típica tiene una gran variedad de puertos. Éstos son puertos específicos, como el de la impresora, el del 🖰 y el del teclado. Además existen puertos generales, como el serial, el USB y el IEEE 1394, así como los puertos FireWire. El resto de este capítulo cubre lo que es cada cosa y la mejor forma de usar cada puerto.

 ✔ Vea también el Capítulo 3 para obtener información sobre cómo conectar cosas en los diversos puertos de la PC.

 ✔ En el caso del software, ¡*puerto* tiene otro significado! Se refiere a reescribir un programa para que sea compatible con otra PC, sistema operativo o plataforma informática.

El legado de los puertos

Cuando la PC se diseñó por primera vez, para sujetar las cosas externas a la consola se usaban nombres de puertos específicos y acertados. Si quería sujetar un teclado, un o una impresora, por ejemplo, usaría un puerto específico para teclado, o impresora.

Desde ese tiempo, esos puertos más antiguos o *legados* paulatinamente se han dejado de producir en una PC y se han reemplazado por el versátil puerto USB. Por ejemplo, ahora usted puede tener una PC en la que el , el teclado y la impresora se conectan en un puerto USB. Pero en la mayoría de PC, esos antiguos puertos todavía existen y se siguen usando tal como eran en la primera PC IBM.

y teclado

Los puertos del y el teclado están diseñados específicamente para lo que hacen: el se conecta en el puerto del y el teclado en el puerto del teclado. A pesar de que ambos puertos lucen parecidos, son únicos y cuando las cosas se conectan mal, suceden cosas extrañas.

Algunos teclados y inalámbricos todavía usan los puertos tradicionales. Usted conecta la estación base inalámbrica en el puerto del teclado o del (o de ambos) y luego puede usar los inalámbricos.

El puerto de la impresora

No debería sorprenderle que la impresora de la PC se conecte en el puerto de la impresora. Pero usted quizás no sabía que el puerto originalmente se llamaba puerto LPT (la sigla de IBM para una cosa llamada Line Printer). También se le puede llamar un puerto PRN.

El interruptor mágico KVM

KVM es una sigla para keyboard, video y 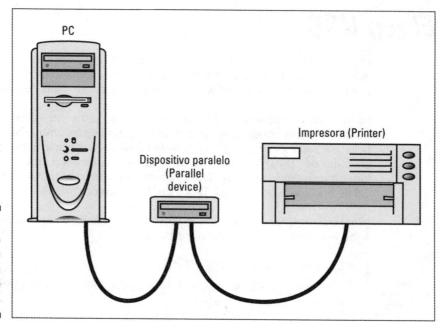 (teclado, video y). El *interruptor KVM* es una caja que puede usar para sujetar un solo teclado, monitor y a dos (o más) PC. De esa forma, usted puede usar dos PC sin tener que comprarle a cada una su propio teclado, monitor o . A menudo, la gente usa el interruptor KVM para poder usar su PC actual así como una más antigua o un sistema de cómputo secundario.

Sin embargo, no existe un interruptor KVM inverso o un dispositivo que permita que una sola PC tenga dos teclados, monitores y para que dos personas puedan usar una sola PC al mismo tiempo. Eso es posible con los sistemas operativos Linux y Unix, pero no con Windows.

Recomiendo mucho el uso de un conector USB (tema que se cubre más adelante en este capítulo) en lugar del puerto tradicional para la impresora y el cable, para conectar la consola de su PC a la impresora.

En los tiempos antiguos, usted podía usar el puerto de la impresora para agregarle un dispositivo externo a la PC, como un escáner o una unidad de disco. El dispositivo se conectaba en serie al puerto de la impresora, tal como se ilustra en la Figura 7-1. Esta técnica ya no es necesaria; es más fácil y mejor usar el puerto USB para agregar un dispositivo externo a la consola.

PC

Impresora (Printer)

Dispositivo paralelo
(Parallel
device)

Figura 7-1
El puerto
antiguo de
la impresora
conectado
en serie.

Las personas que tienen dos PC por lo general usan algo llamado un interruptor A-B para compartir una sola impresora entre las dos. Los interruptores A-B todavía están disponibles hoy, aunque la mejor solución es colocar las PC y la impresora en red, lo cual funciona mejor al compartir una conexión a Internet de alta velocidad. Vea la Parte III de este libro donde encontrará más detalles.

El puerto serial

El puerto serial original de la PC en un momento fue el puerto *versátil*. A diferencia de los otros puertos legados, podía conectar una variedad de dispositivos en el puerto serial: la impresora, el , el módem y el escáner, por ejemplo. Esa función se ha sustituido con el puerto USB que es más rápido y más fácil de usar, el cual se describe al principio de la siguiente sección.

- ✔ El puerto serial también se conoce como puerto COM o COM1. Algunos veteranos podrían llamarlo puerto RS-232C.

- ✔ Los puertos seriales modernos usan un conector de 9 pines, aunque algunos podrían usar el conector antiguo de 25. Si es así, usted necesita comprar un convertidor de 9 a 25, ya sea un aparatito pequeño en forma de caja o un cable de 9 a 25 pines.

- ✔ Los puertos seriales se usan con módems de *marcado telefónico*. Los módems de alta velocidad (cable, DSL y satélite) se conectan al adaptador de red de la PC. Vea la Parte III de este libro.

El rey USB

El puerto más versátil en su PC es USB, donde la U se refiere a *u*niversal y significa que se puede usar para conectar un universo completo de periféricos, que a menudo reemplaza la función de muchos otros puertos individuales.

La variedad de dispositivos USB es innumerable. Éstas son algunas muestras de lo que puede conectar en un puerto USB: monitores, altoparlantes, joysticks, escáneres, cámaras digitales, videocámaras, webcams, unidades floppy, unidades de CD y DVD, discos duros, unidades de memoria rápida, lectores de tarjetas de medios, aparatos de red, abanicos pequeños, lámparas, máquinas del tiempo y la lista continúa. Todos los días aparecen más dispositivos USB.

¿Cuál es la mejor noticia sobre el USB? Es *sencillo*. Sólo conecte el aparato. A menudo eso es todo lo que necesita hacer.

- ✔ USB quiere decir Universal Serial Bus.

- ✔ Los puertos USB, así como los dispositivos USB, tienen el símbolo USB, como se muestra al margen.

✔ Vaya al Capítulo 2 para obtener información para encontrar el puerto USB en la consola de su PC.

✔ Si su PC no cuenta con un puerto USB, puede comprar una tarjeta de expansión que cuesta cerca de US$ 20. Asegúrese de adquirir una tarjeta de expansión USB 2.0. (Las razones se explican en el próximo recuadro, "Número de versión USB sin sentido".)

Conectar un dispositivo USB

Una razón por la que el puerto USB dominó el mundo es su inteligencia. Las tonterías nunca dominan el mundo.

Agregarle un dispositivo USB a su PC es fácil. A menudo, todo lo que necesita hacer es conectarlo sin necesidad de apagar la PC primero. Cuando conecta un dispositivo USB dentro de la consola, Windows de inmediato lo reconoce y configura el dispositivo por usted.

Tome en cuenta que en algunos casos tiene que instalar el software primero antes de conectar algunos dispositivos USB. Después de eso, puede conectar y desconectar los dispositivos a su voluntad. Hay una excepción en el caso de los dispositivos de almacenaje USB, la cual se cubre en la sección posterior "Quitar un dispositivo USB".

¿Dónde está el cordón de la energía?

Otra ventaja de USB es que muchos tipos de dispositivos no requieren un cordón de energía separado. En su lugar, usan la energía que suplen los puertos USB. Éstos se conocen como dispositivos *USB-powered*.

Número de versión USB sin sentido

Hay dos versiones de USB disponibles: el actual, la versión más rápida de USB 2.0, el cual incluye el estándar de Alta Velocidad USB y la versión anterior, USB 1.1. La mayoría de las PC más nuevas tienen el USB 2.0 estándar, lo cual significa que soportan todos los dispositivos USB, ya sean del tipo más antiguo 1.1 o del tipo más nuevo de alta velocidad.

Las PC más antiguas quizás tengan sólo el tipo USB 1.1, lo cual quiere decir que algunas unidades de disco USB quizás no funcionen con esos sistemas. Usted sabe de inmediato cuándo esto sucede porque Windows le muestra un mensaje de error que indica que no puede leer el aparato USB 2.0 o USB de Alta Velocidad. ¿Cuál es la solución? Adquiera una tarjeta de expansión USB 2.0 para su PC.

Para algunas personas resulta incómodo que los dispositivos USB-powered no tengan un interruptor de encendido y apagado. Eso está bien; es bueno mantener el dispositivo encendido mientras la PC también lo está. Pero si usted de verdad quiere apagar el aparato, tan sólo desconecte el cable del USB.

- Los dispositivos USB que requieren mucha energía, como las impresoras y algunas unidades de disco externas, también tienen sus propios cordones de energía.

- Los aparatos USB que requieren energía quizás insistan en estar conectados a un concentrador USB-powered. Eso quiere decir que la conexión USB debe hacerse ya sea directamente a la PC o a un concentrador de USB que supla energía. Vea la sección "Expandir el universo USB", más adelante en este capítulo, para obtener más información.

Quitar un dispositivo USB

Para quitar un dispositivo USB, sólo desconéctelo. ¡Eso es todo! Bueno, a menos que ese dispositivo sea una unidad de disco. En tal caso, tiene que *desmontar* la unidad oficialmente antes de desconectarla.

¿Por qué preocuparse? Porque algún programa podría estar usando la unidad. Si saca la unidad mientras la PC está ocupada escribiéndole información, usted pierde no sólo el archivo que está actualizando o creando, sino también es posible que pierda otra información de la unidad. Por lo tanto, usted siempre debería estar seguro de desmontar la unidad de forma apropiada. Ésta es la forma de hacerlo:

1. **Abra el ícono Mi PC en el escritorio.**

   También puede mostrar los contenidos de la ventana Mi PC de alguna otra forma.

2. **Ubique la categoría con el encabezado Dispositivos con almacenamiento removible (Devices with Removable Storage).**

   Elija Ve⇨Alinear íconos por⇨Mostrar en grupos si no puede encontrar el área **Dispositivos con almacenamiento removible**.

3. **Haga clic para seleccionar el disco removible.**

    En muchos casos, el disco tiene un ícono genérico asociado a él, aunque algunos aparatitos USB pueden tener un solo ícono.

4. **Elija Archivo (File)⇨Expulsar (Eject) del menú.**

5. **Desenchufe la unidad del disco USB.**

Tenga en cuenta que el ícono quizás no desaparezca de la ventana Mi PC hasta que el dispositivo se desconecte.

Si observa un mensaje de error, la unidad puede estar ocupada o en uso. Tiene que esperar e intentarlo de nuevo. Si el error es persistente, debería apagar la PC. Desconecte el dispositivo. Luego reinicie la PC.

Un método directo de desmontar la unidad de disco USB es buscar el ícono Desconectar o Expulsar hardware en la bandeja del sistema. Cuando usted hace clic en ese ícono, una lista de unidades de disco removibles aparece. Elija su unidad de la lista; Windows intentará desmontarla. Una burbuja aparece y le dice que la unidad se puede quitar con seguridad y total éxito.

✔ ¡Siempre quite sus unidades de disco USB apropiadamente!

✔ Las unidades de disco USB incluyen las unidades de memoria rápidas, tales como jump drives o unidades de disco USB de tipo llavero. Las tarjetas de media de cámaras digitales también se incluyen en el grupo.

✔ Recomiendo conectar cualquier unidad de disco externa en su PC en la UPS. De esa forma, Windows no se queja cuando no hay energía y la unidad de disco externa de repente no está disponible.

Expandir el universo USB

Pareciera que nunca hay suficientes puertos USB cuando usted los necesita. Por suerte, cuando los requiere, puede agregarlos con rapidez al conectar un concentrador USB dentro del sistema de su PC.

Un concentrador le permite expandir ampliamente el universo USB de su PC. Una expansión concentradora típica, como se muestra en la Figura 7-2, se conecta al puerto USB de su PC. Pero luego se voltea y de inmediato proporciona aun más puertos USB para esos dispositivos que los necesitan.

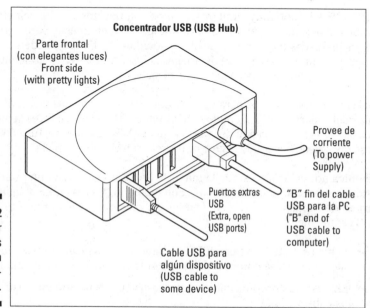

Figura 7-2 Agregar más puertos USB con un concentrador USB.

✔ Si un concentrador no es suficiente, ¡compre otro! Usted puede conectar de concentrador a concentrador si lo desea. Siempre y cuando los cables salgan de la PC y nada se devuelva, todo funciona.

✔ Al usar concentradores, puede expandir el universo USB de su PC a un máximo de 127 dispositivos. Probablemente primero se quede sin espacio en el escritorio.

✔ Tenga en cuenta que algunos dispositivos USB prefieren conectarse directamente en la consola. Estos tipos de dispositivos dicen eso en sus cajas y manuales.

✔ Un concentrador que también se conecta en el tomacorriente de la pared se conoce como un concentrador USB-*powered*. (La consola también es un concentrador de ésos.) Este tipo de concentrador es necesario para que algunos dispositivos USB funcionen.

✔ Un ejemplo de concentrador unpowered es un teclado que tiene puertos USB. Esos puertos están diseñados para conectar dispositivos non-USB powered, como el ⌐.

✔ El primer concentrador (su PC) es el concentrador *raíz*.

IEEE, o el puerto con muchos nombres

Un segundo tipo de puerto versátil es IEEE 1394, pero se conoce más comúnmente como *FireWire*. Puede incluso tener otros nombres o nombres nuevos cuando se imprima este libro.

IEEE y USB 2.0 son muy similares. Ambos son puertos de alta velocidad. Ambos le permiten expandir su PC. Ambos se pueden usar para agregar unidades de discos o escáneres de alta velocidad. Ambos se pueden conectar y desconectar sin necesidad de apagar la PC. Ambos tienen concentradores que usted puede usar para expandir el sistema.

En la PC, IEEE se usa más para video digital. Si usted tiene una videocámara con una mini conexión DV, a menudo con la etiqueta DV en ella, IEEE es la mejor forma de colocar esa información de video en su PC. Más allá de esa situación, cualquier cosa que puede hacer IEEE es mejor hacerla con el USB en una PC.

La única noticia triste es que la mayoría de PC no viene con un puerto IEEE estándar. Aun así, puede agregarle con facilidad puertos IEEE al instalar una tarjeta de expansión barata. Sin embargo, ¿por qué molestarse? Por ahora, USB es una mejor opción.

✔ Incluso si usted no tiene IEEE, la mayoría de las cámaras de video digitales tienen una conexión USB secundaria que funciona bastante bien.

✔ IEEE usa sus propios cables únicos, los cuales no son los mismos que los cables USB.

✔ Si una unidad de disco externa tiene dos conectores IEEE, puede usar cualquiera de los dos. El segundo conector le permite conectarse a un segundo dispositivo IEEE.

✔ Ambos extremos del cable estándar IEEE son lo mismo. Pero para el video digital, usted necesita un cable IEEE con un extremo estándar y un extremo DV.

✔ A diferencia de los cables USB, los cables IEEE son un tanto caros.

✔ Algunos puertos IEEE están marcados con el símbolo FireWire, como se muestra al margen.

✔ Otro término para IEEE es *I-Link*. Oficialmente, el estándar se conoce como *High Performance Serial Bus (Bus serial de alto rendimiento)*.

Capítulo 8

Las unidades de discos me enloquecen

¿Las unidades de discos giran porque están contentas? Los científicos informáticos nos dicen que la felicidad podría ser una razón, aunque quizás es más lógico asumir que el pequeño motor dentro de la unidad del disco es el responsable de todos los giros. Todavía me siento en el aire en ese sentido. Lo que sí sé es que las unidades de discos son un componente importante del sistema de su PC. Ninguna PC se vende sin al menos un tipo de unidad de disco, y más a menudo con dos o tres tipos. La definición de esos tipos y otros aspectos del hardware de las unidades de discos de su PC se cubren en este capítulo.

El asunto de las unidades de disco

Las unidades de disco son necesarias en un sistema informático para proporcionar almacenaje a largo plazo. La información que se guarda en una unidad de disco permanece ahí, incluso cuando la PC está apagada.

✔ La *unidad* es el dispositivo que lee el disco. El término unidad de disco a menudo se usa para describir sólo la unidad.

✔ El *disco* es lo que contiene los datos, el medio dentro de la unidad.

✔ Vaya al Capítulo 1 para obtener más información acerca de la necesidad de unidades de disco en el sistema de una PC.

No, no tiene que leer esta historia de la unidad del disco

En algunas ocasiones, no parece tener sentido que la PC necesite tener tres (o más) tipos diferentes de unidades de disco. ¿Uno no sería suficiente? A lo mejor. Pero esto tendrá sentido para usted cuando revise la pequeña historia personal de las PC.

Había una vez dos hombres de las cavernas, Og y Gronk. Ahora vaya a finales de la década de 1970, durante los albores de la era de las PC. En ese momento, el almacenamiento permanente de una PC lo proporcionaba una cinta.

Esto es en serio, era una cinta. Ya puede dejar de reír.

La cinta era lenta, torpe y poco confiable, pero las grabadoras de cintas eran mucho más económicas que las primeras monstruosas unidades de disco flexible. Aun así, esas unidades de disco flexible eran mucho más baratas que los discos duros primitivos.

Eventualmente, el precio de las unidades de disco flexible bajó de US$ 800 la unidad a US$100. El precio de los discos duros también bajó, además de que su capacidad aumentó. Las cosas no eran baratas, pero el almacenaje amplio estaba disponible para la mayoría de los usuarios de PC.

En el tiempo de la primera PC IBM, las unidades floppy eran estándar en las PC. Los discos duros eran algo poco común. De hecho, era la segunda generación de la PC IBM, la PC/XT IBM, que venía con un disco duro además de una unidad de disco flexible. El disco duro albergaba 10MB de datos.

A principios de la década de 1990, otro tipo de unidad de disco se unió a las unidades de disco flexible y a los discos duros. La unidad CD-ROM se usaba para leer CD de datos, igual como trabaja un reproductor musical de CD. El CD o disco compacto les proporcionó a los usuarios una forma confiable, removible y de alta capacidad de almacenar datos. Pero los datos almacenados eran sólo de lectura, lo cual quiere decir que no era posible crear su propio CD.

Eventualmente, la unidad DVD de alta capacidad se unió a la unidad de los CD. En ese tiempo, cerca del año 2000, las unidades de CD y DVD podían *crear* esos discos así como leer sus datos.

El desarrollo más reciente no es para nada una unidad de disco. Las unidades *de memoria rápida* están en estado sólido, no son partes en movimiento. Principalmente se encuentran en cámaras digitales, aunque se pueden usar en PC para almacenamiento de respaldo o para ayudar a mover archivos grandes a otras PC.

A lo largo de los años, hubo también otros estándares de discos. Algunos proporcionaban medidas provisionales, hasta que llegaron soluciones más prácticas y baratas. De todos los tipos de unidades de disco, los que sobrevivieron y que todavía están en uso son la unidad de disco flexible, el disco duro, la unidad CD o DVD y la unidad de memoria rápida.

Unidades de disco típicas en una PC

De toda esta historia de almacenaje permanente a largo plazo, la siguiente es una lista de unidades de disco comunes que se encuentran en una PC estándar:

- ✔ **Unidades de disco flexible:** para los discos floppy, los cuales, por desgracia, almacenan apenas 1.44MB de información. Eso era una cantidad de espacio suficiente hace 10 años. Ahora, no sirve de nada. Ésa es la razón por la que las unidades de disco flexible están desapareciendo del diseño de las PC.

- ✔ **Discos duros:** son el dispositivo de almacenamiento principal a largo plazo de la PC. Esta unidad almacena muchos gigabytes de información, más que suficiente para Windows, su software y todos los datos que pueda crear y tomar de Internet. A diferencia de otros tipos de unidades, el disco duro no se puede sacar de la PC.

- ✔ **Unidades de CD/DVD:** se usan para discos de datos o CD de música o video. Algunas unidades tan sólo pueden leer los discos. Otras unidades pueden leer y escribir en ellos. Algunas veces las unidades para CD y DVD están separadas y otras veces están incluidas en la misma unidad.

Si su PC es común, debería tener una unidad de cada una: unidad de disco flexible, disco duro y unidad de CD o DVD. Algunas veces, puede encontrar una sola unidad de CD, algunas veces puede ver una unidad de CD y una de DVD por separado o, también, puede tener un combo de CD/DVD.

Aunque las unidades de memoria rápida (Flash) son populares, todavía no se venden con las PC. Algunos modelos las incluyen, pero por lo general necesita comprar un adaptador especial o lector, lo cual se cubre más adelante en este capítulo.

 Todas las unidades de disco de todos los tipos que están conectadas a su PC muestran sus íconos en la ventana Mi PC, como se observa en la Figura 8-1. Para ver esa ventana, abra el ícono Mi PC en el escritorio. (Vea el Capítulo 5.)

Pregúntele al Sr. Ciencia: ¿cómo funciona una unidad de disco?

¡Qué bueno que pregunta!

 Las unidades de disco tienen dos partes: el disco, donde se graba la información, y la unidad, la cual hace girar el disco. La unidad también tiene hardware que controla la forma en que se lee la información del disco y se escribe en él.

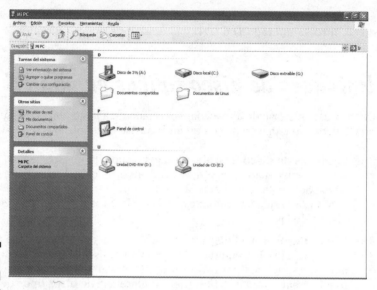

Figura 8-1
La variedad
de unidades
de disco de
su PC.

En un disco duro, el verdadero disco es un pedazo de metal cubierto con óxido magnético, lo mismo que se usa para grabar en una cinta de audio o de video. El óxido magnético almacena impulsos electrónicos al orientar sus partículas magnéticas en una dirección u otra.

La mayoría de los discos duros tienen diversos discos o *platos,* como se muestra en la Figura 8-2. Todos se sellan en un ambiente hermético. De esa forma, el disco duro puede ser mucho más preciso sin tener que preocuparse por contaminantes o partículas desagradables en el aire.

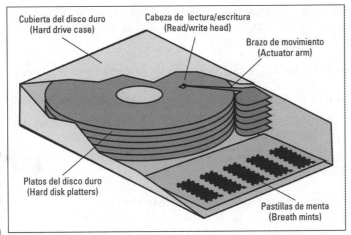

Figura 8-2
El interior
de un disco
duro.

Cubierta del disco duro
(Hard drive case)

Cabeza de lectura/escritura
(Read/write head)

Brazo de movimiento
(Actuator arm)

Platos del disco duro
(Hard disk platters)

Pastillas de menta
(Breath mints)

En lugar de óxido magnético, las unidades de CD y DVD usan una lámina de metal delgada colocada entre dos discos plásticos. El metal tiene pequeñas ranuras detectadas por un rayo láser.

El trabajo de la unidad es hacer girar el disco, lo cual permite leer la información que se encuentra en él, o escribirle otra información. En un disco duro, la lectura y la escritura las hace algo llamado cabeza de lectura/escritura. Las unidades de CD o DVD usan un rayo láser para leer la información. Para crear un CD o DVD, se usa un láser secundario más poderoso para quemar las ranuras pequeñas en la superficie el disco regrabable.

La parte final de la unidad del disco es la *interfaz,* o alambres a través de los cuales se envía la información de la tarjeta madre de la PC y del microprocesador. En una PC, la interfaz ATAPI se usa dentro de la consola. Las unidades de disco externas usan otra interfaz, que por lo general es el USB. (Vea el Capítulo 7.)

✔ ATAPI quiere decir AT Attachment Packet Interface, ¡como si eso lo aclarara todo! No perderá puntos si no logra recordar ese término.

✔ Los discos floppy usan Mylar para el material de los discos; también está cubierto con óxido magnético.

✔ Las unidades de memoria rápida no tienen discos. En su lugar usan un chip RAM o de memoria especial. Vea la sección "Ésta es la moda: unidades de memoria rápida (Flash)", al final de este capítulo.

El ABC de las unidades de disco

Cada disco en el sistema de su PC tiene una letra del abecedario asignada. Ésta es la forma en que Windows reconoce el disco. No dice "La unidad del CD". No, Windows conoce una unidad según una letra del alfabeto, como D o E o alguna otra.

Windows usa las letras de la *A* hasta la *Z* para identificar los discos en el sistema de su PC. Este sistema es muy similar a las letras del abecedario en español.

Casi en todas las PC, la asignación de las primeras tres letras es consistente:

- La unidad A siempre es la unidad floppy o disco flexible de la PC.

- La unidad B no se usa. Históricamente era la segunda unidad floppy o disco flexible de la PC, pero la letra B ahora se salta.

- La unidad C siempre es el disco duro principal, desde el cual se inició Windows.

Después de la unidad C, las letras de la unidad pueden ser muy inconsistentes. Típicamente, la unidad D es para el CD o DVD, pero ése no siempre es el caso. Ésta es la extraña lógica que usa Windows para asignar letras de unidades después de C:

- Si alguna unidad de disco duro adicional se encuentra en la consola, se le asigna la letra D, E y así sucesivamente, una letra para cada disco duro adicional después de la unidad C.

- Cualquier unidad interna de CD o DVD recibe la siguiente letra de unidad después de que al último disco duro se le haya asignado una. Por lo tanto, si el único disco duro es C, la unidad de CD obtiene la unidad D. Si el último disco duro es la unidad F, el CD recibe la G. Además, si hay una unidad de DVD separada, se le asigna la siguiente letra.

- El orden en que se le asignan las letras a las unidades de CD o DVD depende del orden en que la PC encuentra las unidades cuando se enciende.

- Sí, algunas veces Windows se confunde y le pide asignar una letra a su unidad de CD antes de asignarle una letra a un disco duro interno. No me pregunte por qué.

- Cualquier unidad de disco externa recibe una letra conforme el sistema la encuentra cuando se inicia la PC. Cada unidad de disco recibe la siguiente letra del abecedario.

- Después de que la PC empieza a agregar cualquier unidad de disco, como una unidad USB de memoria rápida conectable, resulta que esa unidad recibe la siguiente letra en el abecedario.

Las unidades de disco en la red se pueden agregar al sistema de su PC. Cuando usted agrega la unidad, sin embargo, puede elegir la letra que usa de las letras de unidad que se encuentran disponibles (sin usar).

✔ Debido a que cada PC le asigna letras a las unidades de manera distinta, nunca asuma que sabe cuáles letras le pertenecen a cuáles unidades cuando usted usa una PC nueva. Por ejemplo, la unidad del CD no es siempre la unidad con la letra D. Por esa razón, los manuales de instalación no son precisos con respecto a la unidad de disco en que se debe insertar el CD.

✔ Haga una lista con las letras que le pertenecen a las unidades de su PC en la hoja de Referencia rápida de este libro.

Lo poco que necesita saber acerca de los discos flexibles o floppy

No existe razón para que usted siga usando discos flexibles. Son patéticos para almacenar datos y, en general, son poco fiables como para recomendarlos para respaldos o alguna otra cosa.

✔ Si usa un disco flexible en su PC, piense en adquirir una unidad de disco rápida y un lector de tarjeta de memoria en su lugar. Vea las secciones acerca de unidades de disco rápidos más adelante en este capítulo.

✔ Si su PC tiene un disco flexible, entonces siempre es la unidad A.

✔ La unidad floppy usa un ícono específico en Windows, como se muestra en el margen.

✔ La única vez que he visto los discos flexibles en uso ha sido para crear un disco restaurado para software antivirus o de respaldo. En ese tipo de situaciones, siga las instrucciones en la pantalla o en el manual, ellas le indicarán lo que debe hacer. Recuerde que crear el disco flexible es opcional. Espero que esos diseñadores de programas piensen en alguna otra forma de hacerlo sin volver a usar discos flexibles.

✔ El libro *PC For Dummies Quick Reference* (Wiley Publishing, Inc), cuenta con más información sobre los discos flexibles, si en *realidad* necesita saber más.

Usar un disco duro

El *disco duro* es el lugar principal para almacenar información en su PC. Es su fuente principal de almacenamiento permanente. Casi en cualquier PC, el disco duro tiene la letra C y se le llama "unidad C".

¿Cuál disco es el disco de buteo?

El disco de buteo es la unidad de disco que contiene el sistema operativo de la PC o el software que controla el hardware. Normalmente, cuando una PC inicia, primero busca el sistema operativo en la unidad floppy y luego en el disco duro.

La PC busca en la unidad floppy por razones históricas. La PC IBM original no contaba con un disco duro y el aparato se iniciaba con un disco floppy o flexible. La PC todavía hace eso y, de hecho, si no quita un disco floppy de la unidad A, la PC muestra un mensaje de error cuando no encuentra el software en ese disco de inicio. (Quite el disco floppy y presione Enter para arreglar ese problema.)

La PC también se puede iniciar desde el CD-ROM. Eso por lo general se hace para ejecutar software de recuperación tras un desastre. Algunas PC lo pueden invitar a "iniciar desde el CD-ROM" si deja un CD de inicio (o CD para butear) en la unidad del CD-ROM cuando la PC inicia. Si es así, responda al llamado o sólo ignórelo para que la PC continúe cargando el software desde el disco duro.

Usted puede controlar las unidades de disco que se deben usar para iniciar o butear la PC con el uso del programa PC Setup. Cuando la PC inicia por primera vez, lea la pantalla y presione las teclas que se indican para ingresar al programa PC Setup. En uno de los menús del programa, usted puede indicarle a la PC cuál disco (o discos) usar para iniciarse.

Los discos duros se miden según la cantidad de información que pueden almacenar. Este valor se especifica en *gigabytes* o miles de millones de bytes, y su abreviatura es GB. (Vea el Capítulo 9 para obtener mayor información con respecto a lo que es un *byte*.)

El disco duro de una PC típica almacena entre 20GB y 100GB de información, lo cual es suficiente para Windows y para muchos otros programas. Además, es mucho espacio para su información.

 Los discos duros usan el ícono de la unidad del disco duro (como se muestra al margen) dentro de Windows.

✔ El disco duro es el lugar donde habita Windows, donde usted instala el software, y donde mantiene las cosas que crea o guarda en su PC. Para eso está diseñado el disco duro.

✔ La mayoría de las PC tienen un disco duro físico instalado dentro de la consola.

✔ Puede agregarle unidades de disco adicionales a su PC para tener más lugar donde almacenar datos. En general, puede agregarle un segundo disco duro interno a la consola, además de una cantidad casi ilimitada de unidades de disco externas por medio del puerto USB.

✔ Una sola unidad de disco física se puede dividir en diversos discos duros lógicos. Esta división se hace al *particionar* la unidad. Por ejemplo, para Windows, un solo disco duro de 100GB podría ser dos unidades de disco lógicas de 50GB, C y D. Particionar *no* es una tarea para el principiante y, en general, sólo se hace cuando se instala una unidad de disco nuevo o se configura una unidad de disco secundaria.

Los primos CD y DVD

Su PC tiene al menos una unidad de CD. Puede ser que también tenga una unidad de DVD separada. Si no, como es más común recientemente, la PC tiene una unidad combinada para CD y DVD. Ambas unidades son similares de muchas formas.

La unidad típica de CD o DVD es de *sólo lectura*. Eso quiere decir que la información sólo se puede leer del disco; usted no puede usarla para crear un CD o DVD. Puede encontrarse con que las unidades tienen etiquetas con la sigla ROM, donde RO quiere decir Read-Only (sólo lectura). (La M es para *m*emoria.)

Los CD se usan en el mundo de la PC para instalar programas nuevos. Los CD también pueden tener sólo grandes cantidades de datos, como la Enciclopedia Encarta. Los DVD son similares, aunque almacenan mucha más información que los CD. Aun así, la mayoría de software nuevo viene en CD.

La unidad del CD y del DVD de la PC se puede usar para escuchar música en los CD o para ver películas en su PC, aunque estoy seguro de que ésa no es la verdadera razón por la que compró la PC en primera instancia.

✔ La unidad de CD-ROM lee tanto CD de PC como de música.

✔ La unidad de DVD lee DVD para PC y de video.

✔ También puede llamarle una unidad DVD-ROM, aunque ninguna persona importante usa ese término.

✔ Una unidad de DVD sola puede leer tanto DVD como CD. Por lo tanto, si todo lo que tiene en su PC es una unidad DVD, en realidad es una unidad DVD/CD.

✔ CD quiere decir *d*isco *c*ompacto. La escritura británica se usa por razones históricas, principalmente porque se dice que Shakespeare quemó su primer folio en un CD.

✔ DVD es una sigla para *d*isco *v*ersátil *d*igital.

✔ Las unidades de CD y DVD usan íconos similares en Windows. La apariencia del ícono puede cambiar, según el tipo de disco en la unidad.

✔ Un CD típico almacena más de 640MB de información. Un CD de música típico puede almacenar hasta 80 minutos de música.

✔ La tecnología DVD ahora es capaz de almacenar 4GB de información en un disco. Se rumora que algunas versiones futuras de DVD podrán almacenar más de 17GB de información.

Unidades de CD y DVD que crean CD y DVD

Algunas unidades de CD y DVD están diseñadas no sólo para leer discos sino también para crearlos. El tipo de unidad de CD que puede crear CD se llama CD-R o, a menudo, CD-R/RW. Las letras *R* y *RW* representan los dos formatos para grabar un CD.

En cuanto al DVD, los nombres de las unidades se vuelven muy extraños debido a que hay muchos formatos para grabarlo. Sin embargo, los dos más populares son el DVD-R y el DVD+R. Se mencionan otros en el recuadro "Tipos de CD y DVD grabables".

Necesita comprar discos apropiados para crear sus propios CD y DVD. En el caso de los CD, recomiendo cualquier CD-R. Evite los CD-RW porque tienden a ser caros y, a menudo, varios CD-R son mejores que un solo CD-RW. (Hay más al respecto en el Capítulo 24.)

En el caso de los DVD, asegúrese de comprar el disco apropiado para su unidad. Si la unidad sólo acepta DVD-R, no compre discos DVD+R o viceversa.

✔ La unidad debe decir CD-R/RW o DVD-R o +R para que sea una unidad de grabación. Las unidades antiguas sencillas de CD y DVD no se pueden usar para crear CD o DVD.

✔ Puede conseguir una unidad combinada de CD/DVD que grabe en ambos formatos de discos. A menudo se llama SuperDrive (Súper unidades o Combos), aunque en realidad es sólo una combinación de unidad de CD-R/RW y DVD-R (o +R). Si su PC no cuenta con una, fácilmente puede agregar una versión USB externa de la unidad.

✔ Sony hace una unidad DVD versátil que puede grabar en diversos formatos de DVD. También puede grabar hacia CD.

Sobre el ritmo de velocidad (el número X)

Los CD tienen ritmos de velocidad medidos en X. El número antes de la X indica cuánto más rápida es la unidad que la unidad original CD-ROM de la PC (la cual es tan rápida como un reproductor de CD musical). Así, un valor de 32X quiere decir que es 32 veces más rápido que la unidad CD-ROM de la PC original.

Tipos de CD y DVD grabables

No espere encontrar lucidez en los diversos formatos de CD y DVD grabables. Ésta es una lista más o menos completa, con mis comentarios:

CD-R: se puede escribir en el disco una vez. Para escribir la información, se puede hacer un poco a la vez o todo de una sola vez. Para un CD de música, sólo se puede copiar toda de una vez. Tenga en cuenta que existen diferentes tipos de discos CD-R, uno para música y uno para datos. ¡Compre el adecuado!

CD-RW: este disco funciona como un CD-R, aunque se puede borrar por completo para volverse a usar. Estos discos son más costosos que los CD-R y la unidad de CD debe ser capaz de trabajar con discos CD-RW.

DVD-R: el formato grabable más popular de DVD, compatible con PC y reproductores de DVD de películas.

DVD-RW: una versión que se puede borrar del formato DVD-R. Al igual que con un CD-RW, estos DVD grabables se pueden borrar del todo y volver a grabar.

DVD+R: el segundo formato de DVD grabable más popular, mucho más rápido que el DVD-R pero no tan compatible.

DVD+RW: la versión totalmente borrable del formato DVD+R.

Es necesario que adquiera los discos apropiados para su unidad; algunas unidades son muy específicas en cuanto a los discos en que pueden escribir, aunque otras pueden ser compatibles con diversos formatos. La caja debería tener esa información. Además, esté atento a los DVD que permiten grabar en ambos lados. Dicha información debería aparecer en el empaque.

Una unidad CD-R/RW grabable tiene tres X en su velocidad:

- ✔ La primera es la velocidad de escritura de la unidad o la rapidez con que puede escribir en un CD-R.

- ✔ La segunda X es la velocidad en que la unidad puede reescribir en un CD-RW.

- ✔ La última X indica la velocidad con que se puede leer la unidad.

Una velocidad de escritura y de lectura alta en una unidad de CD es muy importante si piensa importar grandes cantidades de discos de música. Entre más alta sea la velocidad, menos tiempo le toma a la PC leer la música de la unidad. (Vea el Capítulo 24 para obtener más información.)

¿Cuál unidad es cuál?

Al hacer una inspección no queda muy claro cuál unidad puede ser para el CD y cuál para el DVD. Tiene que mirar *con atención*.

Las unidades de CD tienen el logo CD. Si es una unidad grabable, también tiene la palabra Regrabable, incluso tal vez diga *RW*.

Las unidades DVD tienen el logo DVD. Si no encuentra ese logo, su PC sólo tiene una unidad CD-ROM.

Insertar un CD o DVD

En general, el disco siempre se inserta con la etiqueta hacia arriba. Además de eso, la forma como coloca el disco dentro de la unidad depende de la forma en que la unidad absorbe los discos:

Tipo bandeja: el tipo más popular de unidad de CD-ROM o DVD usa una bandeja que se desliza hacia afuera donde se coloca el disco. Comience por presionar el botón "eject" (expulsar) de la unidad, para que salga la bandeja. Coloque el disco en la bandeja con la etiqueta hacia arriba. Con suavidad empuje la bandeja. La bandeja termina de entrar por sí sola.

Tipo ranura (Slide-in type): otro tipo de unidad de disco funciona como el reproductor de CD en la mayoría de los automóviles; la unidad es tan sólo una ranura dentro de la cual se desliza el disco. Al empujar el disco (con la etiqueta hacia arriba) dentro de la ranura, algo dentro de la unidad lo toma y lo termina de meter. Increíble.

Cuando el disco se encuentra dentro de la unidad, usted lo usa como cualquier otro disco en su PC.

- ✔ Cuando inserta el disco al revés (con la etiqueta hacia abajo), la unidad no puede leerlo y por lo general lo saca automáticamente.

- ✔ Una excepción a la regla de la etiqueta hacia arriba se aplica en un DVD con datos grabados en ambos lados. Por ejemplo, algunas películas en DVD tienen la versión para el televisor de un lado y la versión de cine en el otro. Si es así, asegúrese de colocar el lado apropiado hacia arriba en la unidad.

- ✔ Algunos CD tienen formas especiales. Es decir, no son discos redondos, sino más bien tienen el tamaño de una tarjeta de presentación o alguna otra forma especial. Estos discos funcionan bien en el tipo de bandeja de unidad CD-ROM/DVD, pero no los inserte en la unidad de tipo ranura.

Sacar un CD o DVD

Siga estos pasos para sacar un disco de la unidad de CD-ROM o DVD:

1. **Abra la ventana Mi PC.**

2. **Haga clic para seleccionar el ícono de la unidad de CD-ROM o DVD.**

3. **Elija Archivo (File)⇨Expulsar (Eject) del menú.**

   El disco sale de la unidad de CD-ROM.

Puede verse tentado a presionar el botón "eject" frente a la unidad para sacar el disco. ¡No lo haga! Si Windows está usando la unidad, le aparecerá un mensaje de error en la pantalla cuando trata de sacar el disco de esa forma.

En momentos de urgencia, como cuando la PC tiene seguro (o está apagada), puede sacar un CD o DVD al empujar un sujetador de papel doblado dentro del pequeño hoyo en el frente de la unidad de CD/DVD. Esa acción saca manualmente el disco cuando la PC es muy boba para hacerlo por sí misma.

Ésta es la moda: unidades de memoria rápida (memoria Flash)

Gracias a la versatilidad del puerto USB, las unidades de memoria rápida se han vuelto muy populares para la PC. Se les llama de muchas formas: jump drive, Flash Drive, memory stick, SmartMedia y otras más. Todas usan el mismo tipo de chip de memoria y todas se conectan universalmente a un puerto USB para el reconocimiento instantáneo de Windows.

Las unidades de memoria rápida vienen en una variedad de formatos, formas y tamaños. Su capacidad depende de su precio. El almacenamiento va de algunos megabytes (MB) hasta muchos gigabytes (GB), lo cual es magnífico para una unidad portátil tan pequeña.

Para usar esta unidad sólo debe conectarla a uno de los puertos USB de la PC. Algunas unidades, como las que se usan en cámaras digitales, pueden requerir un lector de tarjeta de medios, el cual se conecta en el puerto USB. Luego, coloca la tarjeta de memoria dentro del lector de medios.

La tarjeta de memoria se "monta" en la ventana Mi PC, lo cual le otorga a la unidad una letra y, de inmediato, usted tiene acceso a la tarjeta de memoria rápida, al igual que cualquier otra unidad de disco en el sistema de su PC.

Para sacar la unidad, vaya al Capítulo 7, a la sección "Quitar un dispositivo USB".

✔ La mayoría de unidades de memoria rápida requieren un USB 2.0. Las PC más antiguos quizás no tengan este tipo de puerto, pero es fácil agregarlo por medio de una tarjeta de expansión.

✔ ¡No quite una unidad de memoria rápida mientras la PC la está usando!

✔ La memoria rápida trabaja con un chip especial de memoria rápida. El chip no necesita energía para mantener sus contenidos, de manera que puede quitar una unidad de memoria rápida de la PC y sus datos se mantienen intactos porque la unidad no se daña.

Capítulo 9

Memoria. . . una PC llena de RAM

De todo el hardware disponible
Una cosa es indiscutible
Para que avance el cuento
Y rápido, no lento
Su PC necesita RAM, es cierto

Con memorias innegables
Y chips de DRAM muy confiables
Sus programas volarán
Los discos no morirán
En una PC llena de RAM

La memoria es uno de los recursos básicos de la PC. Entre más tenga, más feliz parece estar la PC. No tener suficiente memoria es como tratar de poner muchas personas dentro de un bus: las personas van apretujadas, hace calor y huele mal y nada se puede hacer rápido. Pero, cuando tiene suficiente memoria, es como nadar en el océano, sin medusas ni tiburones. Entre más memoria, mejor. Este capítulo le dice por qué.

¿Qué es la memoria?

Si su PC fuera un deporte, la memoria sería el campo en el cual la competencia tendría lugar. La memoria es donde sucede la acción.

El software está a cargo. Éste le dice al microprocesador lo que debe hacer. Sin embargo, el microprocesador es tan sólo una minicalculadora. Es rápido pero, al igual que el profesor despistado, el microprocesador no recuerda mucho. Tiene cierto espacio para almacenar, pero no mucho.

Para proporcionarle al microprocesador esos Campos Elíseos en los que puede bailar y jugar, existe la memoria. El microprocesador usa la memoria para el almacenamiento, pero también puede manipular los contenidos de la memoria. Ésa es la forma en que básicamente trabajan los programas con los datos: los datos se almacenan en la memoria y el microprocesador manipula los contenidos.

- Todas las PC necesitan memoria.

- La memoria es para las PC como el bloc de papel para los seres humanos: es donde se anota la información y se guarda para después.

- Entre más memoria tenga su PC, mejor. Con más memoria, usted puede trabajar en documentos y hojas electrónicas más grandes, disfrutar de aplicaciones que usan gráficos y sonido y alardear con sus amigos.

- El término RAM se usa de forma intercambiable con la palabra *memoria*. Son la misma cosa. (De hecho, RAM quiere decir memoria de acceso aleatorio, por si ha trabajado en algún crucigrama últimamente.)

¿Cómo funciona la memoria de la PC?

La memoria en su PC se usa para el almacenamiento rápido y cambiable porque toda la memoria se puede acceder por medio del microprocesador. El software que usted ejecuta le dice al microprocesador cómo interactuar con la memoria, qué almacenar en ella y qué hacer con lo que almacena ahí.

Cuando usted crea un documento con su procesador de palabras, cada carácter que digita se coloca en un lugar específico de la memoria. Después de que el carácter se almacena, el microprocesador no necesita accederlo de nuevo, a menos que usted esté editando, buscando o reemplazando, o haciéndole algo al texto.

Después de crear alguna cosa en la memoria de la PC, usted la guarda en un disco. Cuando necesita acceder la información de nuevo, se abre y se carga otra vez a la memoria desde el disco. Después de que la información está ahí, el microprocesador puede volver a trabajar en ella.

- Cuando se apaga el equipo, los *contenidos* en la memoria desaparecen. Los chips de la memoria no se destruyen, pero requieren electricidad para mantener sus contenidos.

- La memoria de la PC es *rápida*. El microprocesador puede escanear millones de bytes de memoria (el equivalente a un folio completo de

Shakespeare) en fracciones de segundo, esto es mucho menos tiempo del que le llevaría ojear *Hamlet*.

✔ Sus unidades de disco proporcionan almacenamiento a largo plazo para la información. Este tipo de almacenamiento es necesario porque la memoria de la PC se pierde cuando se apaga el equipo o cuando usted reinicia Windows.

✔ Cuando usted abre un archivo en un disco, la PC copia esa información del disco en la memoria de la PC. Sólo estando en la memoria se puede examinar o cambiar esa información. Cuando guarda información de nuevo en el disco, la PC la copia de la memoria.

✔ Siempre guarde su información en un disco. Conviértalo en su mantra: "¡Guardar! ¡Guardar! ¡Guardar!".

Chips fuera del antiguo bloque

La memoria habita en la tarjeta madre de la PC y permanece muy cerca del microprocesador para un acceso rápido y un despacho ágil. La memoria viene en forma de chips pequeños, llamados chips *DRAM*. Ellos se encuentran siempre en las tarjetas de expansión de memoria, llamadas *DIMM*.

La Figura 9-1 muestra la forma como luce un DIMM, aunque en la vida real un DIMM es un poco más pequeño que el que aparece en la figura. Un DIMM también tiene chips en ambos lados, razón por la cual es un DIMM, o *Dual* Inline Modular Memory (módulo de memoria doble en línea), y no un SIMM, o Single Inline Modular Memory (módulo de memoria en línea simple).

Figura 9-1
El DIMM
es como
de este
tamaño.

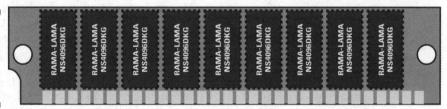

Cada tarjeta DIMM contiene un pedazo otorgado de RAM, medido con uno de los valores de memoria mágicos de la PC de 4, 8, 16, 32, 64, 128, 256 o 512 megabytes, o quizás incluso valores de 1, 2 o 4 gigabytes.

Cada una de esas ranuras de memoria en las que se conectan las tarjetas DIMM es un *banco* de memoria. Por consiguiente, una PC con 512MB de RAM quizás tenga cuatro bancos de 128MB de DIMM instalados o dos bancos de 256MB de DIMM.

✔ DRAM quiere decir Dynamic Random Access Memory (Memoria de acceso aleatorio dinámico). Se pronuncia "di-ram", y es el tipo más común de chip de memoria instalado en una PC.

Detalles aburridos de RAM, ROM y memoria rápida

RAM quiere decir *Random Access Memory (Memoria de acceso aleatorio)*. Se refiere a la memoria desde donde el microprocesador puede leer y hacia donde puede escribir. Cuando crea algo en la memoria, se hace en la RAM. RAM es memoria y viceversa.

ROM quiere decir *Read-Only Memory (Memoria de sólo lectura)*. El microprocesador puede leer desde la ROM, pero no puede escribir en ella o modificarla. La ROM es permanente. A menudo, los chips ROM tienen instrucciones especiales para la PC, información importante que nunca cambia. Por ejemplo, el chipset en

la tarjeta madre está en la ROM (vea el Capítulo 6). Debido a que esa información está almacenada en un chip ROM, el microprocesador puede accederlo. Las instrucciones siempre están ahí porque no se pueden borrar.

La *memoria rápida o flash* es un tipo especial de memoria que funciona como RAM y ROM. Se puede colocar información en la memoria rápida, al igual que con RAM, pero no se borra cuando no haya electricidad, como RAM. Por desgracia, la memoria rápida no es tan rápida como la RAM, de manera que no espere que ésta reemplace la memoria estándar de la PC pronto.

✔ Existen otros tipos de chips de memoria, cada uno con un nombre similar a DRAM, como EDORAM o NIFTYRAM o DODGERAM. La mayoría de ellos son sólo términos de mercadeo, diseñados para que un tipo de memoria suene más sensacional que otro.

En todas partes hay un byte

La memoria se mide con el byte. Un *byte* puede almacenar un solo carácter. Por ejemplo, la palabra *rana* tiene 4 bytes de longitud y requiere 4 bytes de almacenaje en la memoria de la PC. La palabra *reinas* tiene 6 caracteres de longitud y requiere 6 bytes de memoria para almacenarse.

Los bytes, a pesar de ser útiles, son insignificantes. Aunque las PC experimentales de la década de 1970 pueden haber tenido 256 o 1,000 bytes, en las PC de ahora esa cantidad se ha multiplicado. Por tanto, en lugar de perder el tiempo al hablar de millones o de miles de millones de bytes, se usan abreviaturas útiles y jerga informática para referirse a una cantidad específica de memoria, como se muestra en el Cuadro 9-1.

Cuadro 9-1	Cantidades de memoria		
Término	*Abreviatura*	*Aproximado*	*Real*
Byte		1 byte	1 byte
Kilobyte	K o KB	1.000 bytes	1,024 bytes

(Continúa)

Cuadro 9-1 (continuación)			
Megabyte	M o MB	1,000,000 de bytes	1,048,576 de bytes
Gigabyte	G o GB	1,000,000,000 de bytes	1,073,741,824 de bytes
Terabyte	T o TB	1,000,000,000,000 de bytes	1,099,511,627,776 de bytes

Aunque es útil decir "kilobyte" en lugar de la cantidad "1,024 bytes", es difícil visualizar la cantidad de datos que eso significa. A modo de comparación, piense que un kilobyte (KB) es como una página de texto de una novela. Un *megabyte* (MB) de información es necesario para almacenar un minuto de música en un CD o una cantidad de texto como la de una enciclopedia completa.

El *gigabyte* (GB) es una gran cantidad de almacenaje, mil millones de bytes. El *terabyte* (TB) es 1 billón de bytes o suficiente RAM para atenuar las luces cuando inicia la PC.

Un *trilobito* es un artrópodo extinto que floreció en los océanos durante la era Paleozoica. No guarda ninguna relación con la memoria de la PC.

Otra trivia:

✔ El término *giga* es griego y quiere decir *gigante.*

✔ El término *tera* también es griego. ¡Quiere decir *monstruo*!

✔ Una ubicación específica en la memoria es una *dirección.*

✔ El almacenaje en el disco duro también se mide en bytes.

✔ Una PC que trabaja con Windows XP requiere al menos 256MB de memoria para funcionar bien.

✔ Ahora un disco duro típico almacena entre 40 y 100 *gigabytes* de información. En las últimas tendencias, algunos discos duros tienen 500GB o cerca de la mitad de un terabyte de información. ¡Cielos!

✔ Los bytes se componen de 8 bits. La palabra *bit* es una contracción de *bi*nary dig*it* (dígito binario). Binario es base 2, o un sistema de conteo con sólo unos y ceros. Las PC cuentan de forma binaria y sus bits se concentran en grupos de ocho, para un consumo adecuado como bytes.

Preguntas y respuestas acerca de la memoria

Puedo estar en cualquier lugar, comprando en la tienda de abarrotes, como voluntario en alguna función cívica o saliendo de un restaurante local, sin importar donde me encuentre, la gente se detiene y me hace preguntas sobre la memoria de las PC. A lo largo de los años, he recopilado las preguntas y las he dividido en las subsecciones que menciono a continuación. Esta sección debería cubrir cualquier cabo suelto que tenga sobre la memoria de las PC.

¿Por qué los números mágicos?

La memoria de las PC viene en tamaños asignados. Puede ver los mismos números una y otra vez:

1, 2, 4, 8, 16, 32, 64, 128, 256, 512, 1024, 2048, 4096 y así sucesivamente.

Cada uno de estos valores representa una *potencia de dos,* un concepto escalofriante de matemáticas durante el que probablemente se durmió en la secundaria. Para hacer un breve repaso: $2^0 = 1$, $2^1 = 2$, $2^2 = 4$, $2^3 = 8$ y así hasta $2^{10} = 1024$ y así sucesivamente hasta que le estalle la cabeza.

Estos valores específicos ocurren porque las PC cuentan en pares, unos y ceros, el conteo binario antiguo. Por lo tanto, la memoria de la PC, la cual es muy parecida al asunto binario, se mide en esas mismas potencias de dos. Los chips RAM vienen en cantidades de 64MB o 256MB, por ejemplo, o quizás de 2GB.

Tenga en cuenta que, a partir de 1024, los valores toman un patrón no predecible: 1024 bytes es en realidad 1K; 1024K es en realidad 1M y 1024M es 1G. De manera tal que, en realidad, sólo los primeros 10 valores, de 1 hasta 512, son mágicos.

"¿Cuánta memoria hay en mi PC en este momento?"

Esta información quizá sea un misterio para usted, pero no lo es para su PC. El cuadro de diálogo Propiedades del sistema (System Properties) le muestra cuánta memoria habita dentro del aparato: haga clic derecho en el ícono Mi PC en el escritorio y elija Propiedades del menú de acceso directo que aparece. El cuadro de diálogo Propiedades del sistema aparece (vea la Figura 6-2, en el Capítulo 6).

La cantidad de memoria (que se muestra como RAM) aparece justo debajo del tipo de microprocesador que habita en su PC. En la Figura 6-2, dice que la PC tiene 1.00GB de RAM, lo cual es suficiente. Haga clic en el botón Aceptar para cerrar el cuadro de diálogo.

"¿Tengo suficiente memoria?"

No sé si olvidó que hizo la misma pregunta en la edición anterior de este libro.

"¿Mi PC tiene suficiente memoria?"

Saber la cantidad de memoria que hay en su PC es una cosa, pero ¡saber si la cantidad es suficiente es totalmente diferente!

La cantidad de memoria que necesita su PC depende de dos cosas. La primera y más importante es la cantidad de memoria que requiere su software. Algunos programas, como los programas de edición de fotos, requieren una gran cantidad de memoria. En la caja dice cuánta memoria necesita. Por ejemplo, el programa de edición de fotos de Photoshop exige 192MB de RAM.

Para probar la memoria, usted necesita que la PC esté muy *ocupada*. Esto se logra al cargar y ejecutar diversos programas de forma simultánea. Hablo de programas *grandes*, como Photoshop o Word o Excel. Mientras todos esos programas están funcionando, cámbiese entre ellos al presionar la combinación de teclas Alt+Esc.

Si puede cambiarse con facilidad entre varios programas que están funcionando con el uso de Alt+Esc, es muy probable que su PC tenga suficiente memoria. Pero, si presiona Alt+Esc y el sistema baja su velocidad, el disco emite un sonido y toma un poco de tiempo para que aparezca la ventana del siguiente programa, su PC podría necesitar más memoria.

Cierre cualquier ventana que tenga abierta.

> ✔ En general, todas las PC deberían tener al menos 256MB de RAM, lo cual es lo que usted necesita, como mínimo, para ejecutar Windows XP.
>
> ✔ Un signo seguro de que su PC necesita más memoria: se pone demasiado lenta, especialmente durante operaciones de memoria intensiva, como trabajar con gráficos.
>
> ✔ ¿No es suficiente memoria? ¡Puede aumentarla! Vea la sección "Agregarle más memoria a su PC", al final de este capítulo.

"¿Se quedará la PC sin memoria en algún momento?"

Para nada. A diferencia del disco duro, que se puede llenar como un armario de zapatos y sombreros, la memoria de su PC nunca se puede llenar por completo. En algún momento, durante la era oscura de la informática, el error "Memoria agotada" era algo común. Eso no sucede ahora, gracias a algo llamado *memoria virtual*.

"¿Qué es la memoria virtual?"

Windows usa una técnica ingeniosa para evitar que la memoria de su PC se llene en algún momento: crea una *memoria virtual*.

La memoria virtual es una falsificación. Permite que la PC crea que tiene más memoria que el RAM físico con que cuenta. Eso lo hace al pasar pedazos de memoria al disco duro. Como Windows administra tanto el almacenamiento de la memoria como el del disco duro, puede darle un buen seguimiento a las cosas al pasar esos pedazos de un lado hacia otro. *Et, voila!* Usted nunca se encuentra con un error de tipo "Desborde de memoria".

Bueno, siempre hay problemas en el paraíso. Un problema con la memoria virtual es que la acción de pasar pedazos de memoria de un lado a otro hace que el sistema se vuelva más lento. Aunque puede suceder rápido y a menudo sin que lo note, cuando la memoria está muy llena, la memoria virtual asume el control y todo empieza a ser más lento.

- ✔ La solución para evitar el uso de la memoria virtual es ponerle a la PC toda la RAM que sea posible.

- ✔ Windows nunca dice que se quedó sin memoria. No, lo único que usted nota es un sonido frecuente del disco duro conforme la memoria entra y sale de él. Bueno, y la velocidad de los procedimientos tiende a disminuir en gran medida.

- ✔ No hay razón para que desordene la configuración de la memoria virtual en su PC. Windows XP hace un excelente trabajo de administración en ese sentido.

"¿Qué es memoria de video?"

La memoria que usa el sistema de video de su PC se conoce como *memoria de video*. Específicamente, los chips de memoria viven en la tarjeta de adaptación del video. Esos chips de memoria se usan para la salida del video de la PC y le ayudan a ver resoluciones más altas, más colores, gráficos en 3D, extraterrestres más grandes y más feos, o imágenes que puede descargar de Internet.

Al igual que con la memoria regular de la PC, puede aumentar la memoria de video si su tarjeta tiene espacio. Vea el Capítulo 10 para obtener mayor información con respecto a los adaptadores de video.

La *memoria de video compartida* se usa con algunas PC de poca capacidad para ahorrar dinero. Lo que sucede es que la PC en realidad no tiene una verdadera memoria de video y lo que hace es tomar prestada un poco de la memoria principal a la hora de mostrar gráficos. Eso está bien para una PC simple de casa, pero no tan bueno para usar juegos de última tecnología o para usar un software de edición de fotos.

Agregarle más memoria a su PC

Lo mejor que puede hacer por su PC es agregarle más memoria. Es como agregarle un suplemento de vitaminas y minerales a la sangre cansada de su PC. *¡Bam!* Más memoria le proporciona un estímulo instantáneo al sistema.

Agregarle más memoria a su PC es tan simple como agregar bloques de LEGO. La única diferencia es que el juego típico de LEGO puede costar menos de US$ 80. Por otro lado, su PC puede costar de 5 a 20 veces más que eso. Agregarle memoria no es algo que se deba tomar a la ligera.

Aumentar la memoria incluye cinco pasos intrínsecos y tediosos:

1. **Averigüe la cantidad total de memoria que necesita.**

   Su PC debería tener al menos 256MB, lo cual es suficiente para ejecutar Windows XP. Después de eso, puede elevar la RAM a 512MB, 1,024MB, 1GB, 2GB de RAM, ¡o incluso más!

2. **Averigüe la cantidad de memoria que puede instalar.**

   Este paso es técnico. Requiere conocer la forma en que se agrega la memoria en su PC y en cuáles incrementos. Si usted cuenta con un banco de memoria vacío, este paso es muy sencillo. Pero si su PC no tiene ningún banco de memoria vacío, puede ser complejo y costoso. Es mejor que le deje esta tarea a su vendedor o experto en PC.

3. **Compre la memoria.**

   ¡No compre memoria barata! Quizás usted piense que es bastante prudente para ahorrar dinero, pero la memoria barata es mala.

4. **Páguele a otra persona para que conecte los chips y realice la mejora.**

   Bueno, usted puede hacerlo, pero yo le pagaría a otra persona para que lo haga.

5. **Deléitese.**

Luego de tener la memoria, podrá alardear con sus amigos al respecto. De verdad era impresionante decir que tenía 640K de RAM. Luego vino el comentario "Tengo 4 megabytes de memoria en mi 386" o "Estoy nadando en 8 megabytes de memoria en mi 486". ¿Y ahora? Cualquier cosa menor a 256MB y sus hijos le harán malos ojos.

Bien, esto es para los pícaros: usted quizás cree que para aumentar de 512MB a 1GB RAM se requiere agregar sólo 512MB más de memoria. ¡Equivocado! Todo depende de la forma en que la memoria esté configurada en la tarjeta madre, tal como se muestra en la Figura 9-2.

= 1GB

1GB

1GB

Slot 4
Slot 3
Slot 2
Slot 1

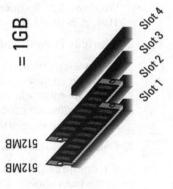

= 1GB

512MB

512MB

Slot 4
Slot 3
Slot 2
Slot 1

Figura 9-2
Posibles
formas de
aumentar la
memoria.

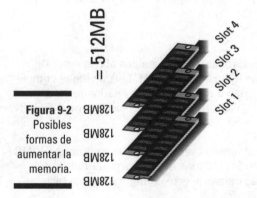

= 512MB

128MB

128MB

128MB

128MB

Slot 4
Slot 3
Slot 2
Slot 1

= 1GB

256MB

256MB

256MB

256MB

Slot 4
Slot 3
Slot 2
Slot 1

Suponga que su PC tiene cuatro ranuras de memoria y cada una sólo tiene un DIMM de 128MB. Por lo tanto, para aumentar tiene que deshacerse de todos esos DIMM y comprar ya sea cuatro DIMMS de 256MB (la opción más barata) o dos DIMM de 512MB (la siguiente opción barata) o un solo DIMM de 1GB DIMM (la opción más cara, pero la más lógica para expansión futura).

✔ Antes de comprar memoria, revise cómo se configura la memoria en la tarjeta madre. Los bancos de memoria abierta son una buena opción.

✔ Mi lugar favorito para adquirir chips de memoria en línea es Crucial, en www.crucial.com. El sitio web hace una serie de preguntas y luego le proporciona soluciones de memoria para resolver sus problemas con exactitud.

✔ Si intenta aumentar la memoria por sí mismo, hágalo. Sé que Crucial, como ejemplo, ofrece un folleto bien escrito para hacer la actualización como parte de la memoria que vende. Cuando tenga dudas, sin embargo, le sugiero que otra persona lo haga.

Capítulo 10

Cuidar sus monitores

· ·

En este capítulo

▶ Comprender los gráficos de la PC

▶ Encontrar el monitor

▶ Descubrir el adaptador de gráficos

▶ Cambiar la resolución

▶ Usar un protector de pantalla

▶ Utilizar un tema

▶ Ahorrar energía del monitor

▶ Capturar la pantalla

· ·

Quizás se parezca a un televisor, pero en realidad se le llama *monitor* y es el aparato principal mediante el cual la PC se comunica con usted, el humano. En cierta forma, el monitor es en realidad el rostro de la PC. Sus expresiones discretas y burlonas le dicen cómo le va a la PC, y le presentan la información que solicitó o le muestran la información con la que está trabajando. Cuando usted se enfada, el monitor se convierte en un maravilloso blanco.

Este capítulo le ayuda a comprender lo que es el monitor, su forma de trabajar, la forma de hacer ajustes y la forma de referirse a él en términos inteligentes o, en realidad, con cualquiera que no sea "El aparato parecido al televisor".

Algunos términos que debe conocer

La jerga informática no tiene buena fama y es bastante confusa, pero los monitores parecen ser un caso especial. Eso se debe a que *tres* términos se usan para describir cosas similares: monitor, pantalla y despliegue. Por suerte, no son términos técnicos complejos, aunque siguen siendo fáciles de confundir:

   ✔ El *monitor* es la caja.

   ✔ La *pantalla* es la parte del monitor en la que se despliega la información.

   ✔ El *despliegue* es la información que aparece en la pantalla.

Es triste saber que la mayoría de las personas usan estos términos de manera intercambiable, como en el caso "Mi pantalla dice que no le agrado a la PC" o "Mi monitor dice que no le agrado a la PC" o incluso "El despliegue está mostrando la medida en que no le agrado a la PC". Todos estos casos describen lo mismo: que la PC rechaza su presencia.

El sistema gráfico de su PC

El monitor quizás capte toda la atención, pero en realidad es sólo la mitad visible de lo que yo llamo el Sistema gráfico de su PC. Éste tiene dos componentes:

- El monitor
- El adaptador gráfico

El monitor es la parte tonta. Todo lo que hace es mostrar información. El monitor habita fuera de la consola, de manera que recibe más atención que los verdaderos cerebros de la operación, el adaptador gráfico.

Es el adaptador gráfico el que le dice al monitor lo que debe desplegar y el lugar donde hacerlo, además de la cantidad de colores que debe usar y la resolución total de la imagen. Es el adaptador gráfico el que determina el potencial gráfico de su PC.

La Figura 10-1 ilustra la relación entre el monitor y el adaptador. El adaptador gráfico puede ser una tarjeta de expansión separada, como se muestra en la figura, o su circuito puede ser parte del chipset de la tarjeta madre. Luego, un cable conecta el monitor a la consola. El monitor, por supuesto, se conecta a la pared para obtener energía.

- Su PC necesita tanto un monitor como un adaptador gráfico.
- El adaptador gráfico también se conoce como *tarjeta de video*.

¿No se supone que deberían existir monitores USB?

Una característica del Universal Serial Bus (USB) es que se puede usar para agregarle un monitor a su PC, lo cual reemplaza efectivamente al adaptador gráfico. Aunque es algo que el puerto USB tiene capacidad de hacer, la realidad es que el USB estándar es muy lento y el desempeño se ve afectado.

Aunque los monitores USB parecen estar al mismo nivel del Pie Grande y de una reforma de impuestos verdadera, un aparato USB le permite añadir un monitor externo a su equipo portátil. El aparato se conecta dentro de un puerto USB y luego le permite conectar un monitor de PC al conector del monitor estándar del aparato. Por mala fortuna, ésta no es una solución de monitor USB, es sólo un truco para usar dos monitores (o un proyector de video) en una PC portátil.

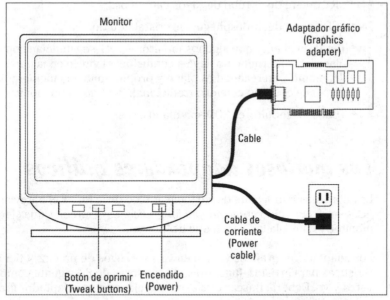

✔ Si su PC tiene más de un monitor (y puede tenerlo, usted lo sabe), debe tener un adaptador gráfico para cada monitor o un adaptador gráfico especial que soporte diversos monitores. (El asunto de monitor doble sólo es posible con Windows XP Pro.)

Dos tipos de monitores: LCD y CRT

Los monitores de PC vienen en dos presentaciones diferentes, cada una de las cuales se conoce como un TLA popular (*t*hree-*l*etter *a*cronym o acrónimo de tres letras): LCD y CRT.

✔ El monitor *CRT* es el monitor tradicional, con pantalla de vidrio que luce como un televisor.

✔ El monitor *LCD* es el tipo de pantalla más nuevo y más plano.

Entre los dos, el monitor LCD es mejor, aunque es más costoso. Los monitores tradicionales CRT son bastante baratos, pero son más pesados y voluminosos y usan más electricidad, además, son más pesados para los ojos que los monitores LCD. Si tiene la oportunidad, adquiera un monitor LCD.

Existen dos excepciones en las que un monitor CRT es mejor. El primero viene con gráficos de computador. Un monitor CRT es mejor en emular colores verdaderos que un LCD. La segunda excepción son los juegos de PC, ya que los monitores CRT despliegan las imágenes más rápido que un LCD.

✔ CRT quiere decir tubo de rayos catódicos.

✔ LCD quiere decir despliegue de cristal líquido.

✔ Tenga en cuenta que algunos monitores CRT se anuncian como "pantalla plana". Este término no lleva a confusión: el vidrio en la parte frontal del monitor en realidad es plano y proporciona una mejor superficie de vista que el vidrio convexo tradicional. Pero *no* es un monitor LCD.

✔ Todos los monitores LCD son planos.

Los gloriosos adaptadores gráficos

La mitad más importante del sistema gráfico de la PC es el hardware de gráficos en sí, conocido como *adaptador gráfico*. Es el circuito que ejecuta el monitor y controla la imagen que despliega.

Los adaptadores gráficos vienen en varios rangos de precios y tienen características para artistas, jugadores, diseñadores de PC y gente común como usted y yo. Debería buscar tres aspectos clave en un adaptador gráfico:

✔ La cantidad de memoria.

✔ Si tiene un GPU.

✔ El tipo de adaptador.

Los gráficos de PC requieren una memoria especial que está separada de la memoria principal de la PC. Esta memoria se conoce como *video RAM* o, a menudo, *VRAM*. Entre más memoria, el adaptador gráfico tiene capacidad para más colores y mayores resoluciones así como para trucos más llamativos.

Los adaptadores gráficos pueden tener desde 0M (nada de memoria) hasta 512MB y más. En el caso de los adaptadores gráficos, más no es necesariamente mejor. Sólo si sus aplicaciones requieren más memoria o pueden aprovechar la memoria de video extra, vale la pena el precio. De lo contrario, una PC típica tiene entre 16MB y 128MB de RAM de video.

Esos adaptadores gráficos de 0MB "comparten" memoria de video con la memoria principal. Obviamente, para cualquiera que esté interesado en jugar o crear gráficos, es una mala idea.

Otra forma de medir la fuerza del adaptador gráfico es si tiene su propio microprocesador o unidad procesadora de gráficos (GPU). Ese microprocesador está especialmente orientado hacia operaciones gráficas y, al tenerlo, el adaptador gráfico le quita una carga de trabajo al microprocesador principal de la PC y todo de verdad vuela en la pantalla.

Por último, está la forma en que el adaptador gráfico se conecta a la tarjeta madre. Los mejores modelos usan el puerto AGP, el cual les proporciona acceso directo al microprocesador y a la memoria del sistema. Los adaptadores gráficos de baja calidad a menudo se incluyen con un chipset de la PC. Aun así, es posible instalar un mejor adaptador gráfico y usar el programa Configurador de la PC para deshabilitar el adaptador de mala calidad que está incorporado en la tarjeta madre.

✔ Entre más memoria tenga el adaptador gráfico, puede soportar resoluciones más altas y mostrar más colores en dichas resoluciones.

✔ Hay dos modelos populares de GPU disponibles: Radeon y GeForce. Ambos son casi iguales en poder y popularidad.

✔ Vea el Capítulo 6 para obtener más información sobre la ranura de expansión AGP.

✔ Muchos adaptadores gráficos anuncian que soportan gráficos en 3-D. Eso está bien, pero sólo funcionan si su software soporta los gráficos en 3-D específicos que ofrece ese adaptador. (Si es así, un lado de la caja del software debería decirlo.)

✔ Si su PC tiene una unidad de DVD, usted necesita un adaptador gráfico capaz de producir la imagen del DVD en el monitor. Un adaptador gráfico por lo general tiene un puerto S-Video Out, el cual le permite conectar un televisor a la PC para ver cosas en una pantalla más grande.

✔ Los adaptadores gráficos en algún momento se conocieron por varias siglas en el mundo de la PC. La más popular fue VGA, que quiere decir Video Gate Array (no Video Graphics Adapter, como por lo general se cree). Existen otras siglas, algunas de las cuales incluyen VGA en su sopa de letras. Los nombres existen principalmente por razones de mercadeo y no son significativos para las PC en general.

Conocer y amar a su monitor

El monitor de una PC es en realidad un objeto *periférico*. Está separado de la consola. De hecho, usted no necesita tener la misma marca de PC y de monitor. Puede hacer mezclas y combinaciones. Incluso puede dejarse el monitor de su PC viejo con una consola nueva, siempre y cuando el monitor esté en buenas condiciones, ¿por qué no?

A pesar de todas las características y los aspectos técnicos, todos los monitores tienen la misma función: muestran información que expulsa la PC.

La descripción física

Cada monitor tiene dos colas (vea la Figura 10-1). Una es un cordón de poder que se conecta a la pared. La segunda es un cable de video que se conecta al puerto del adaptador gráfico en la parte trasera de la consola. El puerto del adaptador gráfico también se conoce como *puerto VGA*.

El botón para encender y apagar el monitor por lo general se ubica en la parte del frente del monitor, cerca de la esquina inferior derecha o quizás en el extremo derecho. (Es un enfoque totalmente en contra de los zurdos y parte de la inmensa conspiración diestra.)

Otros botones adicionales adornan el frente del monitor, el cual usted usa para controlar su presentación. Estos botones podrían estar visibles, como una fila de dientes feos o pueden estar ocultos detrás de un panel. La sección "Ajustar la presentación del monitor", más adelante en este capítulo, menciona lo que hacen.

Algunos monitores muestran un mensaje cuando el monitor está encendido y la PC no lo está (o si el monitor no está recibiendo una señal de la PC). El mensaje puede decir No Signal o algo parecido, o puede ser que le pida que revise la conexión. Eso está bien. El monitor toma vida apropiadamente cuando usted enciende la consola y éste recibe una señal de video.

Toda la información técnica que usted necesita saber

Se usan muchos términos técnicos sin sentido para describir las habilidades de un monitor. De ese montón de jerga, sólo los siguientes términos son en realidad necesarios:

- **Tamaño:** los monitores se juzgan por el tamaño de su imagen, medida en diagonal, como los televisores. Los tamaños comunes de los monitores son 15, 17, 19 y 21 pulgadas. El tamaño más común es 17 pulgadas, ¡aunque a mí me encantan los de 19 pulgadas y me derrito por completo por los monstruos de 21 pulgadas! ¡Uuuaahhh! (Ése soy yo desvaneciéndome.)

- **Tamaño de punto:** este término se refiere a la distancia entre cada punto o píxel, en la pantalla (como se mide desde el centro de cada píxel). Cuanto más cercanos estén los puntos, y cuanto menor sea el valor del tamaño del punto, más fina la imagen.

- **Entrelazado/no entrelazado:** usted quiere un monitor que sea *no entrelazado,* lo cual quiere decir que la imagen aparece en el monitor de un solo golpe. Un monitor entrelazado parpadea, lo cual hace que sus ojos se vuelvan locos.

Otros aspectos de la presentación, como la resolución, los colores y la memoria de video, son todos parte del hardware del adaptador gráfico, no del monitor. Estos términos se cubren en alguna otra parte de este capítulo.

Además, otros términos feos y bombásticos se usan para describir un monitor. La mayoría de ellos son términos publicitarios, los cuales no le sirven de nada cuando lo compra.

Ajustar la presentación del monitor

En los tiempos antiguos, usted tenía suerte si el monitor de su PC traía botones de contraste y brillo. Los ajustes que le puede hacer ahora a su monitor son infinitos. Algunas veces, puede hacer los ajustes usando una fila de botones que adornan el frente de su monitor y que parecen casi un segundo teclado. En otras ocasiones, usted usa una combinación de botones genéricos, similares a la forma molesta en que están organizados los relojes digitales.

En general, los botones en su monitor son de dos tipos. El primero tiene un botón de menú y luego dos o cuatro botones de control adornados con flechas o símbolos con un más y un menos. Al presionar el botón de menú, aparece un despliegue en pantalla, como el que se muestra en la Figura 10-2. Usted usa los botones en el monitor (arriba, abajo, más y menos) para manipular el menú y ajustar el monitor.

CONTRAST
BRIGHTNESS
VOLUME
AUTO TUNE
H-POSITION
V-POSITION
LANGUAGE
EXIT
50
+
-
SELECT
ADJUST

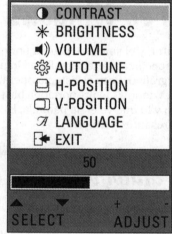

Figura 10-2 Un típico despliegue en pantalla.

El segundo tipo, a menudo oculto detrás de una tapa o puerta, tiene botones específicos con íconos que ajustan cosas específicas, como se muestra en la Figura 10-3. La idea es usar estos botones para ajustar lo que representan los íconos. En ocasiones tiene que presionar más de un botón para hacer un ajuste específico.

Mover imagen izquierda/derecha (Move Image Left-Right)
Alargar imagen izquierda/derecha (Strech Image Left-Right)
Adentro - afuera (Pincushion In-Out)
Brillo (Brightness)
Mover imagen arriba - abajo (Move Image Up-Down)
Alargar imagen arriba - abajo (Stretch Image Up-Down)
Más ancho Más angosto (Wider-Narrower)
Contraste (Contrast)

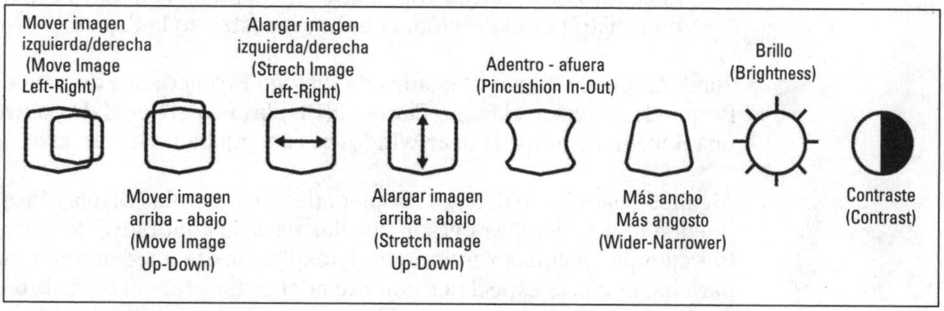

Figura 10-3 Íconos en el monitor de una PC típica.

- ✔ Ésta es un área de la PC que realmente me encantaría que estandarizaran.

- ✔ La información en pantalla aparece sobre cualquier otra imagen que esté desplegada en el monitor. No permita que esto lo confunda.

- ✔ Use los botones para ajustar el tamaño de la imagen para usar por completo el área de presentación del monitor.

- ✔ Los monitores también pueden desplegar información de frecuencia (31KHz/60Hz, por ejemplo) cuando cambian los modos de pantalla, como cuando usted juega y la pantalla cambia a otra resolución.

- ✔ La mayoría de los monitores también tienen un botón "Save" o "Store", el cual recuerda las configuraciones que usted ha ingresado y las hace permanentes. Úselo.

Ajustar la presentación en Windows

El adaptador gráfico controla el monitor, y el software manda por encima del adaptador gráfico. ¿Cuál software? Específicamente, algo llamado un controlador de *video* controla el adaptador gráfico. Pero el sistema operativo está por encima del controlador de video. Windows le proporciona bastantes opciones para ajustar la presentación y lo que ve en la pantalla. Esta sección reflexiona sobre varios ejemplos interesantes y útiles.

Llamar al cuadro de diálogo Propiedades de pantalla

Usted varía la presentación en Windows por medio del cuadro de diálogo Propiedades de pantalla. Ésta es la forma de llamarlo:

1. **Haga clic derecho en el escritorio.**

2. **Elija Propiedades (Properties) del menú dinámico.**

   El cuadro de diálogo Propiedades de pantalla (Display Properties) aparece, listo para la acción, como se muestra en la Figura 10-4.

 También puede llamar al cuadro de diálogo Propiedades de pantalla (Display Properties) si abre el ícono Pantalla (Display) en el Panel de control, pero en una docena de años de usar Windows, casi nunca he hecho eso.

Algunos cuadros de diálogo Propiedades de pantalla (Display Properties) pueden tener pestañas personalizadas para su adaptador de la presentación. Por ejemplo, algunas versiones del adaptador ATI pueden tener más pestañas para hacer cosas especiales con ese adaptador gráfico. No cubro esos temas aquí, principalmente porque ATI no me envía nada gratuito.

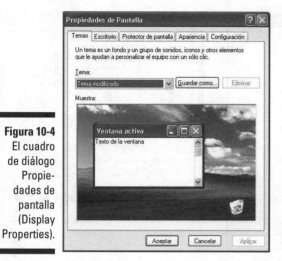

El cuadro
de diálogo
Propie-
dades de
pantalla
(Display
Properties).

Para tener una vista previa de cualquier cambio incorporado en el cuadro de diálogo Propiedades de pantalla (Display Properties), haga clic en el botón Aplicar (Apply). Su monitor quizás parpadee y Windows le pregunta si todo está bien. Si es así, haga clic en el botón Aceptar.

Ajustar el tamaño de la presentación (la resolución) y los colores

Las dimensiones físicas del monitor no pueden cambiar, pero usted puede configurar la cantidad de cosas que ve en la pantalla al ajustar la *resolución* del monitor. Ésa es la cantidad de puntos o *píxeles* que despliega el monitor. Cada píxel puede ser un color diferente y, en forma conjunta, miles de ellos en la pantalla del monitor crean la imagen que usted observa. La resolución es la cantidad de píxeles medidos horizontal por vertical.

Para configurar la resolución de la pantalla, use la pestaña Configuración (Settings) en el cuadro de diálogo Propiedades de pantalla, como se muestra en la Figura 10-5.

La barra corrediza de Resolución de pantalla (Screen Resolution) establece la resolución de la presentación, medida en píxeles horizontal y verticalmente. Entre mayores sean los números, más información se despliega. Los valores más pequeños cuentan con menos información, pero hacen que todo parezca más grande.

Use la ventana de vista previa en la parte central superior del cuadro de diálogo para tener una idea de cómo la presentación afecta la nueva resolución.

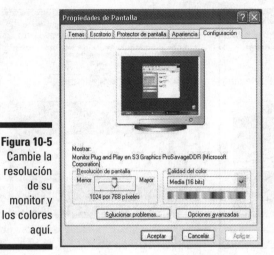 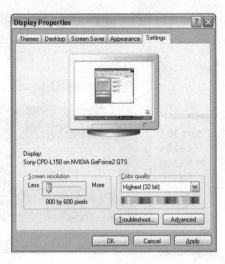

Figura 10-5
Cambie la
resolución
de su
monitor y
los colores
aquí.

El área Calidad de color (Color quality) determina cuántos colores están disponibles para una resolución específica. Los colores van desde 16 (que es bastante feo) hasta la categoría más alta, también conocida como 32 bits.

- ✔ Las configuraciones de resolución y color están relacionadas. Las resoluciones más altas tienen menos colores, de manera que usted quizás quiera establecer la configuración del color primero y luego ver cuáles resoluciones están disponibles para esa configuración.

- ✔ Necesita sólo las configuraciones de color más altas si planea usar aplicaciones gráficas, como la edición de fotos.

- ✔ Las resoluciones más altas funcionan mejor en monitores más grandes.

- ✔ Algunos monitores LCD sólo permiten resoluciones seleccionadas, como 800 x 600 o 1,024 x 768.

- ✔ La máxima cantidad de resolución y de configuraciones de color depende del adaptador gráfico y no del tamaño del monitor. Entre más RAM de video tenga el adaptador gráfico, más opciones hay disponibles.

- ✔ Algunos juegos de PC cambian la resolución del monitor de forma automática para que se pueda jugar. Este cambio está bien porque la resolución debería volver a la forma normal al terminar de jugar.

Cambiar el fondo (papel tapiz)

El fondo o papel tapiz es lo que usted observa cuando mira el escritorio. Puede ser de un color sólido o puede desplegar cualquier imagen gráfica almacenada en su disco duro o que haya encontrado en Internet. Este proceso se lleva a cabo en la pestaña Escritorio en el cuadro de diálogo Propiedades de pantalla, como se muestra en la Figura 10-6.

Figura 10-6
Seleccione el papel tapiz del escritorio aquí.

Para usar un color sólido, elija Ninguno (None) de la parte superior de la lista de desplazamiento Fondo (Background) y luego seleccione un color con el botón Color. Sí, puede elegir de entre sólo 20 colores; espero que encuentre algo que combine con sus cortinas.

Las imágenes son más divertidas que los colores sólidos y Windows le proporciona un grupo de archivos con imágenes de dónde elegir en la lista Fondo. Puede hacer clic para seleccionar una imagen y luego ver cómo luce en la ventana de vista previa, en la parte superior del cuadro de diálogo. Si no puede encontrar la imagen que busca, use el botón Examinar (Browse) para ir a buscar una de una ubicación específica en el disco.

Si la imagen en realidad no rellena la pantalla, puede usar el botón Posición (Position) para ajustarla. Elija En mosaico (Title) para que el patrón de la imagen se repita hasta llenar la pantalla; la opción Expandida (Strech) obliga a la imagen a que cambie su tamaño y cubra todo el escritorio.

CONSEJO

Hacer las cosas más fáciles de ver

Si tiene problemas para ver las cosas pequeñas, ajuste la presentación para que se vean lo más grandes posible. Elija una resolución baja, como 800 x 600 o incluso 640 x 480. Aproveche los diversos comandos Ver (View)↪Acercarse (Zoom) disponibles en las aplicaciones, los cuales aumentan bastante el texto o el asunto de interés.

También puede dirigir a Windows para que use íconos más grandes en la pantalla. En el cuadro de diálogo Propiedades de pantalla, haga clic en la pestaña Apariencia (Appareance) y luego en el botón Efectos (Effects). En el cuadro de diálogo Efectos, seleccione la opción Usar íconos grandes (Use large icons). Haga clic en Aceptar (OK).

✔ El cuadro de diálogo Examinar funciona justo como el cuadro de diálogo Abrir. Vea el Capítulo 21.

✔ Para colocar una imagen de la web como su papel tapiz, haga clic derecho en la imagen y elija el comando Establecer como fondo (Set as Background) del menú dinámico.

✔ Crear su propio papel tapiz es fácil. Puede hacerlo en el programa Windows Paint o puede usar una imagen escaneada o una foto de una cámara digital.

Agregar un protector de pantalla

El *protector de pantalla* es una imagen o animación que aparece en el monitor después de un período definido de inactividad. Después de que su PC se encuentra ahí, solitaria y sintiéndose ignorada durante 30 minutos, por ejemplo, la imagen de una pecera aparece en el monitor para entretener a sus fantasmas.

Para colocar un protector de pantalla, se usa la pestaña Protector de pantalla (Screen saver) en el cuadro de diálogo Propiedades de pantalla, como se muestra en la Figura 10-7. Elija un protector de pantalla de la lista desplegable Protector de pantalla. Use el botón Configuración (Settings) (si está disponible) para ajustar la acción del protector de pantalla. La ventana de vista previa le muestra de forma muy pequeña cómo luce el protector de pantalla; use el botón Vista previa para ver cómo luce en la pantalla completa.

Figura 10-7
Seleccione un protector de pantalla aquí.

Una opción clave es el cuadro Esperar (Wait), el cual le dice a Windows cuántos minutos de inactividad deben pasar para que aparezca el protector de pantalla.

Realice sus configuraciones y luego haga clic en el botón Aceptar (OK). Si usted no toca el 🖱 o el teclado después de la cantidad de tiempo definida en Esperar, el protector de pantalla aparece en su monitor.

✔ Una tecla que puede presionar con seguridad para desactivar el protector de pantalla es Ctrl. A diferencia de otras teclas en su teclado, ésta no interfiere en ninguna aplicación que aparece después de que el protector de pantalla se desvanece.

✔ Una forma divertida de desactivar el protector de pantalla es dándole un golpe al escritorio con el puño. Eso empuja el 🖱 y desactiva el protector de pantalla.

✔ Tenga cuidado con descargar archivos de protectores de pantalla desde Internet. Aunque algunos de ellos son verdaderos protectores de pantalla, la mayoría son anuncios invasivos o programas imposibles de desinstalar o quitar. Si usted descarga este tipo de protector de pantalla, se quedará atrapado con él. ¡Tenga cuidado!

✔ El problema que los protectores de pantalla originales trataron de prevenir se conocía como *phosphor burn-in (monitor borroso)*. Eso todavía puede suceder en los monitores, pero sólo si la misma imagen se despliega durante meses. Los monitores de LCD no son susceptibles a ese problema.

Poner el monitor a dormir

Como alternativa al uso del protector de pantalla, puede aprovechar las habilidades de su PC para administrar la energía y tan sólo apagar el monitor después de una cantidad de tiempo dada. Para que esto suceda, haga clic en el botón Energía (Power) en la parte inferior del cuadro de diálogo Propiedades de pantalla, en la pestaña Protector de pantalla (vea la Figura 10-7). Al hacer esto aparece el cuadro de diálogo Propiedades de opción de energía.

Busque la opción Apagar monitor (Turn off monitor) en el cuadro de diálogo Propiedades de opción de energía (Power options Properties). Defina un intervalo de tiempo tras el cual la PC automáticamente apague el monitor. Si no quiere que el monitor se apague solo, elija Nunca (Never).

Haga clic en Aceptar (OK) para cerrar el cuadro de diálogo Propiedades de opción de energía.

✔ Si usa un protector de pantalla, elija el valor *mayor que* para la cantidad de tiempo después del cual aparece el protector de pantalla.

✔ Personalmente, renuncio al protector de pantalla y sólo elijo mi monitor después de una hora de inactividad.

✔ También puede ir al cuadro de diálogo Propiedades de opción de energía al abrir el ícono Opciones de energía (Power options) en el Panel de control.

Tomarle una foto a la pantalla

En Windows es posible capturar información en pantalla como si se le tomara una fotografía. Técnicamente se conoce como un *screen dump (volcado de pantalla),* donde dump es un término informático antiguo que se refiere a copiar información en bruto de un lugar hacia otro.

Cuando se presiona la tecla "Print Screen" o "Imprimir pantalla" se toma una fotografía instantánea del escritorio. ¡Clic! Toda esa información gráfica, cualquier cosa que usted vea, se guarda como una imagen gráfica en el Portapapeles de Windows. Entonces usted puede pegar la imagen dentro de cualquier programa que pueda tomar imágenes gráficas, como Windows Paint o Microsoft Word.

Para ver cómo funciona este proceso, siga estos pasos:

1. **Presione la tecla Print Screen o Imprimir Pantalla.**

2. **Inicie el programa Windows Paint.**

   Encuéntrelo en el panel Inicio al elegir Programas (Programs) ➪Accesorios (Accesories➪Paint).

3. **Elija <u>Editar (Edit)</u>➪<u>Pegar (Paste)</u> en el programa Paint.**

   La imagen del escritorio se pega en el programa Paint, listo para editar, guardar en el disco o imprimir y enmarcar.

Para imprimir la imagen luego de pegarla, tan sólo use el comando del programa Archivo(File)➪Imprimir (Print). Sé que ésos son muchos pasos, pero finalmente le da sentido al nombre de la tecla, *Print* Screen o Imprimir pantalla.

✔ En algunos teclados, la tecla Print Screen está rotulada como PrtSc o Impr Pant.

✔ Si presiona la combinación de teclas Alt+Print Screen, sólo la ventana del frente o la parte "superior" se copia en el portapapeles.

✔ Tenga en cuenta que no puede capturar un fotograma de una película en DVD con el uso de la tecla Print Screen o Impr Pant.

Capítulo 11

El capítulo del teclado y el 🖱

*E*n cualquier gran historia de aventuras, el héroe por lo general tiene un compañero. El compañero no es tan maravilloso como el héroe y se puede alegar que el héroe podría lograr sus labores solo, pero el compañero se convierte en una parte vital de la historia. El compañero es la nota cómica y valiente. A menudo es útil y quizás incluso salva el día, lo cual justifica más su artimaña como elemento del argumento.

En el mundo de las PC, en la mesa de los Dispositivos de Entrada, el teclado de su PC es el héroe. Su compañero es el 🖱. Usted los usa juntos para hacer creaciones interesantes, cuidar de los negocios o tan sólo decirle a la PC lo que puede hacer consigo mismo. Quizás no sea algo del todo heroico, pero es el tema de este capítulo.

Su PC necesita su teclado

Olvídese de hablarle a la PC. Sí, en esos programas de televisión futuristas de ciencia ficción lo hacen. ¡Tienen que hacerlo! ¡No hay un teclado a la vista! Pero usted tiene que usar las teclas para hacerle saber sus intenciones a la PC.

✔ El teclado es el dispositivo de entrada estándar. Vaya al Capítulo 1 para obtener más información sobre la entrada (Input) de la PC.

✔ Está bien, dije una mentira: usted puede dictarle a la PC. Vea el Capítulo 14 para obtener más información sobre el reconocimiento de voz.

El teclado estándar

El diseño del teclado típico de la PC aparece en la Figura 11-1. Se conoce como *teclado mejorado de 104 teclas*. Así es, tiene 104 teclas. Usted mismo las puede contar, si no me cree y si tiene tiempo.

Figura 11-1 Partes importantes de su teclado.

Teclas de funciones (Function keys)

Teclas de máquina de escribir (Typewriter keys)

Teclas de control de cursor (Cursor control keys)

Teclado numérico (Numeric keypad)

Hay cuatro áreas principales trazadas en el teclado de su PC, como se muestra en la Figura 11-1:

Teclas de función: estas teclas se encuentran en la fila superior del teclado. Están rotuladas como F1, F2, F3 y así sucesivamente hasta llegar a F11 y F12.

Teclas de máquina de escribir: estas teclas son del mismo tipo de las que encontraría en una máquina de escribir antigua: letras, números y símbolos de puntuación.

Teclas del control de cursor: a menudo se les llama teclas de flechas, estas cuatro teclas mueven el cursor del texto en la dirección de sus flechas. Sobre ellas hay más teclas de control del cursor, el grupo Insert, Supr, Inicio, Fin, Re Pág y Av Pág.

Teclado numérico: goza de popularidad entre los contadores, cajeros de bancos y agentes de boletos aéreos. Contiene teclas similares a las de una calculadora. Este teclado además tiene una doble función que lo convierte en un teclado de cursor, la tecla Bloq Num determina su comportamiento.

El teclado que aparece en la Figura 11-1 es típico y aburrido. Existen modelos más divertidos de teclados, algunos con diseños ergonómicos y otros con muchos más botones. Puede leer acerca de esas variaciones en las siguientes secciones.

"¿Tengo que aprender a digitar para usar una PC?"

La respuesta corta: no, no necesita aprender a digitar para usar una PC. Muchos usuarios usan apenas unos cuantos dedos para escribir. De hecho, la mayoría de los programadores no saben digitar, lo cual me recuerda una historia interesante. Un desarrollador de software una vez detuvo todo el proceso e hizo que sus programadores aprendieran a digitar. Les tomó dos semanas completas, pero después, todos lograron terminar su trabajo mucho más rápido y les quedó tiempo para recreos y para probar todos esos juegos importantes.

Como bonificación por contar con una PC, éste le puede enseñar a digitar. El paquete de software Mavis Beacon se encarga de eso. Existen otros paquetes, pero en lo personal me encanta el nombre Mavis Beacon.

✔ El *cursor* es la raya parpadeante en la pantalla que le muestra el lugar donde aparece lo que usted digita. Como si *cursor* no fuera bastante extraño, a esa raya parpadeante también se le llama puntero de inserción.

✔ Vea la sección "Las hermanas Lock", más adelante en este capítulo, para obtener más información sobre la duplicidad del teclado numérico.

Teclas modificadoras

Cuatro teclas en su teclado son *modificadoras*. Estas teclas funcionan en combinación con otras para realizar diversas tareas increíbles:

✔ Shift

✔ Ctrl o Control

✔ Alt o Alternar

✔ Win o Windows

Usted mantiene presionada una de estas teclas y luego presiona otra. Lo que sucede luego depende de la tecla que presionó y de la reacción del programa que está usando con esa combinación de teclas.

✔ La tecla Shift se usa para poner letras mayúsculas o para acceder a los símbolos de puntuación y a otros símbolos en las teclas de números. Ésa es la forma para crear los caracteres %@#^ que son tan útiles en las tiras cómicas.

✔ Las teclas Ctrl y Alt se usan en combinación con otras como accesos directos de comandos de menú. Por ejemplo, si mantiene presionada la tecla Ctrl y presiona S (Ctrl+S), activa el comando Salvar. Mantener presionada la tecla Alt y presionar la tecla F4 (Alt+F4) cierra una ventana en el escritorio. Usted debe presionar y sostener la tecla modificadora, presionar la otra tecla y luego soltar las dos.

✔ Cuando sólo se presiona la tecla Win, aparece el menú Inicio. De lo contrario, la tecla Win se puede usar en combinación con otras para realizar diversas tareas en el escritorio. Por ejemplo, Win+E llama al programa Windows Explorer mientras que Win+D despliega el escritorio.

✔ Aunque puede ver Ctrl+S o Alt+S con la letra *S* mayúscula, no significa que tenga que presionar Ctrl+Shift+S o Alt+Shift+S. La *S* se escribe en mayúscula sólo porque Ctrl+s parece un error tipográfico.

✔ No se sorprenda si estas teclas modificadoras se combinan entre ellas. He visto cosas como Shift+Ctrl+C y Ctrl+Alt. Sólo recuerde que debe presionar y sostener las teclas modificadoras primero y luego presionar la tecla con la letra. Suelte todas las teclas a la vez.

✔ Algunos manuales usan la forma ^Y en lugar de Ctrl+Y. Este término tiene el mismo significado: mantenga presionada la tecla Ctrl, presione la Y, luego suelte Ctrl.

Las hermanas "Lock"

Las tres hermanas Lock son teclas especiales diseñadas para cambiar la forma en que se comportan otras teclas:

Bloqueo de mayúsculas: funciona como presionar y sostener Shift, pero sólo produce letras mayúsculas; no cambia las otras teclas como lo haría Shift Lock en una máquina de escribir. Presione Bloq Mayús de nuevo y las letras volverán a su estado normal en minúscula.

Bloqueo de números: al presionar esta tecla, el teclado numérico en el extremo derecho genera números. Presiónela de nuevo y puede usar el teclado numérico para mover el cursor del texto.

Bloqueo de desplazamiento: esta tecla no tiene propósito alguno. Algunas hojas electrónicas la usan para revertir la función de las teclas del cursor (las cuales mueven la hoja electrónica en lugar de la celda activa). Bloqueo de desplazamiento poco hace que sea significativo o famoso.

Cuando una tecla "lock" está activada, una luz correspondiente aparece en el teclado. La luz podría estar en el teclado o en la propia tecla. Ésa es su clave para saber si la característica de una tecla "lock" está activada.

✔ **Bloq Mayús** sólo afecta las teclas de la A a la Z; no afecta ninguna otra.

✔ Si digita **Este texto parece una nota aleatoria** y se ve como `eSTE tEXTO pARECE uNA nOTA aLEATORIA`, quiere decir que la tecla Caps Lock está inadvertidamente activada. Presiónela una vez para que todo vuelva a la normalidad.

✔ Si presiona la tecla Shift mientras "Bloq Mayús" está activada, las teclas de letras vuelven a la normalidad. (En cierta forma Shift cancela a "Bloq Mayús".)

Abreviaturas extrañas del teclado

Las teclas sólo tienen un tamaño. Por lo tanto, algunas palabras se tienen que abreviar para que calcen en la tecla. Ésta es su guía con algunos de los nombres más extraños y su significado:

Print Screen o Impr Pant también se conoce como PrScr, Print Scrn o Impr Pant.

Retroceder página y Avanzar página se escriben Re Pág y Av Pág en el teclado numérico.

Insertar y Suprimir aparecen como Insert y Supr en el teclado numérico.

Letras específicas desde "cualquiera" hasta las más extrañas

El teclado de su PC es como un campo de juegos virtual de botones, algunos famosos, algunos misteriosos y algunos ni siquiera existen. El siguiente resumen ignora lo que no es importante:

¡Ja, ja! No existe la tecla Cualquiera en el teclado. El antiguo mensaje decía, "Presione cualquier tecla para continuar" y el programador creía que estaba siendo generoso, pero la gente seguía buscando esa tecla Cualquiera (Any).

 Cuando la PC le dice que presione una tecla Cualquiera, presione *alguna* tecla en el teclado. Específicamente, puede presionar la barra espaciadora.

 La tecla Pausa Inter (Break) no hace nada. La tecla Pausa Inter es igual a la tecla Pause. De hecho, Break es en realidad la tecla Alt+Pause. Vea la descripción de la tecla Pause más adelante en esta sección.

 Ésta es la tecla más famosa del teclado. Se presiona Enter para finalizar un párrafo en un procesador de palabras. En un cuadro de diálogo, presionar la tecla Enter es lo mismo que hacer clic en el botón Aceptar.

Una segunda tecla Enter se puede encontrar en el teclado numérico. Está ahí para facilitar la entrada rápida de valores numéricos incorrectos. Ambas teclas Enter trabajan de manera idéntica.

 La tecla que le dice "¡Oiga! ¡Deténgase!" a Windows es la tecla Escape, rotulada como Esc en su teclado. Presionar la tecla Esc es lo mismo que hacer clic en Cancelar en un cuadro de diálogo. Esta tecla cierra la mayoría de las ventanas, pero no todas, sólo para que usted tenga que adivinar.

 Cuando necesite ayuda en Windows, haga uso de la tecla F1. Esta tecla es igual a ayuda, no hay forma de no memorizarlo.

Conozca los unos y ceros

En una máquina de escribir, la letra *L* minúscula y el número 1 por lo general son lo mismo. De hecho, mi antigua Underwood no tiene del todo la tecla 1. Por desgracia, en una PC existe una gran diferencia entre un uno y una pequeña *L*.

Si digita 1,001, por ejemplo, no digite l,00l por error, en especial cuando está trabajando en una hoja electrónica. La PC se confunde.

Lo mismo sucede en el caso de la letra *O* mayúscula y el número 0. Son diferentes. Use un cero para los números y una *O* grande para palabras.

En algunas ocasiones, el cero aparece con una barra inclinada, como esto: Ø o quizás con un punto en el centro. Ésa es una forma de diferenciar entre O y 0, pero no se usa con mucha frecuencia. Una mejor indicación es que la letra O por lo general es más gruesa que el símbolo para el cero.

 Honestamente, la tecla Pause no funciona en Windows. Algunos juegos la usan para detener la acción, pero no es algo consistente.

 Es la tecla de la barra inclinada. Se usa como un separador y también para denotar una división, como 52/13 (52 dividido entre 13). No la confunda con la tecla de la barra inclinada contraria.

 La barra inclinada contraria (\) se inclina hacia la izquierda. Este carácter se usa en *rutas de acceso (pathnames)*, los cuales son complejos y no se discuten en este libro.

 Permítame acabar con el misterio: ésta es la tecla System Request. No hace nada, por lo tanto, ignórela.

 Ésta es la tecla Contexto. Habita entre las teclas Windows y Ctrl de la derecha. Al presionarla aparece el menú de acceso directo de cualquier objeto que se encuentre seleccionado en la pantalla. Es lo mismo que hacer clic derecho en el ᶜᵀ cuando algo está seleccionado. Obviamente, esta tecla es casi inútil.

 La tecla Tab o Tabulador se usa de dos formas diferentes en su PC. En un procesador de palabras, la tecla Tab se usa para sangrar los párrafos, como en las antiguas máquinas de escribir. En un cuadro de diálogo, la tecla Tab se usa para moverse entre varios objetos gráficos.

 Use Tab en lugar de Enter cuando esté completando un formulario en un programa o cuadro de diálogo o en Internet. Por ejemplo, presione la tecla Tab para saltar entre los campos Nombre y Apellido.

✔ La tecla Tab a menudo tiene dos flechas encima, una apunta hacia la izquierda y la otra hacia la derecha. Estas flechas pueden aparecer además de la palabra *Tab* o pueden estar ahí solas para confundirlo.

✔ Las flechas están en ambas direcciones porque Shift+Tab es una combinación de teclas válida. Por ejemplo, presionar Shift+Tab en un cuadro de diálogo lo lleva de regreso por las opciones.

✔ La PC toma una tabulación como un único carácter por separado. Cuando se devuelve sobre una tabulación en un programa procesador de palabras, la tabulación desaparece por completo, no espacio por espacio.

Teclas especiales en teclados especiales

Si 104 teclas no son suficientes, puede aventurarse y comprar teclados especiales que tienen todavía *más* teclas. O quizá su PC venía con ese tipo de teclado. Por lo general, este tipo tiene una fila de botones en la parte superior, justo sobre las teclas de función. Estos botones completan tareas específicas, como conectarse a Internet, escanear imágenes, enviar correos electrónicos o ajustar el volumen del sonido de la PC.

Los botones de teclados especializados no son estándar: no vienen con el teclado típico de la PC y deben usar un programa especial que los ejecute. Ese programa controla las teclas y su comportamiento. Si las teclas no funcionan, es un problema con el programa especial y no algo que Windows o su PC esté haciendo mal.

Controlar el teclado en Windows

Cuando usted presiona y sostiene cualquier tecla, eventualmente esa tecla se repite, como una ametralladora. Presione y sostenga la tecla A, y verá una fila de AAAAAAAAAAAA. . . (Así es como puede escribir un diálogo cuando sus personajes caen por un acantilado.)

Para aquéllos obligados a practicar matemáticas en la PC

Agrupadas alrededor del teclado numérico, como aventureras tostando malvaviscos alrededor de una fogata, hay varias teclas para ayudarle a trabajar con números. En especial si está trabajando con una hoja electrónica u otro software relacionado con números, encontrará que estas teclas son útiles. Échele un vistazo al teclado numérico ahora mismo, sólo para sentirse más seguro.

¿Cómo? ¿Estaba esperando una tecla × o ÷? ¡Olvídelo! Esto es una PC. Usa símbolos especiales y raros para las operaciones matemáticas:

✔ + para la suma

✔ – para la resta

✔ * para la multiplicación

✔ / para la división

El único símbolo extraño aquí es el asterisco, para la multiplicación. ¡No use la *x* pequeña! No es lo mismo. La / (barra inclinada) funciona bien con la división, pero no pierda su tiempo buscando el símbolo ÷. No aparece en ninguna parte.

La pausa o retraso antes de que una tecla se repita es el *Retraso de repetición*. La rapidez con que el carácter de una tecla o función se repite es la *Velocidad de repetición*. Ambos se definen en el cuadro de diálogo Propiedades del teclado (Keyboard Properties) (vea la Figura 11-2). Para llegar ahí, abra el Panel de control y luego abra el ícono Teclado (Keyboard).

Use el  para manipular las barras de desplazamiento en el cuadro de diálogo y definir las velocidades, y luego pruébelas en el cuadro de texto que se brinda. Haga clic en el botón Aceptar (OK) o Aplicar (Apply) sólo cuando se sienta a gusto.

Si el teclado de la PC tiene botones especiales (vaya a la sección anterior), puede aparecer una pestaña adicional en el cuadro de diálogo Propiedades del teclado. Esa pestaña se usa para asignarles comandos o tareas a los diversos botones adicionales.

Figura 11-2
Controle
el teclado
aquí.

Actitud apropiada para digitar

La Hermana María tenía razón cuando insistía en que había que sentarse bien y no dejar caer las muñecas en las clases de mecanografía. La postura y la posición son importantes cuando usted usa un teclado y, en especial, si lo hace a menudo. Esto se debe a que muchas personas corren el riesgo de padecer lesiones por esfuerzos repetitivos (LER).

Éstas son algunas medidas que puede tomar para evitar las LER y hacer de su experiencia informática algo placentero:

Adquiera un teclado ergonómico. Aunque sus muñecas sean tan flexibles como un árbol de caucho, es importante que piense en un teclado *ergonómico*. Ese tipo de teclado está especialmente diseñado con un ángulo para liberar la tensión generada durante períodos de digitación prolongados o incluso cortos.

Use un descansa-muñecas: los descansa-muñecas elevan sus muñecas para que digite en una posición apropiada, con sus palmas *sobre* el teclado, sin descansar debajo de la barra espaciadora.

Ajuste su silla: siéntese con sus codos al mismo nivel de sus muñecas.

Ajuste su monitor: su cabeza no debería subirse o bajarse cuando observa la pantalla de su PC. Debería estar totalmente al frente, lo cual le ayuda a sus muñecas y cuello.

✔ Los teclados ergonómicos son un poco más costosos que los estándares, pero vale la pena la inversión si usted digita durante muchas horas o si quiere que parezca que lo hace.

✔ Algunas almohadillas para 🖱 cuentan con elevadores de muñecas. Son excelentes para aquellas personas que usan muchas aplicaciones que implican el uso constante del 🖱.

✔ Muchos teclados vienen con patillas ajustables debajo para colocar las teclas en un ángulo cómodo. Úselas.

Un 🖱 en el que puede colocar su mano

Después de los chistes relacionados con los módems, los relacionados con el 🖱 son los más frecuentes. Al igual que los chistes de módems, no vale la pena repetirlos. De hecho, tener un 🖱 con su PC es tan común que ya no tiene sentido repetir lo obvio.

La PC necesita un 🖱

El 🖱 de su PC es un dispositivo de entrada o *input*. Aunque el teclado (otro dispositivo de entrada) puede hacerlo casi todo, un 🖱 es necesario para controlar gráficos y otros elementos en la pantalla, en especial en un sistema operativo como Windows.

✔ Es posible que su PC viniera con un 🖱 específico, pero puede adquirir uno mejor.

El 🖱 básico y genérico de la PC

En la Figura 11-3 aparece un 🖱 común, aunque lo que observa es tan sólo un estilo de 🖱. La variedad es infinita. Aun así, casi todos tienen las mismas partes básicas.

Cuerpo del 🖱: el 🖱 es como del tamaño de una barra de jabón. Usted coloca la palma de su mano sobre el cuerpo y usa sus dedos para manipular los botones.

Los dos botones principales: el 🖱 estándar para PC tiene un mínimo de dos botones, el izquierdo y el derecho. El botón izquierdo, ubicado debajo del dedo índice en su mano derecha, es el botón *principal*. El otro botón es el derecho.

La rueda: un elemento popular del 🖱 estándar es el centro o rueda. Esta rueda se puede presionar como los botones izquierdo y derecho y se puede rodar hacia adelante o hacia atrás. Algunas ruedas incluso se pueden mover hacia los lados.

El 🖱 se ubica a la derecha del teclado (para la mayoría de personas diestras). Necesita una franja del escritorio vacía para que pueda moverlo; un área como del tamaño de este libro es por lo general todo lo que necesita.

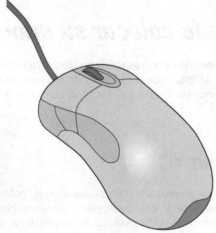

Figura 11-3
Un 🖱
común para
PC.

Óptico versus mecánico

Para usar el 🖱, debe moverlo sobre el escritorio. El 🖱 detecta el movimiento internamente, ya sea de forma mecánica u óptica.

El *mecánico* tiene una bola de goma dura que rueda conforme se mueve. Hay sensores dentro del cuerpo del que detectan el movimiento y lo traducen a información que interpreta la PC.

El *óptico* usa un sensor LED para detectar el movimiento en el tablero de la mesa y luego enviar esa información a la PC para que la digiera.

Entre estos dos tipos, el óptico es mejor. Dura más tiempo y es más fácil de limpiar. Además, el óptico no necesita una almohadilla, la cual es necesaria para que la bola del mecánico tenga la tracción apropiada. Un óptico puede trabajar en cualquier superficie que no sea reflectante.

Los juegos para PC, que son siempre la excepción, funcionan mejor con el mecánico, ya que tiene mayor capacidad de respuesta, mientras que el óptico tiene una tendencia a saltar cuando se mueve con rapidez.

inalámbrico

El último grito de la moda en la informática es la tendencia inalámbrica, por lo que el ha ido acortando su cola durante años. Existen dos tipos de inalámbrico:

El inalámbrico infrarrojo (IR): este tipo requiere una línea de visión para funcionar; el envía señales de luz infrarroja a la estación base, la cual las toma de la misma forma que el control remoto transmite información hacia su televisor. Sin embargo, al igual que el control remoto del televisor, si las baterías del están bajas o algo bloquea la línea de visión, el remoto no funciona. En ese caso, diga "¡Tonto!" y tírelo por la ventana.

El inalámbrico de frecuencia radial (RF): a diferencia del inalámbrico infrarrojo, el de frecuencia radial funciona sin necesidad de ver la estación base. De hecho, usted puede ocultar la estación base detrás de la PC (o de una montaña de manuales y libros).

El inalámbrico necesita energía eléctrica en forma de baterías. Éstas se deben reemplazar o recargar de vez en cuando, de lo contrario, el no funciona. La mejor solución para este problema es un cargador. Ahí se pone el cuando no está en uso. De esa manera es más fácil localizarlo y mantenerlo cargado.

Otras especies de

De todos los dispositivos periféricos de la PC, el es el camaleón. El viene en más tipos que las variedades que pueden existir de helados.

El alternativo más común es el que tiene más botones. Los botones adicionales se pueden programar para que realicen tareas específicas, como navegar en la web o pasar páginas cuando usted lee un documento. ¿Cuántos botones? El botón común puede tener cinco botones. El máximo que he visto, sin embargo, ha sido 57 botones. (No estoy bromeando.)

Una variable popular del 🖱 es el *trackball,* el cual es como un 🖱 al revés. En lugar de rodar el 🖱, usted usa su dedo pulgar o índice para rodar una bola en su parte superior. Todo el aparato permanece inmóvil, por lo que no necesita tanto espacio y su cordón nunca se enreda. Este tipo de 🖱 es el preferido de los artistas gráficos porque suele ser más preciso que el tradicional.

Otra mutación de 🖱 que se disfruta en el campo del arte es el 🖱 *stylus,* el cual se parece a un bolígrafo y dibuja sobre una superficie especial. Además es sensible a la presión, lo cual es maravilloso para usarlo en aplicaciones de dibujos y gráficos.

Por último se encuentra el 🖱 *inalámbrico en 3D*, el cual se puede apuntar hacia la pantalla igual que un control remoto de televisión.

Operaciones básicas del 🖱

 El 🖱 de la PC controla un puntero gráfico o cursor en la pantalla. Cuando usted mueve el 🖱 rodándolo por su escritorio, el puntero en la pantalla se mueve de la misma forma. Si lo rueda hacia la izquierda, el puntero se mueve hacia la izquierda; si lo mueve en círculos, el puntero reproduce la misma acción, si lo deja caer de la mesa, su PC se contusiona. (Es una broma.)

Éstas son algunas de las operaciones más básicas del 🖱:

Apuntar: cuando se le pide que "apunte el 🖱", usted lo mueve sobre el escritorio, lo cual mueve el puntero en la pantalla.

Hacer clic: un clic es una presión en el botón del 🖱, presionar y soltar el botón principal, el de la izquierda. Esta acción emite un sonido de clic, de donde sale el nombre de esta maniobra. A menudo se hace clic para seleccionar algo o para identificar una ubicación específica en la pantalla.

Hacer clic derecho: esta acción es igual al clic, pero se usa el botón derecho del 🖱.

Hacer doble clic: esto funciona igual que un solo clic. Aunque usted hace dos veces clic en el mismo lugar, por lo general, el movimiento es bastante rápido. Esto es lo que más se usa en Windows para abrir algo, como un ícono. Ambos clics se deben hacer en el mismo lugar (o cerca) para que el doble clic funcione.

Arrastrar: la operación de arrastre se hace para tomar algo gráficamente en la pantalla y moverlo. Para hacerlo, usted apunta el 🖱 hacia lo que quiere arrastrar y luego presiona y sostiene el botón. Manténgalo presionado, con lo cual se "recoge" el objeto y luego mueva el hacia otra ubicación. Conforme lo mueve (y mantiene el botón presionado) el objeto también se mueve. Para soltar el objeto, suelte el botón.

Arrastre derecho: esta acción es igual a arrastrar, pero en este caso se usa el botón derecho del .

Muchas de estas operaciones básicas se pueden combinar con las teclas. Por ejemplo, Shift+clic significa presionar la tecla Shift en el teclado mientras hace clic con el . Ctrl+drag significa presionar y sostener la tecla Ctrl mientras arrastra un objeto con el .

- ✔ La mejor forma de aprender a usar el es jugar cartas, como Solitario o FreeCell (ambos vienen con Windows). Dominará el en unas pocas horas de frustración.

- ✔ No es necesario que apriete el , agarrarlo con suavidad es todo lo que necesita.

- ✔ Presioner y *suelte* el botón del para hacer clic.

- ✔ Si hace doble clic y nada sucede, puede ser que no lo esté haciendo con suficiente rapidez. Vea la sección "'¡Hacer doble clic no funciona!'" más adelante en este capítulo.

Jugar con el en Windows

En Windows, el se controla, se manipula y se molesta con el ícono en el Panel de control. Al abrir ese ícono aparece el cuadro de diálogo Propiedades del mouse, como se muestra en la Figura 11-4, donde puede hacerle los ajustes necesarios.

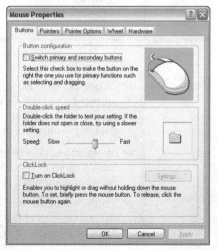

Figura 11-4
El cuadro de diálogo Propie-dades del mouse.

Tome en cuenta que el cuadro de diálogo Propiedades del mouse se puede ver diferente al de la Figura 11-4 y a lo que vea en otro lugar de este libro. Todo depende del 🖱 que use. Aunque algunas pestañas genéricamente son lo mismo, algunas corresponden al hardware del 🖱.

Esta sección cubre algunas de las tareas más útiles que puede llevar a cabo en el cuadro de diálogo Propiedades del mouse en Windows.

"¡No encuentro el puntero del 🖱!"

La pestaña Opciones del puntero en el cuadro de diálogo Propiedades del 🖱 (mouse) (como aparece en la Figura 11-5) cuenta con una cantidad de opciones para ayudarle a ubicar un puntero perdido o solitario. Estas opciones pueden ser útiles, en especial cuando el puntero flota sobre un escritorio muy lleno de cosas.

 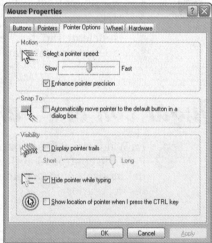

Figura 11-5
Formas de encontrar un 🖱 perdido.

✔ La opción Mostrar rastro del puntero del 🖱 (Display pointer trails) muestra una cola de cometa del puntero conforme usted lo mueve. Al mover el 🖱 o hacer círculos con él se genera un gran destello visual, lo cual le permite ubicar el puntero con rapidez.

✔ La opción Ctrl le permite encontrar el puntero al presionar cualquier tecla Ctrl en el teclado. Esto hace que aparezca un círculo como de radar que encierra la ubicación del cursor.

✔ También puede usar la opción Ajustar A, la cual ubica el puntero específicamente en el botón principal de cualquier cuadro de diálogo que aparezca (pero esta opción me parece molesta).

"¡Hacer doble clic no funciona!"

Si le parece que no puede hacer doble clic, una de estas dos cosas debe estar suce-diendo: está moviendo el puntero un poco entre cada clic o el doble clic está confi-gurado a una velocidad que los dedos humanos no pueden alcanzar.

La *velocidad del doble clic* se define en el cuadro de diálogo Propiedades del , en la pestaña Botones o Actividades. En alguna de esas pestañas se encuentra el área Velocidad de doble clic. Practique su doble clic en el pequeño ícono de la carpeta que aparece a la derecha. Use la barra de des-plazamiento Lento-Rápido para ajustar la velocidad del doble clic para que coincida mejor con su forma de trabajar.

"¡Soy zurdo y los botones están al revés!"

¿Qué pasa con esa demanda judicial a favor de los zurdos?

En Windows, usted puede ajustar el para zurdos en la pestaña Botones (Buttons), como se mostró antes en la Figura 11-4. Coloque una marca junto al cuadro Intercambiar botones primario y secundario (Switch Primary and secondary Buttons). De esa manera, el botón "principal" del se encuentra debajo de su dedo índice izquierdo.

✔ Éste y todos los manuales y libros de informática asumen que el botón izquierdo es el principal. Los *clic derechos* son clic del botón derecho del . Si le dice a Windows que use el para zurdos, estos botones se invierten. Tenga en cuenta que la documentación no refleja esto.

✔ También se puede encontrar un para zurdos diseñado para que su mano izquierda calce mejor que en el diseño estándar.

✔ Así es, no existe una configuración disponible para las personas ambi-diestras, ¡adivinó!

Capítulo 12

Más que una impresora

*É*rase una vez en que las PC estaban acompañadas de un dispositivo periférico llamado *impresora*. El trabajo de la impresora era imprimir o sacar la información electrónica de la PC para colocarla en el papel. Después de todo, mostrarle a alguien un pedazo de papel es mucho más fácil que cargar su PC y su monitor (o el equipo portátil) todo el día. El trabajo de la impresora era sencillo y era un dispositivo humilde. Pero eso era en aquellos tiempos.

Ahora las impresoras por lo general hacen mucho más que sólo imprimir. El grito de la moda es el "todo en uno", o una combinación de dispositivo que no sólo imprime, sino que también se puede usar como escáner, fotocopiadora e incluso hasta como máquina de fax. A pesar de todos sus talentos, todavía se le llama impresora y la impresión básica es el tema de este capítulo.

Esa cosa llamada impresora

La tarea básica de la impresora de su PC es imprimir. Pues sí, también podría escanear, copiar y lavar los platos. Pero en su corazón está un aparatito que coloca tinta en el papel y le proporciona lo que los sabelotodos llaman *hard copy*, algo que usted le puede mostrar al mundo.

Categorías de impresoras

Existen diversas categorías de impresoras, según la forma en que la tinta salpica en el papel, así como otras características. Ésta es una pequeña lista:

- Inyección de tinta
- Láser
- Foto
- Todo en uno
- Impacto

Las impresoras de tinta, foto y todo en uno usan el mismo método básico para colocar la tinta en el papel: pequeñas bolas de tinta salen directamente hacia el papel. Como estas diminutas pelotitas de tinta se pegan al papel, este tipo de impresora no necesita ni cinta ni cartucho de tóner; la tinta se inyecta directamente, de ahí su nombre.

Las impresoras láser principalmente se encuentran en oficinas, ya que pueden hacerle frente a carga pesada de trabajo. La impresora funciona como una fotocopiadora. La diferencia radica en que la PC crea la imagen y la graba con un rayo láser y no con un espejo y la barra mágica de luz móvil que usted observa cuando trata de fotocopiar su mano.

Las impresoras de impacto son las tradicionales de las antiguas PC. Los dos tipos populares son las de matriz de punto y las *daisy wheel* (impresora de rueda tipo margarita). Las impresoras de impacto son más lentas y más ruidosas que los otros tipos. Estas impresoras usan una cinta y algún dispositivo que físicamente golpea el papel. Por esa razón, ahora estas impresoras se usan principalmente para imprimir facturas o formularios con varias copias. No son útiles para uso doméstico.

- Las impresoras de inyección de tinta no provocan desórdenes. Cuando el papel sale, la tinta está seca.

- Una impresora láser que puede imprimir a color se conoce como una impresora láser a color. La impresora láser regular (que no es a color) sólo usa tinta de un color, la cual por lo general es negra.

- Las impresoras de inyección de tinta de menor calidad tienen un precio más bajo porque no son muy inteligentes. No tienen componentes electrónicos internos para ayudar a crear la imagen. En su lugar, a la PC le toca pensar, lo que disminuye su velocidad en gran medida. Cuando usted paga más por una impresora de inyección de tinta, por lo general, las partes inteligentes se incluyen con ella.

- Las impresoras de elevado costo ofrecen salidas de más alta calidad, más velocidad y más opciones de impresión, la posibilidad de imprimir en hojas de papel más grandes y otras opciones sorprendentes.

Un vistazo a su impresora

Tómese un momento para examinar su impresora y busque algunas opciones de utilidad (se mencionan en la Figura 12-1):

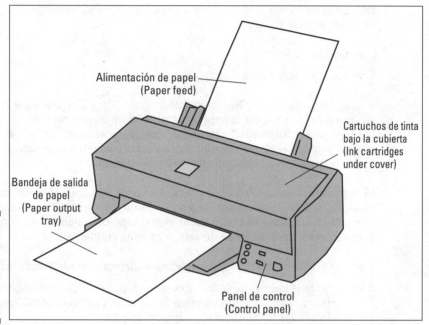

Alimentación de papel
(Paper feed)

Cartuchos de tinta
bajo la cubierta
(Ink cartridges
under cover)

Bandeja de salida
de papel
(Paper output
tray)

Panel de control
(Control panel)

Figura 12-1
Lugares emocionantes en una impresora.

Alimentador de papel: es donde usted almacena el papel en el que luego se imprime. Para obtener mayor información al respecto, vea la sección "Alimentar su impresora. Parte II: el papel", más adelante en este capítulo.

Alimentador manual/de sobres: las impresoras más elaboradas tienen una ranura o bandeja que se usa para alimentar de forma manual papeles especiales o sobres. Puede estar oculta en su impresora y no aparece en la Figura 12-1. Por lo tanto, busque un poco para ver si la suya la tiene.

Bandeja de salida del papel: cuando el papel impreso sale se acomoda en la bandeja de salida. Si el papel sale con la cara hacia arriba, asegúrese de ver la sección "Imprimir al revés", más adelante en este capítulo.

Panel de control: vea la siguiente subsección para encontrar los detalles.

Reemplazo de la tinta o el tóner: las impresoras no imprimen por siempre. En algún momento tendrá que ponerle más tinta. Asegúrese de saber cómo abrirla para encontrar el lugar apropiado. También vea la sección "Alimentar su impresora. Parte I: la tinta", más adelante en este capítulo.

El panel de control de la poderosa impresora

Todas las impresoras tienen un panel de control en algún lugar de su cuerpo. Los modelos lujosos tienen pantallas LCD en las que aparece mucho texto: `Impresora saturada`, `No tengo papel` o `Está plagiando`, por ejemplo. Las impresoras más sencillas puede ser que sólo tengan un par de botones. De cualquier forma, dos botones o características importantes para acceder al panel de control son:

- ✔ On-Line o Select
- ✔ Form Feed (avance de página)

El propósito del botón On-Line o Select es decirle a su impresora si debe ignorar a la PC. Cuando la impresora no está en línea o no está seleccionada, la PC no puede imprimir. La impresora sigue encendida, lo cual es bueno porque puede necesitar acceder a características o hacer cosas que de otra forma no puede hacer mientras está imprimiendo.

El botón Form Feed se usa para sacar una hoja de papel de la impresora. Por ejemplo, si detiene la impresión y sólo media página está impresa, puede usar el botón Form Feed para sacar el resto de esa página. También puede presionarlo cuando quiera que salga una hoja en blanco.

- ✔ La PC sólo puede imprimir cuando la impresora está en línea o seleccionada.

- ✔ Se quita la conexión de la impresora si, por ejemplo, tiene que desatascarla o quiere sacar una página de papel. En algunas ocasiones es necesario apagar la impresora cuando se atasca.

- ✔ Si pareciera que su impresora no tiene un panel de control, quizá se controle por medio de un software de panel de control en Windows. Ésta es una característica de la impresora y no una parte de Windows, por lo tanto, es mejor que lea las instrucciones del manual de la impresora.

- ✔ Las impresoras con paneles de control LCD más grandes por lo general tienen botones de menú para ayudarle a elegir las opciones Online o Form Feed.

- ✔ Las impresoras todo en uno tienen botones adicionales en el panel de control para hacer copias y escanear, por ejemplo. Un programa que venga con Windows probablemente permita un mayor control de las habilidades de la impresora. Tenga en cuenta que esos programas son específicos para su impresora y no son parte de Windows.

- ✔ Tenga a mano el manual de su impresora. Por ejemplo, yo coloco el mío detrás de la impresora, donde siempre lo puedo encontrar. Quizás usted nunca lo lea, pero si su impresora de repente le muestra el mensaje `Error 34`, usted puede buscar lo que ese error significa y la forma de arreglarlo. (Aquí habla la voz de la experiencia.)

Alimentar su impresora. Parte 1: la tinta

Estamos en el siglo XXI, pero la humanidad sigue imprimiendo con tinta y papel, igual que los chinos hace muchos siglos. El tipo de tinta y la forma de almacenarla depende del tipo de impresora que usa.

Las impresoras de inyección de tinta, entre las que se incluyen los modelos de foto y todo en uno, usan *cartuchos de tinta*. Las impresoras láser usan una sustancia de tinta en polvo, llamada *tóner*, que también viene en cartuchos. De cualquier forma, usted siempre gasta mucho dinero en reemplazar la tinta.

Para reemplazar un cartucho de tinta, primero saque el antiguo. Con cuidado quite la envoltura que cubre el cartucho nuevo. Quite cualquier cinta o cubierta según las instrucciones del empaque. Luego inserte el cartucho en la impresora; de nuevo siga las instrucciones que su impresora especifica. Coloque el cartucho antiguo en la caja del cartucho nuevo y deséchelo o recíclelo.

Las impresoras láser requieren cartuchos de tóner listos para colocarse. Son fáciles de instalar y vienen con sus propias instrucciones prácticas. Tan sólo no respire dentro del tóner porque puede morir. Algunos fabricantes venden sus cartuchos con sobres para regresarlos, de manera que usted envía de vuelta a la fábrica el cartucho viejo para reciclarlo o desecharlo de forma apropiada.

Todas las impresoras usan tinta negra o tóner. Las impresoras a color usan tinta negra además de otros tres colores: magenta, cian y amarillo. Las impresoras para fotografías agregan dos colores más, otra variedad de magenta y cian.

En algunas ocasiones, los colores en una impresora de inyección de tinta vienen tres en un cartucho. Así es, eso quiere decir que si sólo un color se gasta, tiene que reemplazar todo el cartucho. Es por eso que recomiendo, en mi libro *Buying a Computer For Dummies* (Wiley Publishing, Inc.), adquirir una impresora con cartuchos separados para cada color de tinta.

✔ Anote el tipo de cartuchos de inyección de tinta que usa su impresora. Tenga a mano el número de catálogo, puede pegarlo con cinta adhesiva en la cubierta de la impresora, de manera que pueda pedir el cartucho apropiado en cualquier momento.

✔ Así es, ellos hacen dinero vendiéndole a usted la tinta. Por eso la impresora es barata. Es como la vieja historia de "regalarles la rasuradora y venderles las navajas".

✔ Muchos vendedores en línea o por catálogo ofrecen precios baratos en tinta y cartuchos de tóner, mejor de los que encuentra en el mercado local o en una tienda de implementos de oficina.

✔ Si el cartucho de tinta tiene boquillas, usted solo lo puede rellenar. En cualquier lugar venden juegos para rellenar cartuchos y son más baratos que comprarlos nuevos todo el tiempo. Sin embargo, estos juegos funcionan mejor si el cartucho tiene boquillas. Si el cartucho no las tiene, es mejor que compre uno nuevo.

✔ Siempre siga con cuidado las instrucciones para cambiar los cartuchos. Los cartuchos viejos pueden regarse y dejar manchas de tinta por todo lugar. Le sugiero que tenga a mano una servilleta de papel y que coloque el cartucho usado en una bolsita plástica antes de botarlo.

✔ CYMK es una abreviatura en inglés para *c*ian, *a*marillo, *m*agenta y *n*egro, los colores de tinta comunes que se usan en las impresoras de inyección de tinta.

✔ ¡No siempre tiene que imprimir a color con una impresora de inyección de tinta! También puede imprimir sólo con tinta negra, con lo cual ahorra el cartucho de color (a menudo costoso). El cuadro de diálogo Imprimir (que se describe más adelante en este capítulo) suele tener una opción que le permite elegir si quiere imprimir con tinta de colores o negra.

✔ La primera vez que en la impresora láser aparece el mensaje `Toner [está] bajo`, puede conseguir unas cuantas páginas más moviendo el cartucho un poco. Muévalo hacia atrás y hacia adelante sin llegar hasta el final. Esto le ayuda a distribuir el polvo del tóner.

✔ Compre guantes de hule (o esos guantes baratos de plástico con los que se parece a Batman) y úselos cuando cambia un cartucho de tinta o de tóner.

✔ Otra opción para un cartucho de impresora láser vacío es recargarlo. Puede llevarlo a un lugar especial que limpia el cartucho viejo y lo vuelve a llenar con tóner fresco. Este proceso funciona y a menudo es más barato que comprar todo un cartucho nuevo.

✔ Nunca deje que el tóner de su impresora se baje o que los cartuchos de tinta se sequen. Quizás piense que aprovechar hasta la última gota de tinta le ahorra dinero, pero no es algo bueno para su impresora.

Alimentar su impresora. Parte II: el papel

Después de consumir tinta, las impresoras comen papel. Por suerte, el papel no es tan costoso como la tinta, así que comprar una o dos resmas no lo dejará en bancarrota. Lo único que necesita saber es por dónde se alimenta el papel.

El papel va en una bandeja de alimentación, ya sea cerca de la parte inferior o superior de la impresora.

En las impresoras láser es necesario que llene una bandeja con papel, parecido a la forma como trabaja una copiadora. Deslice la bandeja para introducirla hasta el final cuando esté llena.

Confirme que esté colocando el papel de forma apropiada, ya sea con la cara hacia arriba o hacia abajo. Tenga en cuenta cuál lado es la parte de arriba. La mayoría de las impresoras tienen dibujos pequeños que le dicen a usted cómo va el papel dentro de la impresora. Ésta es la forma de traducir esos símbolos:

✔ El papel va con la cara hacia abajo, la parte de arriba hacia arriba.

✔ El papel va con la cara hacia abajo, la parte de arriba hacia abajo.

✔ El papel va con la cara hacia arriba, la parte superior hacia arriba.

✔ El papel va con la cara hacia arriba, la parte superior hacia abajo.

Esta información es útil cuando coloca en la bandeja cosas como cheques para usar con un software financiero. Si la impresora no le indica cuál lado va hacia arriba, escriba *Arriba* en una hoja de papel y pásela por la impresora. Luego dibuje su propio ícono (como los que le mostramos antes) que le ayude a orientar las páginas que inserta de forma manual dentro de la impresora.

Asegúrese de tener siempre suficiente papel. Comprar mucho papel no es un pecado.

Tipos de papel

En realidad no existe algo que se pueda llamar una hoja típica de papel. El papel viene en diferentes tamaños, pesos (grados de espesor), colores, estilos, texturas y supongo que sabores.

El papel que puede comprar para propósitos generales es el que se usa para sacar copias. Si quiere mejores resultados de su impresora de inyección de tinta, es mejor conseguir papel específico para inyección de tinta que funciona mejor, aunque debe pagar más por él. El papel para inyección de tinta de mayor calidad y mayor costo es muy bueno para imprimir a color; está diseñado especialmente para absorber bien la tinta.

Al otro extremo se encuentran los tipos de papel especializados, como los papeles fotográficos que vienen con acabados suaves o satinados, las transparencias y las transferencias para camisetas. Sólo asegúrese de que el papel que compra está hecho para su tipo de impresora.

✔ Algunas impresoras pueden usar papel de mayor tamaño, como el legal o el de algunos periódicos. Si es así, asegúrese de colocarlo bien e indicarle a su aplicación que está usando una hoja de papel de tamaño distinto. El comando Archivo(File)⇨Configurar página (Page Setup) es el responsable de seleccionar el tamaño del papel.

✔ Evite usar papeles gruesos porque tienden a atorarse dentro de la impresora. (No pueden doblar bien las esquinas.)

✔ Evite el uso de papel satinado u otros papeles llamativos con cubiertas en su impresora. Estos papeles tienen un talco que deja los trabajos pegajosos.

✔ No permita que la publicidad de papeles caros lo engañe. Su impresora de inyección de tinta puede imprimir casi en cualquier tipo de papel. Aun así, el papel costoso *sí* produce una mejor imagen.

✔ Mi tipo favorito de papel para inyección de tinta es *láser*. Tiene una apariencia refinada y es suave al tacto.

Configurar su amada impresora

Las impresoras son uno de los dispositivos más fáciles de configurar. Luego de sacarla de su caja, busque su cable de poder. Después busque el cable que conecta la impresora a la consola.

¡Muy bien! La impresora no venía con un cable para conectarla a la consola, ¿verdad? No lo trae. Usted tiene que comprar uno adicional. Recomiendo que consiga un cable USB si la impresora es feliz con eso. De lo contrario, compre un cable de impresora bidireccional estándar para PC. Vaya al Capítulo 3 para obtener información para conectar los aparatos.

Revise la hoja de instrucciones de la impresora para ver si primero necesita instalar el software antes de encender la impresora. Si eso no es necesario, enciéndala. Windows reconoce una impresora USB al instante y la configura.

Las impresoras que usan el cable de impresora tradicional o las impresoras en red requieren más trabajo. Vea la sección "Agregar una impresora de forma manual", más adelante en este capítulo.

La mayoría de las impresoras, al igual que las PC, ahora se pueden dejar encendidas todo el tiempo. La impresora automáticamente entra en un modo de baja energía cuando ya no se necesita. Sin embargo, si usted no imprime a menudo (al menos todos los días), está bien apagarla.

✔ Recomiendo colocar la impresora cerca de la consola, como a un brazo de distancia.

✔ Algunas impresoras USB se tienen que conectar directamente a la PC y no a un concentrador USB.

✔ Puede conectar varias impresoras a una sola PC. Siempre y cuando la PC tenga un segundo puerto para impresora o use otro puerto USB o incluso la red, varias impresoras funcionan bien juntas.

Windows y su impresora

La impresión en Windows se da dentro de la ventana Impresoras y Faxes (vea la Figura 12-2). Para llegar ahí, abra el ícono Impresoras y Faxes dentro del Panel

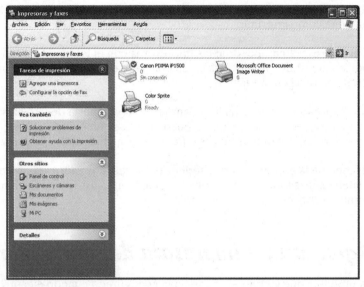

Figura 12-2
La ventana
Impresoras
y Faxes.

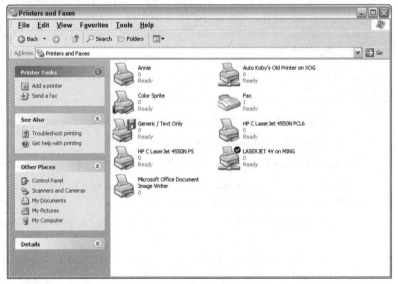

de control. También puede llegar más rápido eligiendo el comando Impresoras y Faxes del menú del botón Inicio (aunque puede que no esté ahí).

La ventana Impresoras y Faxes proporciona una lista de todos los dispositivos de impresión disponibles para su PC. Éstos son algunos de los que puede encontrar:

 La impresora predeterminada: es la impresora que Windows usa automáticamente, la principal o la primera, a la que Windows llama *predeterminada*. La puede reconocer porque está seleccionada.

El fax: este ícono representa el fax de su PC, si es que lo tiene. Enviar un fax funciona como imprimir.

 Una impresora compartida: las impresoras con el ícono de la mano que indica que están compartidas están conectadas a su PC, pero las pueden usar otras personas en la red.

 Una impresora en red: las impresoras con una tubería debajo existen en algún otro lugar de la red. Usted puede usarlas como cualquier otra impresora, pero debe caminar un poco para llegar al documento impreso.

El ícono de la impresora es genérico. Todas las impresoras aparecen en la ventana Impresoras y Faxes con el mismo ícono, por lo que ese ícono no le permite saber el tipo de impresora.

Agregar una impresora de forma manual

Es probable que su impresora se haya configurado cuando ejecutó su PC por primera vez. Windows pregunta por la PC y usted responde unos cuantos temas, y las cosas quedan listas. Pero agregar otra impresora, en especial una que no esté en red o que no sea USB, requiere más trabajo. No es algo difícil, sólo siga estos pasos:

1. **Abra la carpeta Impresoras y Faxes (Printers and Faxes).**

   Vea la sección anterior.

2. **Elija Archivo (File)⇨Agregar impresora (Add Printer) del menú.**

   El Ayudante Agregar impresora inicia.

3. **Haga clic en el botón Siguiente (Next) y siga las instrucciones del asistente.**

   Los pasos varían, según la impresora. Éstas son mis palabras de sabiduría para ayudarle con el Asistente:

   • Deje que el administrador de redes se ocupe de conectar las impresoras de red.

   • No se preocupe por la opción Plug and Play; Windows ya reconoció cualquier impresora con esa característica.

   • Es muy probable que la impresora esté conectada al primer puerto de impresión con el nombre de código LPT1.

   • Si su impresora venía con su propio CD, quizá sea necesario instalar programas de ese CD para comenzar o terminar la instalación. Vea la documentación que venía con el CD.

4. **El último paso de la instalación es imprimir una página de prueba.**

   Cuando la impresora se encuentra bien conectada y todo está bien configurado, verá esa gratificante página de impresión de prueba.

Ahora puede comenzar a usar la impresora. Su ícono aparece en la ventana Impresoras y Faxes.

Configurar la impresora predeterminada

Cuando su PC está conectada o tiene acceso a varias impresoras, usted puede elegir en cuál imprimir cada vez. La opción para elegir una impresora está disponible en cualquier cuadro de diálogo Imprimir, tal como se cubre en la siguiente sección.

Cuando usted no elige una impresora, Windows usa lo que llama la impresora *predeterminada*. Para definir una de las impresoras como la predeterminada, siga estos pasos:

1. **Abra la ventana Impresoras y Faxes, como se mencionó antes en este capítulo, en la sección "Windows y su impresora".**

2. **Haga clic en la impresora que piensa usar con mayor frecuencia.**

3. **Elija Archivo (File)➪Establecer como impresora predeterminada (Set as Default Printer).**

La pequeña marca en el ícono de la impresora confirma que usted ha configurado la impresora predeterminada.

Puede cambiarla en cualquier momento con sólo repetir estos pasos.

Uso básico de la impresora

En Windows, imprimir requiere sólo unos segundos. Todas las aplicaciones usan el mismo comando de impresión. Elija Archivo (File)➪Imprimir (Print) del menú, haga clic en Aceptar (OK) en el cuadro de diálogo Imprimir (vea la Figura 12-3) y en un momento tendrá una copia impresa.

Figura 12-3
Un cuadro de diálogo Imprimir (Print) típico.

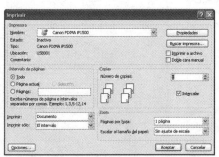

El cuadro de diálogo Imprimir que aparece en la Figura 12-3 es el típico de la mayoría de los programas. Para imprimir el documento completo, sólo haga clic en el botón Imprimir. De lo contrario, puede usar las opciones en el cuadro de diálogo para cambiar lo que va a imprimir y la forma de hacerlo.

Por ejemplo, puede elegir otra impresora de la lista de impresoras disponibles. También puede definir la cantidad de páginas que va a imprimir (Intervalo de páginas) así como la cantidad de copias.

El cuadro de diálogo Imprimir puede tener un botón Propiedades (Properties), Configuración (Setting) u Opciones (Options) que le permite ver otros aspectos más específicos de la impresión y controlar la forma de trabajar de la impresora. Por ejemplo, puede encontrar opciones para definir si la impresión es a color o en tonalidades de gris, determinar cómo aparecen los gráficos y elegir la bandeja de papel que se usará al hacer clic en un botón Opciones o Propiedades.

- ✔ El acceso directo por medio del teclado hacia el comando Imprimir es Ctrl+P.

- ✔ En lugar de desperdiciar papel, mejor use el comando Archivo (File)⇨Vista Preliminar (Preview). Ese comando muestra un pequeño ejemplo de lo que se va a imprimir para que usted pueda examinar el material antes de desperdiciar una hoja de papel.

- ✔ Muchas aplicaciones cuentan con un ícono Imprimir en la barra de herramientas. Si es así, puede hacer clic en ese botón para imprimir rápidamente su documento.

- ✔ El ícono Imprimir en la barra de herramientas no llama al cuadro de diálogo Imprimir, sólo imprime todo el documento. Para que aparezca el cuadro de diálogo Imprimir, usted debe usar Ctrl+P o elegir Archivo (File)⇨Imprimir (Print) del menú.

"¿Dónde puedo establecer mis márgenes?"

El cuadro de diálogo Imprimir sólo se ocupa de imprimir, no del formato. Definir los márgenes, el tamaño del papel y otros aspectos de lo que se va

Figura 12-4
El cuadro de diálogo Configurar página (Page Setup).

a imprimir se lleva a cabo en otro lugar del programa, por lo general en un cuadro de diálogo Configurar página, como se muestra en la Figura 12-4.

Para ir al cuadro de diálogo Configurar página, elija Archivo (File)➪Configurar página (Page Setup) del menú. Al igual que con el cuadro de diálogo Imprimir, cada cuadro de diálogo Configurar página de la aplicación es diferente, por lo que los comandos quizás no siempre estén en el mismo lugar.

- ✔ El cuadro de diálogo Configurar página es donde usted define los márgenes, el tamaño del papel y así sucesivamente, no el cuadro de diálogo Imprimir.

- ✔ Dos opciones que valen la pena observar en el cuadro de diálogo Configurar página son Vertical y Horizontal. *Vertical* es la forma normal en que se imprimen los documentos; *Horizontal* es la impresión con los bordes largos del papel en la parte superior.

- ✔ Use el cuadro de diálogo Configurar página para elegir entre Carta, Legal y otros tamaños de papel. Asegúrese de colocar el mismo tamaño de papel en la impresora.

- ✔ Tome en cuenta que las impresoras no pueden imprimir en toda la hoja de papel. Por lo general hay un margen pequeño alrededor de la hoja o un extremo del papel donde no se puede imprimir. Ésa es la parte de la página que toma el mecanismo de alimentación de papel de la impresora. Su tamaño y ubicación varían de una impresora a otra.

Imprimir al revés

Cuando usted tiene una impresora que saca las hojas de papel con la cara hacia arriba, note que las hojas siempre se encuentran en orden reverso. Esto es, la página 1 está en la parte inferior del montón y la última página está en la parte superior. En lugar de tener que ordenar las páginas todo el tiempo, ¿por qué no dejar que la PC haga el trabajo?

La mayoría de los programas le dan la opción de imprimir al revés. Por ejemplo, en Microsoft Word, usted hace clic en el botón Opciones en el cuadro de diálogo Imprimir. En el siguiente cuadro de diálogo que aparece, marque el objeto Orden inverso (Reverse Print Order). Haga clic en el botón Aceptar y luego haga clic en el botón Imprimir para que su documento se imprima perfectamente.

Imprimir en orden reverso no es una característica de la impresora, es parte del programa que usted usa. Algunos programas tienen esa característica y otros no la tienen.

¡Detente, impresora! ¡Detente!

La experiencia más frustrante que puede tener con una impresora es querer detener una impresión. Eso sucede a menudo.

La forma más sencilla de parar es buscar en el Panel de control de la impresora un botón Cancel o Cancelar. Haga clic en ese botón y toda la impresión se detendrá. Quizá se impriman unas cuantas líneas más y salga una hoja medio impresa, pero nada más.

Si tiene una impresora más antigua (o una barata) sin un botón Cancelar, haga lo siguiente:

1. **Abra la ventana Impresoras y Faxes.**

2. **Abra el ícono de su impresora.**

   Verá la ventana de la impresora, como la que aparece en la Figura 12-5.

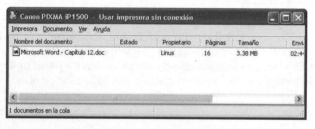

Figura 12-5
La ventana de una impresora.

3. **Haga clic para seleccionar el documento que quiere cancelar.**

4. **Elija Documento (Document)⇨Cancelar (Cancel) del menú.**

   Si quiere cancelar todos los documentos pendientes, elija Impresora (Printer) ⇨Cancelar (Cancel) todos los documentos.

5. **Espere.**

Puede demorarse unos instantes mientras se imprime la última parte de texto. Pero, de verdad, si la impresora sigue tirando páginas en este punto, sólo apáguela. Espere unos segundos y vuelva a encenderla.

Capítulo 13

El maravilloso poder del módem

....

En este capítulo

▶ Comprender los módems

▶ Usar un módem de discado

▶ Obtener velocidad de un módem de banda ancha

▶ Controlar la velocidad de un módem

▶ Agregarle un módem a su PC

▶ Configurar Windows para ver el módem

▶ Configurar su ubicación de discado

▶ Deshabilitar las llamadas en espera

▶ Trabajar con larga distancia local

....

Atrás quedaron los tiempos en que el módem de la PC era un periférico extraño. ¡No estoy bromeando! Con el amanecer de Internet y la popularidad de la web y del correo electrónico, el módem, una vez olvidado, pasó de ser algo adicional a una parte vital de toda PC. Aquí todo se trata de *comunicaciones*. De hecho, es el módem el que trajo el mundo de Internet al escritorio de la PC, y eso es lo que ayudó a colocar más PC de escritorio en las casas y en los lugares de trabajo.

Los módems ya no se consideran componentes opcionales. No sólo eso, los módems son tan comunes que ahora tienen hasta apellido: de discado, DSL, cable y satélite. Obviamente, los módems son importantes; por lo tanto, todo este capítulo trata sobre ellos.

¿Qué hace un módem?

La razón principal para tener un módem ahora es para que su PC se conecte a Internet. De hecho, ésa sería la descripción económica: el *módem* es la caja a través de la cual su PC le grita a Internet y desde la cual Internet le contesta. Así de simple.

El trabajo secreto del módem, el que tendría si fuera un superhéroe, es el de *traductor*. Lo que hace es transformar el lenguaje crudo de unos y ceros dentro de la PC en algo que se puede enviar por líneas de teléfono, por el alambre de su televisión por cable o incluso directo al espacio exterior. Luego, al otro extremo de la línea, otro módem vuelve a traducir esas señales en información que la PC puede comprender y, para hacer la historia corta, esto resulta en dos PC hablando entre ellas.

El módem hace su trabajo tan bien que ni siquiera tiene botones además de un interruptor (si es que lo tiene). Sin embargo, sí tiene luces. Las luces le permiten saber que la PC está encendida, conectada, transmitiendo información y otras operaciones variadas.

✔ *Módem* es una combinación de dos palabras: *mod*ulador y *dem*odulador. A nadie le interesan los detalles técnicos adicionales.

✔ Al igual que con todo el hardware de la PC, usted necesita software para controlar el módem. El software del módem ahora se usa más que todo para hacer que el módem se conecte con Internet.

✔ Los módems de alta velocidad ni modulan ni demodulan. Esos módems se comunican completamente por señales digitales.

✔ Todavía es posible usar los módems de discado de la forma cómo se usaban a principios de la historia de las PC: puede usar su módem para discar y comunicarse con otra PC, siempre y cuando esté configurado con un módem que responda el teléfono y tenga software para que usted pueda hacer algo. En muchas ciudades todavía existen diversos BBS en línea y sistemas personales, aunque la cantidad está disminuyendo con rapidez. El programa de telecomunicaciones en Windows se llama HyperTerminal y se puede encontrar en el menú Todos los programas (All Programs)⇨Accesorios (Accesories)⇨Comunicaciones (Communications) del botón Inicio.

Tipos de módem

En la televisión y en las películas, a menudo aparece el tipo de módem acústico antiguo con enganches, en el que podía colocar el auricular de un teléfono. Uno de éstos aparece en la conocida película de 1983 *Juegos de guerra*. Era una excelente ayuda visual, ¡pero esos módems eran horribles! Tomaban muchos sonidos de la habitación y, como la compañía de teléfonos dejó de hacer teléfonos estándar, pocos auriculares calzaban en los enganches. Por suerte esos días quedaron atrás.

Los módems actuales son difíciles de reconocer a simple vista. En realidad no puedo dar una descripción genérica. Algunos son tarjetas de expansión que habitan dentro de la PC y otros son cajas color crema o gris de poca inspiración que se ubican fuera de la PC. Sin embargo, existen dos categorías de módem definidas:

✔ De discado
✔ De banda ancha

El de *discado* es el tipo tradicional de módem que usa el sistema telefónico. El de *banda ancha* incluye todos los módems de alta velocidad, ya sean módems de cable, DSL o de satélite. Estos últimos se mencionan en esta sección.

El módem tradicional de discado

Los módems de discado se llaman así porque usan líneas telefónicas estándar para transmitir y recibir información. Ésa es la forma en que los módems trabajaron durante años y ése era el único tipo de módem disponible para los usuarios de PC personales hasta que el cable y el DSL aparecieron a finales de la década de 1990.

Casi todas las PC que se venden vienen con un módem de discado preinstalado. El sistema de circuitos del módem puede ser parte del chipset en la tarjeta madre o puede ser que se encuentre en una ranura de expansión, con su sistema de circuitos en una tarjeta de expansión. Este tipo de módem se conoce como módem *interno* porque habita en las entrañas de la PC. Los módems de discado *externo* también están disponibles y habitan dentro de una caja fuera de la consola, aunque cada vez se hacen menos comunes.

Ya sean internos o externos, los módems de discado toman uno de los puertos seriales o COM de la PC. Ésa es la interfaz por la que el módem se comunica con el resto de la PC.

La ventaja del módem de discado es que usted lo puede usar en cualquier lugar que tenga servicio telefónico. Tan sólo conecta el módem en la pared y puede hacer llamadas telefónicas con la PC. No hay cargos adicionales (bueno, además de los de larga distancia o las tarifas telefónicas estándar). Además, ésta es la forma menos costosa de ingresar a Internet.

La desventaja de un módem de discado es que es lento si se compara con otras formas de ingresar a Internet.

 ✔ Los expertos en informática le llaman al módem de discado *banda angosta,* lo cual es un juego con el término banda ancha (de los módems más rápidos).

 ✔ El módem del sistema telefónico antiguo y regular también se conoce como un módem *POTS*. POTS quiere decir Sistema telefónico antiguo regular (Plain Old Telephone System).

Más rápidos que una cuenta telefónica: los módems de banda ancha

Los módems de alta velocidad caen en la categoría de módems de *banda ancha*. Estos módems usan una forma especial para conectarse a Internet a altas velocidades. Su único inconveniente es que usted debe vivir en un área que proporcione el servicio de banda ancha y paga más por el acceso que en el caso de un módem de discado.

Hay tres servicios de banda ancha disponibles: cable, DSL y satélite. Cada uno viene con su propio tipo de módem.

Cable: es el más rápido que puede adquirir, ¡a menudo es más rápido de lo que puede soportar la PC! La única desventaja es que cuando más vecinos suyos comienzan a usar sus propios módems de cable, la velocidad total disminuye. Pero a las 2 a.m., ¡su cable módem hasta *fuma*!

DSL: le proporciona acceso rápido al aprovechar las frecuencias sin uso en líneas de teléfono existentes. El módem se conecta a la línea telefónica, pero todos los otros teléfonos en esa línea requieren filtros especiales. Este tipo es fácil de instalar y, junto al cable, le proporciona las velocidades de conexión más rápidas.

Satélite: combinado con una antena externa y una suscripción al servicio de satélite, ésta es una de las opciones de módem más rápidas disponibles. Procure conseguir un módem de satélite que proporcione opciones de envío y recibo. Evite el servicio de satélite que "sólo descarga".

Sin importar el servicio de banda ancha, usted paga más por la velocidad adicional de lo que paga en el caso de la conexión de discado. Primero, usted paga por el módem (aunque muchos son "gratuitos"). Esto no es malo porque los módems DSL cuestan cerca de US$100 y la mayoría de compañías de cable alquilan sus módems. Los módems de satélite, sin embargo, son costosos porque también incluyen el plato del satélite y su hardware.

Segundo, usted tiene que pagarle a la compañía que proporciona el servicio: a su compañía de teléfono por el DSL, a su compañía de cable por el cable y a su compañía de satélite por el módem de satélite. Es posible que ofrezcan diversos niveles de velocidad a diferentes precios; entre más velocidad, más debe pagar. Pero si usted usa mucho Internet, ¡vale la pena!

- ✔ Banda ancha es sinónimo de acceso a Internet a alta velocidad.
- ✔ DSL quiere decir Digital Subscriber Line o Línea de Suscriptor Digital. Tiene variaciones, como ADSL y otras opciones *algo*-DSL. Su compañía telefónica sabe más acerca de este asunto que lo que yo sé. Básicamente, todo el mundo le llama DSL, sin importar el resto.

Velocidad de módem

La velocidad del módem se mide en *kilobits por segundo.* Así es, *kilobits,* no *kilobytes.* Para darle una idea de la rapidez que es eso, 100 kilobits equivalen a la cantidad de información que usted observa en una línea de texto en este libro. Si este libro apareciera en su pantalla por medio del módem, una línea por segundo, usted tendría una conexión que vuela a 100 *kilobits por segundo* o 100 Kbps.

¿Qué es un null modem?

Un null modem en realidad no es un módem. De hecho, o es un adaptador pequeño o un cable que funciona como un cable de puerto serial estándar (COM), pero con sus alambres reservados. También conocido como par trenzado, un null modem está diseñado para conectar dos PC para que tengan comunicaciones directas.

Por ejemplo, si está pasando archivos de una antigua PC a un sistema más nuevo y el sistema antiguo no cuenta con acceso a red o con un CD-R (los cuales ayudan a que la transferencia de archivos sea más fácil), usted puede adquirir un cable de null modem en una tienda de suministros de oficina junto con un software de transferencia de archivos y usarlos para enviar archivos entre ambos sistemas.

El módem más lento que usted puede adquirir en este momento es un modelo de discado por el que la información vuela a 56 Kbps. Ese módem puede transmitir aproximadamente 14 páginas de información impresa cada segundo.

El módem más rápido que puede adquirir (o alquilar) es un cable módem que corre a 5,000 Kbps, lo cual también se escribe 5 Mbps (megabits por segundo). Son muchísimas páginas de información por segundo o suficiente velocidad para mostrar una imagen de video en tiempo real con sonido.

- ✔ La velocidad del módem es sólo para propósitos de comparación. En pocas ocasiones los módems transmiten información a la velocidad que dicen hacerlo. Eso sucede, pero pocas veces. Por ejemplo, un módem de discado de 56 Kbps por lo general transmite la información como a 48 Kbps. Eso es algo normal.

- ✔ Los valores por encima de 1,000 Kbps pueden escribirse como 1 Mbps o 1 megabit por segundo. En algunas ocasiones, la M y la K se escriben en minúscula: kbps y mbps.

- ✔ En el caso de los módems de discado, Windows muestra la velocidad de la conexión cada vez que el módem se conecta. También puede apuntar el 🖱 hacia el ícono pequeño del módem en la bandeja del sistema para ver la velocidad de su conexión.

- ✔ Puede calcular la velocidad de su módem de banda ancha en línea al visitar un sitio como `www.dslreports.com`.

Instalar un módem

Configurar un módem es tan sencillo que se puede hacer en cuestión de días o incluso más rápido.

Conectar el módem a la consola

Los módems son fáciles de conectar a la PC: los de discado se conectan al receptáculo del teléfono en la pared; los de banda ancha se conectan al puerto de red, o enchufe RJ-45. Para obtener más detalles al respecto, vea el Capítulo 3.

✔ Los módems de cable, DSL y de satélite son externos, de manera que todos se tienen que enchufar en el receptáculo de la pared. Como sugerencia, recomiendo conectarlos en una UPS, lo cual permite que sus señales se mantengan cuando hay interrupciones del fluido eléctrico.

✔ En términos generales, los módems de banda ancha se mantienen encendidos todo el tiempo. No tiene sentido encenderlos y apagarlos. De hecho, si lo hace es posible que lo llamen del servicio de banda ancha para verificar que todo esté bien.

✔ Asegúrese de colocar los filtros o un elemento para proteger de copias ilegales (*dongles*), en cada teléfono que comparte la línea con el módem DSL. Si no lo hace, tiene dificultades para escuchar conversaciones telefónicas en esa línea.

Informarle a Windows de su módem de discado

Windows reconoce de manera automática el USB y ciertos módems internos. En el caso de los módems externos y de esos pocos módems internos revoltosos, usted debe realizar la configuración de forma manual. Para hacer eso se abre el ícono Opciones de teléfono y módem (Phone and Modem Options) en el Panel de control y luego se hace clic en la pestaña Modems.

Para agregar un módem de forma manual, haga clic en el botón Agregar (Add) en la pestaña Módems en el cuadro de diálogo Opciones de teléfono y módem. Eso ejecuta uno de los asistentes de Windows; trabaje en el asistente para que éste detecte su módem y lo instale.

Mi consejo es *no* dejar que el asistente detecte automáticamente su módem; sólo selecciónelo de la lista de fabricantes y modelos o use el CD que venía con el módem.

Después de la instalación, el módem está listo para usarse en Windows. Su nombre aparece en la lista de módems en el cuadro de diálogo Opciones de teléfono y módem (Phone and Modem Options).

✔ La mejor forma de usar un módem es con su propia línea telefónica. Casi todas las casas o apartamentos pueden agregar una segunda línea sin tener que pagar por el cableado adicional. Si es así, pídale a su compañía telefónica que coloque esa línea y úsela con su módem. ¿Por qué? Porque sí.

✔ No puede usar su teléfono mientras su módem está hablando. De hecho, si alguien toma otra extensión en esa línea, enreda la señal y podría perder su conexión, sin mencionar que la persona escucha un sonido espantoso. También vea la sección "Reglas de discado de aquí a la eternidad", más adelante en este capítulo.

✔ Si en algún momento parece que Windows le pierde la pista a su módem, reinicie su PC. A menudo, eso ayuda a que Windows encuentre un módem perdido. Si usted tiene un módem de discado externo, apáguelo y vuélvalo a encender, es posible que Windows de repente lo encuentre.

Informarle a Windows de su módem de banda ancha

Los módems de banda ancha se relacionan más con las redes que con los módems. De tal manera, el módem de banda ancha se configura cuando usted configura su PC para Internet. El mejor lugar para buscar esa información es el Capítulo 18.

Reglas de discado de aquí a la eternidad

Si lo piensa, el sistema telefónico es bastante inteligente. Observe que no hay una tecla Enter en su teléfono. El sistema telefónico es tan listo como para saber cuándo usted marca un número local, de larga distancia o incluso internacional. ¡Tan sólo lo sabe!

El arreglo universal de un módem de banda ancha

Los módems de banda ancha son algo robustos y confiables, pero en ocasiones no funcionan. Un arreglo fácil y sencillo es apagar su módem, esperar y luego volver a encenderlo. A menudo, éste es el empujón necesario para que el módem vuelva a funcionar.

Un módem de discado también necesita saber cuándo se discan números locales o de larga distancia. Pero, a diferencia del teléfono, su módem necesita instrucciones para poder hacer bien algunas cosas. Esta sección proporciona algunas pistas y ejemplos útiles en este sentido.

Definir una ubicación para su módem de discado

Su módem necesita saber un poco sobre discar números telefónicos. Incluso si usted no planea discar ningún otro número más que el que usa para conectarse a Internet, es una buena idea seguir estos pasos:

1. **Abra el ícono Opciones de teléfono y módem del Panel de control.**

2. **Si no hay una ubicación, haga clic en el botón Nuevo (New) para crear una ubicación nueva; de lo contrario, seleccione la ubicación actual y haga clic en el botón Editar (Edit).**

   De cualquier forma, un cuadro de diálogo similar al que se muestra en la Figura 13-1 aparece.

Figura 13-1
Defina aquí las reglas de discado del módem.

3. **Digite un nombre para su ubicación.**

   Mi nombre favorito es "En mi silla", pero la mayoría de la gente pone "Casa" u "Oficina" u "Oficina en Las Vegas" para cuando se supone que están trabajando pero en realidad están apostando.

4. **Complete el resto del material en la pestaña General, según sea necesario.**

Elija su país o región e introduzca el código de área del número telefónico de su ubicación o el código de área de la línea que está discando para salir (si su localidad tiene más de un código de área).

De manera opcional, ingrese los números para deshabilitar la opción de llamada en espera, si tiene esta opción en la línea telefónica del módem. Especifique Tonos (Tone) o Pulsos (Pulse).

Si planea usar el módem para llamar a alguien más que no sea su ISP, es posible que quiera introducir la información en la pestaña Reglas de código de área (Area Code Rules) en el cuadro de diálogo Ubicación (Location).

5. **Haga clic en Aceptar.**

Sólo necesita especificar la información más básica para su módem de discado, en especial si planea dejar su PC en un solo lugar y discar nada más que para ingresar a Internet.

El equipo portátil es una excepción a la regla de ubicación. Para tener información sobre la configuración apropiada de un equipo portátil para discar desde ubicaciones múltiples, vea mi éxito de ventas *Laptops For Dummies* (Wiley Publishing, Inc.).

Lidiar con la opción de llamada en espera

La llamada en espera es una característica útil, pero puede desconectar el módem de la PC en un abrir y cerrar de ojos. Técnicamente, el tono de la llamada en espera es lo que interrumpe la conexión del módem.

La mejor forma de desactivar la llamada en espera se describe en el Paso 4 de la subsección anterior: coloque una marca junto al objeto llamado Deshabilitar llamada en espera (Disable Call Waiting). Luego especifique el código apropiado para su área, ya sea *70 o 70# o 1170 para un discado de pulso.

No tiene que preocuparse por la llamada en espera cuando usa un módem de banda ancha.

Otra forma de lidiar con la llamada en espera es usar un software que le permita escuchar a la persona que lo está llamando mientras está en línea. Visite `www.callwave.com` o `www.buzme.com` para obtener más información sobre ese tipo de producto.

Lidiar con la larga distancia "local"

Las compañías telefónicas parecen disfrutar cuando nos obligan a discar nuestros propios códigos de área para *larga distancia local*. Para tratar con esta situación, use la pestaña Reglas del código de área (Area Code Rules) en el cuadro de diálogo Editar ubicación (vea la Figura 13-1). Haga clic en el botón Nuevo para mostrar el cuadro de diálogo Nueva regla de código de área y luego complete los objetos requeridos para discar los códigos de área que se necesitan para su ciudad. Así es, bueno, al menos hasta que vuelvan a cambiar las reglas.

Capítulo 14

Los sonidos

L as colinas están vivas, con el sonido de la PC.

Hace muchos años, los fabricantes de PC se preguntaban si sus máquinas nuevas deberían tener un altavoz. Incluso los altavoces más baratos aumentaban el costo del producto. Al final, la voz de los usuarios se hizo escuchar: ¡querían equipo que emitiera sonidos!

Las primeras PC tenían altavoces y hardware de sonido sencillo. Más adelante, casi al mismo tiempo que la locura por el multimedia a principios de la década de 1990, las PC venían con sintetizadores incorporados y circuitos sofisticados de generación de sonido. Ahora todo es muy estándar en las PC, así como los altavoces estéreo de calidad y los importantes *subwoofers*. Este capítulo cubre todos los aspectos del sonido en la medida de lo posible.

Su PC puede emitir sonidos

Su PC emite sonidos ya que usa un sistema compuesto por muchas partes, tanto de hardware como de software. En cierta forma, el sistema de sonido es similar al sistema de video: los altavoces, al igual que el monitor, son sólo las partes externas. Muchas otras cosas suceden en el interior de la consola, como se menciona en esta sección.

Hardware ruidoso

Una PC incluye hardware para generar sonido en su chipset, el cual está soldado a la tarjeta madre. El hardware de sonido incluye la habilidad de procesar y reproducir sonidos grabados digitalmente, música de CD así como un sintetizador a bordo para generar música. Para la mayoría de las personas eso es casi todo lo que necesita para usar la PC: jugar, escuchar música y divertirse.

Un hardware de sonido más avanzado se le puede agregar a cualquier PC por medio de una tarjeta de expansión. Esta mejora sólo es necesaria para los fanáticos, personas que componen su propia música o que usan sus PC como el centro de sus estudios de audio. De lo contrario, el hardware de sonido que viene en el chipset es más que suficiente.

✔ El estándar para el audio de la PC es la serie de tarjetas SoundBlaster, fabricadas por Creative Labs. Ahora casi todo el hardware de sonido de la PC es compatible con Sound Blaster.

✔ El sonido estándar de la PC se prueba a 16 bits. Todo lo que necesita saber es que 16 bits es un buen ritmo, mucho mejor que 8 bits. Así es, hay 32 bits disponibles, pero sólo son necesarios para aquellos interesados en trabajo de audio de mayor calidad.

✔ Si su PC no tiene ranuras de expansión, puede mejorarla agregándole un dispositivo de sonido USB externo, como el sistema Sound Blaster Audigy. Ésa es una forma de agregarle mejor sonido al equipo portátil.

Altavoces por aquí y por allá

La mayoría de las PC vienen con un pequeño altavoz interno muy feo, un respaldo. Existe por si usted no le conecta altavoces externos al sistema. De esa forma, en un acto típico de desesperación, el aparato apenas le puede emitir un pitido. Triste, pero cierto.

Por otro lado, es probable que su PC viniera con altavoces externos en estéreo. Si no es así, o si la calidad era muy baja para su gusto refinado, puede mejorar los altavoces para incluir un subwoofer o quizás incluso sonido de ambiente. Es increíble en lo que se puede gastar dinero ahora.

La Figura 14-1 ilustra una disposición común de altavoces en una PC. Tome en cuenta que los altavoces izquierdo y derecho están colocados a la izquierda y a la derecha del monitor si usted lo observa de frente.

En la Figura 14-1, la salida del sonido de la consola se dirige primero hacia el subwoofer y luego hacia los altavoces izquierdo y derecho. En algunas ocasiones el sonido entra primero en uno de los altavoces y luego en el subwoofer. En otras, al altavoz izquierdo se une con un cable directamente al altavoz derecho (o viceversa). En otras palabras, no existe algo estándar para conectar los altavoces.

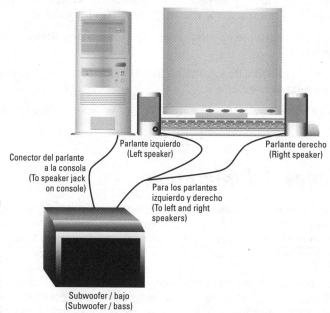

Parlante izquierdo
(Left speaker)

Parlante derecho
(Right speaker)

Conector del parlante
a la consola
(To speaker jack
on console)

Para los parlantes
izquierdo y derecho
(To left and right
speakers)

Figura 14-1
Posible
disposición
de los
altavoces
de la PC.

Subwoofer / bajo
(Subwoofer / bass)

Un paso más allá de la configuración de los altavoces subwoofer izquierdo y derecho es el sonido Dolby, similar al sonido que se usa en un sistema de entretenimiento casero. En esa configuración, los altavoces izquierdos, derechos *y* centrales están junto a la PC. Detrás, usted tiene altavoces de ambiente izquierdos y derechos. Un subwoofer completa el sistema.

El sonido de ambiente Dolby sólo es necesario cuando tanto el hardware como el software de la PC lo soportan. Existen dos estándares: Dolby 5.1, el cual soporta cinco altoparlantes y un subwoofer; y Dolby 6.1, el cual agrega un sexto altoparlante, el trasero central.

✔ Cualquier juego barato de altavoces funciona bien. Si disfruta de escuchar música en la PC, yo pagaría más para tener un mejor juego de altavoces y un subwoofer.

✔ Use sus altavoces con electricidad en lugar de hacerlo con baterías. Si sus altavoces no venían con un adaptador de poder CA, por lo general puede comprar uno.

✔ Recomiendo adquirir altavoces con control de volumen, ya sea en el altavoz izquierdo o en el derecho. Otra bonificación: un botón mudo en el altavoz. Tenga en cuenta que algunos sistemas de altavoces de mayor calidad tienen un control remoto que cuenta con botones de volumen y mudo.

✔ Los altavoces incorporados en el monitor de la PC por lo general son terribles.

✔ *¿Subwoofer?* Es una caja de altavoces, que por lo general se ubica en el suelo frente a la PC y amplifica los sonidos. Los subwoofers le dan vida a los bajos en la música y le dan mayor realce a los juegos.

✔ Vea el Capítulo 3 para averiguar el lugar exacto donde se conectan los altavoces.

✔ Si tiene una tarjeta de expansión de DVD en su PC, asegúrese de conectar los altavoces en ella.

✔ Vea mi libro *Troubleshooting Your PC For Dummies* (Wiley Publishing, Inc.) si tiene problemas para escuchar sonido.

Opciones del micrófono

Cualquier micrófono de mala calidad funciona en una PC. Si para usted la calidad del sonido es importante y usa su PC como un estudio de audio digital, debe invertir más dinero en micrófonos y mezcladores y todo lo demás. Pero si ése no es su caso, cualquier micrófono viejo le servirá.

✔ Dos tipos populares de micrófonos se usan en una PC: condensado y dinámico. Los micrófonos *condensados* se pueden conectar justo en el conector de micrófono de la PC. Los micrófonos *dinámicos* requieren amplificación y pueden funcionar cuando se conectan en el conector Line In, pero quizás requieran un preamplificador para trabajar mejor.

✔ Si planea usar la voz por Internet o para dictar, adquiera una combinación de micrófono con diadema. De esa manera, puede charlar sin tener que sostener el micrófono o colocar una base cerca de su PC.

Divertirse con el sonido en Windows

Si le sobra tiempo, puede convertir su PC para negocios serios en algo divertido agregándole sonidos a Windows. Ésta es un área donde puede invertir muchísimo tiempo. Por supuesto, tenga en cuenta que es configuración importante de la PC, no algo con lo que se está divirtiendo.

Los tipos de archivos que contienen ruido

Los sonidos grabados en una PC son sólo datos en borrador, información digital grabada en un disco duro en contraposición con la información análoga que se encuentra en una cinta de grabación. Al igual que otros datos, el sonido se guarda en un archivo. Se usan tres tipos principales de archivos de audio para la PC: WAV, MP3 y MIDI.

WAV: es un archivo de *onda* básica o audio que contiene una muestra de sonido digital. La mayoría de sonidos que usted escucha en Windows o incluso los sonidos que graba, son archivos WAV.

MP3: son archivos especiales WAV comprimidos que ocupan menos espacio en un disco. Un archivo MP3 típico ocupa 1MB de espacio en el disco por cada minuto de sonido que haya dentro. Estos archivos contienen principalmente pistas de sonido de CD u otras fuentes; cualquier tipo de sonido puede encontrarse dentro del formato MP3.

MIDI: este formato de archivos de música sintetizada no contiene sonido. En su lugar, los archivos MIDI contienen instrucciones que el sintetizador del hardware de sonido lee, el cual luego reproduce de nuevo al igual que un músico leería una partitura.

Puede encontrar muchos otros formatos de archivos de sonido, como AU o AIFF. Los tres de la lista anterior son los más populares en Windows.

- ✔ Windows mantiene sus archivos de sonido en la carpeta Mi música, la cual se encuentra dentro de la carpeta Mis documentos. Vea el Capítulo 21, donde encontrará más información sobre las carpetas.

- ✔ MIDI quiere decir Musical Instrument Digital Interface o Interfaz Digital de Instrumentos Digitales. Es el estándar para la música generada electrónicamente.

- ✔ Existe software para grabar sonidos así como para convertir los sonidos de un formato de archivo a otro. Un programa útil y gratuito que puedo recomendar es Audacity, un editor de audio digital gratuito:

  `http://audacity.sourceforge.net/?lang=es`

- ✔ Por cierto, los archivos de sonido ocupan mucho espacio en un disco. Es por eso que la mayoría de los sonidos digitales son cortos.

Escuchar sonidos en Windows

Escuchar cualquier archivo de sonido en Windows es fácil: sólo haga doble clic para abrirlo. El sonido se escucha en el programa Windows Media Player. Use los controles para iniciar, detener y repetir los archivos de audio que abre. Media Player funciona como un estéreo o reproductor de CD, y los botones tienen los mismos nombres.

- ✔ Vea el Capítulo 24 para obtener más información para crear listas de reproducción de música en Media Player.

- ✔ Una excelente alternativa es el programa Musicmatch Jukebox, disponible en `www.musicmatch.com` (Busque la pestaña Español en la parte superior derecha de la pantalla.)

El lugar de Windows para los sonidos

Usted le puede asignar sonidos a varios eventos, acciones o cosas que hace dentro del sistema operativo de Windows. El lugar donde eso ocurre es el cuadro de diálogo Dispositivos de sonido y audio, que se encuentra en cualquier Panel de control cercano:

1. **Abra el ícono Dispositivos de sonido y audio (Sound and Audio Devices) del Panel de control.**

2. **Haga clic en la pestaña Sonidos (Sounds).**

   El cuadro de diálogo tiene una lista de eventos (varias cosas que hacen Windows o sus aplicaciones). Usted puede aplicarle un sonido específico a cualquiera de esos eventos para que cuando tal o cual cosa ocurre, se produzca un sonido específico.

   Por ejemplo, el evento Parada crítica (algo malo en Windows) está resaltado en la Figura 14-2. El sonido que se asocia con ese evento aparece en la lista desplegable Sonidos como `Parada Critica Windows XP.wav`. Ése es el archivo WAV que se reproduce cuando Windows se detiene peligrosamente.

3. **Seleccione un evento para asignarle un sonido.**

   Por ejemplo, seleccione Notificación de nuevo correo (New Mail Notification), el cual es el sonido que se produce cuando Outlook Express recibe correo nuevo.

4. **Pruebe el sonido actual, si lo hay.**

   Para probar el sonido, haga clic en el botón Reproducir sonido (Play).

5. **Asígnele un sonido nuevo.**

   Para asignarle un sonido nuevo a un evento, haga clic en el botón Examinar (Browse). Eso le permite ingresar al disco para buscar un sonido específico.

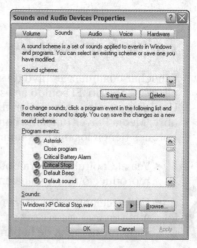

Figura 14-2
Asignarle sonidos a los eventos.

También puede elegir uno de los sonidos preseleccionados en la lista desplegable Sonidos (`Parada Critica Windows XP.wav` aparece en la Figura 14-2).

6. **Haga clic en el botón Aceptar (OK) cuando termine de asignar los sonidos.**

Windows trae varios esquemas de sonido. Cada uno tiene un conjunto completo de sonidos asignados, específicos al tema del esquema. De esa forma, puede seleccionar una sinfonía completa de una vez al elegir un esquema de la lista desplegable Esquema.

Usted puede crear su propio esquema de sonidos personalizado cuando guarda sus sonidos favoritos. Para hacer esto, después de asignar sus sonidos individuales, haga clic en el botón Salvar como (Save As) en el cuadro de diálogo Dispositivos de sonido y audio (Sound and Audio Devices), en la pestaña Sonidos. Póngale un nombre al esquema y luego haga clic en Aceptar (OK). De esa forma puede recuperar de inmediato sus sonidos favoritos al elegir el mismo esquema de nuevo.

✔ Para quitarle un sonido a un evento, elija (Ninguno) (None) en la parte superior de la lista desplegable Sonidos.

✔ Si no puede encontrar un evento en la lista, no puede asignarle un sonido.

✔ El cuadro de diálogo Dispositivos de sonido y audio se usa para asignarle *sonidos* a eventos, específicamente, archivos WAV. Windows no está equipado para reproducir archivos MIDI o MP3 en ciertos eventos.

✔ La mejor fuente de sonidos es Internet. Ahí puede encontrar bibliotecas de páginas llenas de muestras de sonidos. Vaya a Google (`www.google.com`) y busque "archivos de sonido WAV" para encontrarlos.

✔ Vea la sección "Grabar sus propios sonidos", más adelante en este capítulo para obtener más información sobre la grabación de sonidos.

Ajustar el volumen

Para definir qué tan alto reproduce los sonidos su PC, puede ir a dos lugares. El primer lugar es el hardware: la perilla del volumen del sonido en los altavoces de su PC o en el subwoofer, aunque esto sólo funciona si tiene dicha perilla.

El segundo lugar para ajustar el volumen es el ícono Volumen, que se encuentra en la bandeja del sistema. Se parece a un altavoz pequeñito.

Para definir el volumen, haga clic en el ícono Volumen una vez. Use la barra desplazadora en la ventana que aparece para aumentar (up) o disminuir (down) el volumen. También, haga clic en la barra para darse una idea de qué tan alto está definido el sonido.

Para enmudecer el sonido, seleccione el cuadro Silencio (Mute).

Haga clic en cualquier otro lugar en el escritorio para que la pantalla dinámica desaparezca.

Si el aparato de Volumen no aparece en la bandeja del sistema, abra el ícono Dispositivos de sonido y audio del Panel de control. Haga clic en la pestaña Volumen y clic para seleccionar la opción Colocar un ícono de volumen en la barra de tareas.

Usar el control maestro del volumen

Para controlar específicamente el volumen o los dispositivos individuales que producen sonidos, usted necesita usar lo que yo llamo el control maestro del volumen, como se muestra en la Figura 14-3. Es ahí donde puede definir el volumen para diversos tipos de fuentes de sonido en Windows, colocar en mudo fuentes específicas o ajustar las definiciones de estéreo. Es poderoso y misterioso, como ese ingrediente de sabor especial de ciertos platillos.

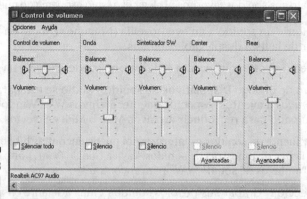

Figura 14-3
El control maestro del volumen.

El control maestro del volumen muestra toda una ventana llena de características de Windows, cada una con su propia barra desplazadora para definir el volumen y su propio botón Silencio. Defina cada aspecto de forma individual según le parezca.

Por ejemplo, si detesta que la música MIDI suene mientras está en Internet (o en cualquier lugar), sólo debe poner en mudo ese objeto específico. Todos los otros sonidos en su sistema siguen sonando, pero los sonidos MIDI están silenciados.

✔ Así es, sé que la ventana se llama Control de volumen (Play Control) en la Figura 14-3, pero en lo personal prefiero llamarle control maestro del volumen. Algún día, Microsoft verá la luz y estará de acuerdo conmigo en este tema.

✔ Use el comando Opciones (Options)⇨Propiedades (Properties) para definir los dispositivos que aparecen en la ventana del control maestro del volumen.

Grabar sus propios sonidos

Gracias a los conectores de entrada de sonido en la consola de su PC, usted puede usarla para grabar cualquier tipo de sonido. Todo lo que necesita es un *cable* para conectar un dispositivo productor de sonidos a las entradas de sonido en su PC.

✔ Para grabar su propia voz, conecte un micrófono en Mic In o en el conector de entrada de línea amplificada.

✔ Para grabar desde cualquier otro dispositivo, conéctelo en Line In o conector de entrada sin amplificar.

En el caso del software, necesitará un programa que le permita grabar de las entradas del circuito de sonido. Recomiendo el programa Audacity (que se menciona antes en este capítulo). Windows también tiene un pequeño programa algo tonto llamado Grabador de sonidos.

Grabar software en la PC funciona como usar una grabadora en el mundo real. Para capturar sonido, prepare la fuente o el micrófono y luego haga clic en el botón Grabar en la pantalla (por lo general, un punto rojo). Para dejar de grabar, hace clic en el botón Detener (un cuadro negro). Para escuchar el sonido, usa el botón Reproducir (un triángulo).

Guarde su trabajo en un disco eligiendo el comando Archivo (File)⇨Salvar como (Save As), de la misma forma que lo haría con cualquier archivo en cualquier aplicación.

✔ Digo que el Grabador de sonidos es un poco tonto porque sólo le permite grabar un minuto de sonido a la vez. Para grabar durante más de un minuto, vaya a esta página web: www.wambooli.com/help/pc/sound_recorder/.

✔ ¡Los archivos de sonido son enormes! Aunque reproducir y recolectar sonidos es divertido, tenga en cuenta que ocupa mucho espacio en el disco.

Hacer que la PC hable y escuche

Sonido. Altavoces. Micrófono. Quizás el día que logre gritarle a la PC y hacer que se mueva no esté muy lejos. Hasta entonces, considere esta sección como la boca y los oídos cibernéticos de la PC.

¿Puede hablar?

Su PC es más que capaz de hablar. La tarjeta de sonido se puede programar para emular la voz humana, usualmente al ejecutar alguna utilidad de voz que viniera con la tarjeta de sonido. No obstante, si su PC no tiene ese programa, entonces tiene disponibles pocas alternativas buenas.

Windows XP viene con un programa de voz llamado Narrador. En lugar de ser un juguete, sin embargo, Narrador está diseñado para ser una herramienta para ayudarles a las personas con problemas visuales a usar la PC. Para ejecutar Narrador, desde el panel de Inicio elija el comando Programas y luego Accesorios (Accesories)➪Accesibilidad (Accessibility)➪Narrador (Narrator). El programa inicia y comienza a leer de inmediato la ventana en la que inicia. Para cerrar Narrador, siga cerrando su ventana hasta que desaparezca.

¿Puede escuchar?

Algunos programas le permiten hablarle a su PC. Usted habla, y el programa interpreta con bastante precisión su voz como texto en la pantalla. Esta tecnología ha estado disponible durante 10 años, sin embargo, todavía está en pañales, en nuestra opinión.

El mayor problema con el dictado es que usted debe entrenar la PC para que comprenda su voz. Esto requiere, como mínimo, tres horas de leer en voz alta mientras ella analiza sus patrones de voz. (Eso toma mucho tiempo; tenga a mano un vaso de agua.) El aspecto positivo es que entre más la entrene, mejor interpreta su voz. ¿Puede hacer esa inversión de tiempo?

✔ El software de reconocimiento de voz está incluido en Microsoft Office XP y Office 2003. Los programas agregan dos íconos nuevos en el Panel de control: Voz y Servicios de texto. Cada uno de ellos controla la forma en que se comunica la PC, ya sea leyendo texto o aceptando la entrada de audio.

✔ Otro paquete de dictado popular es Dragon Naturally Speaking, en `http://www.spain.scansoft.com`.

✔ El dictado funciona mejor con un micrófono de diadema.

✔ Las personas que le sacan el máximo provecho al software de dictado invierten al menos de 9 a 12 horas entrenando la PC para que las comprendan.

✔ Para un mecanógrafo rápido, como yo, hablarle al software no funciona muy bien. Me parece que el modo de voz y el modo para digitar son dos cosas distintas. Además, cambio mucho de opinión, lo cual significa que edito todo el tiempo mi propio texto mientras lo escribo, algo en lo que el software de dictado es muy pobre.

Capítulo 15

¡Todavía más hardware!

El éxito de la PC IBM original se debió a su apertura. La documentación del software y el hardware de la PC estaba disponible para cualquiera que la quisiera. Al publicar la información, IBM motivó a muchas personas a diseñar hardware y escribir software nuevo para su joven máquina. Los resultados valieron la pena. La PC desde entonces se ha convertido en la plataforma de software y hardware más popular de todos los tiempos.

La posibilidad de expansión de la PC continúa hoy. Gracias a sus ranuras de expansión interna y a sus puertos de expansión versátiles, como el USB, usted puede seguir agregando aparatos nuevos en el sistema básico de su equipo. Este capítulo cubre algunas de las opciones más populares o periféricos que usted puede tener en su equipo.

El amplio mundo de los periféricos

Periférico se refiere a cualquier cosa fuera del área principal. Por ejemplo, el sistema nervioso periférico está compuesto por todos los nervios en su cuerpo fuera de su cerebro (el cual se llama sistema nervioso central). La visión periférica incluye cosas que usted puede ver sin mirarlas directamente. Además, la visión nerviosa periférica es lo que los compradores por primera vez experimentan cuando entran en una tienda de computación. Sin embargo en una PC, un *periférico* es cualquier accesorio o equipo auxiliar que usted puede comprar y conectarle.

La variedad de periféricos que puede comprar para su PC es interminable. Los objetos periféricos comunes incluyen escáneres, unidades de discos de todos los tipos, cámaras digitales, cámaras de video y un sinnúmero de juguetes entretenidos.

✔ Todos los periféricos son hardware.

✔ Muchos dispositivos que en algún momento se consideraron periféricos ahora forman parte del sistema de cómputo básico: el ⌐ y el módem, por ejemplo.

✔ Los periféricos le permiten expandir su sistema sin tener que adquirir equipo totalmente nuevo. Usted mismo puede agregar estos dispositivos de hardware adicionales o pedirle a un experto o un consultor en informática que lo haga por usted.

✔ Aunque la palabra *periférico* se refiere a cosas fuera de una PC, también puede agregar periféricos internos, dentro de su consola. (De cierta forma, un periférico se refiere a cualquier cosa más allá de lo que se considera estándar en la PC.)

Instalar un periférico

El asunto de agregar un periférico es pan comido. La mayoría de los periféricos se ubican en la parte externa de la PC. Todo lo que necesita hacer para conectarlos es encontrar el hoyo apropiado y conectar el aparato.

De acuerdo, necesita seguir otras instrucciones cuando agrega un periférico, pero conectar el aparato en el puerto apropiado por lo general es parte de la acción.

Debido a que los periféricos también pueden habitar dentro de la PC, instalar uno puede involucrar abrir la consola y conectar una tarjeta de expansión. De nuevo, este proceso no es tan complicado, pero no es una señal de debilidad si le paga a otra persona para que lo haga.

✔ La mayoría de los periféricos se conectan a enchufes estándar en la parte trasera de cualquier PC. Vea el Capítulo 3.

✔ Los periféricos USB son los más sencillos de instalar. Ni siquiera es necesario que apague su PC. Sólo conecte el cable y estará listo. Vea el Capítulo 7 para obtener los detalles.

Decirle a Windows sobre su hardware nuevo

El *yin* y el *yang* de su PC son el hardware y el software. Por lo general no es posible agregarle hardware a la PC sin tener que agregar algún tipo de software o hacerle algún ajuste. Por suerte, con Windows XP, el software es la parte sencilla; Windows a menudo reconoce instantáneamente el software nuevo y define las cosas por usted de forma automática.

Aunque existe la detección automática de Windows, por favor lea las instrucciones de instalación que vienen con cualquier hardware nuevo. En algunas ocasiones, no hace falta nada más, y en otras, usted necesita primero instalar un software especial. ¿Cómo puede tener certeza? ¡Lea la hoja de instrucciones!

> ✔ La capacidad de Windows para reconocer al instante periféricos nuevos se conoce como *plug and play*.
>
> ✔ El software que controla su hardware es un *controlador*. Cuando alguien dice "Windows necesita un controlador nuevo", no lo está insultando a usted como operador de la PC.

"¡Windows es tonto y no reconoce mi periférico nuevo!"

En algunos casos, Windows se hace el tonto y rehúsa reconocer el hardware nuevo. Esto puede significar que el hardware no se instaló apropiadamente, que el hardware está dañado o, lo que es muy común, que usted está instalando algo que no llama directamente la atención de la PC, como un módem de discado externo.

Cuando Windows se rehúsa a reconocer el hardware nuevo, usted debería ejecutar el asistente Agregar hardware. Abra el Panel de control y luego haga doble clic en el ícono Agregar hardware para ejecutar el asistente.

Conforme el asistente avanza, lea la pantalla. ¡Son consejos importantes! Haga clic en el botón Siguiente o seleccione opciones conforme sea necesario. En unos momentos, su hardware nuevo debería estar instalado y funcionando, y todo estará de maravilla.

El tema más complejo en el asistente Agregar hardware es si le permite a Windows buscar el hardware nuevo o si lo selecciona usted mismo de una lista. En algunas ocasiones suena tentador decirle a Windows: "¡Vaya! ¡Busque ese hardware! ¡Lo reto a encontrarlo!". En otras, elegir usted mismo el dispositivo de una lista es más fácil y rápido.

Periféricos populares

En cada nueva edición de este libro, la lista de periféricos populares se hace más corta. No es porque se hagan menos periféricos, es que cada vez más cosas que se consideraban periféricas ahora se han convertido en características estándar en la mayoría de las PC.

Para motivarse con los periféricos, no necesita ir más allá de su tienda local de suplementos informáticos o de oficina. Ahí, puede inspirarse mientras recorre los pasillos; si ése no es el caso, puede usar las siguientes secciones para encontrar guía.

Unidades de disco externas

Puede expandir fácilmente el almacenamiento de su sistema. ¡Tan sólo instale otra unidad de disco! Agregar un CD-R, un CD-RW, un disco duro, un DVD, un lector de tarjeta de medios o combinaciones múltiples de cada una es algo instantáneo.

La mejor forma de agregar almacenaje externo es por medio del puerto USB. (Si su PC no cuenta con uno, ¡adquiera una tarjeta de expansión USB por US$ 20 y estará en el negocio!) Con el puerto USB, usted puede agregar todos los dispositivos de almacenaje externos que le pueda cargar a su tarjeta.

Una ventaja adicional de los dispositivos de almacenaje externo es que pueden sobrevivir en la configuración actual de su PC. Por ejemplo, mi disco duro FireWire externo puede sobrevivir a mi PC actual y terminar conectado en el modelo del próximo año. De esa forma, no tengo que volver a copiar mi software, sino que más bien conecto la unidad FireWire.

¡Está vivo y habita en la parte superior de su monitor!

Un juguete interesante que le puede agregar a su equipo es una cámara de video. Estos pequeños ojos mecánicos se posan cerca de su PC, por lo general, en la parte superior del monitor. Puede usarlos para grabar películas o imágenes individuales o para enviar imágenes en vivo por Internet, todo depende del software que viene con la cámara.

✔ Si quiere una de esas cámaras que envían imágenes a la web, entonces le sirve una *webcam*. Tengo uno de esos dispositivos en mi oficina. Puede ver las imágenes si visita www.wambooli.com/fun/live/.

✔ Tenga en cuenta que existe una diferencia entre una cámara de video pequeña y barata que se coloca sobre el monitor y una digital para crear películas. No estoy seguro de las diferencias técnicas, pero sí sé que una cuesta como US$ 50 y la otra como US$ 200 (y mucho más).

✔ Asegúrese de que el software que necesita esté incluido con la cámara. Por ejemplo, las videoconferencias sólo son posibles con el software adecuado. La cámara es tan sólo un dispositivo; usted necesita un software para poder usarla.

¡Vamos a escanear!

Los *escáneres* son pequeños dispositivos ingeniosos que funcionan como foto-copiadoras. En lugar de hacer una copia, el escáner convierte la imagen en una imagen gráfica que luego se almacena en su PC. Desde ahí, usted puede modificar

"Tengo algo de dinero y quiero mejorar mi hardware"

Su PC debería durarle en buen estado entre cuatro y seis años. En ese momento, los componentes comienzan a tener problemas. Primero el disco duro y luego otras cosas. Además, después de ese tiempo, la tecnología nueva disponible es mucho mejor que su PC actual por lo que tiene sentido comprar algo nuevo. Mientras tanto, puede mejorar algunos de los componentes de su PC, si tiene el dinero.

Lo primero que debe mejorar es la memoria. Agregarle más memoria a una PC mejora su desempeño sin importar cuánta memoria tenga ya. A las PC les encanta la memoria y la conclusión siempre es "más es mejor".

Lo segundo que se mejora es el disco duro. En lugar de reemplazar el disco duro existente, instale una segunda unidad interna o agregue una unidad externa USB. La capacidad adicional se puede usar para almacenar archivos glotones como los de música, video e imágenes gráficas.

Lo último en lo que se debe invertir dinero es en el microprocesador. Aunque puede mejorar la mayoría de los microprocesadores de las PC, en realidad el costo no vale la pena. Lo repito: pagar por una PC nueva por lo general es mejor que desembolsar un cheque sólo por la CPU.

Para obtener mayor información sobre este tema, vea mi libro *Buying a Computer For Dummies* (Wiley Publishing, Inc.). Ese libro no sólo le indica cómo mejorar su PC, sino también le explica cómo comprar uno correctamente la primera vez para que no tenga que preocuparse por hacer mejoras más adelante.

la imagen, guardarla en el disco, agregarla a un documento o enviarla como documento adjunto en un correo electrónico. Eso es a grandes rasgos.

La Figura 15-1 ilustra el escáner típico de la PC, no porque usted no esté familiarizado con su forma, sino porque a mí me encanta esa ilustración.

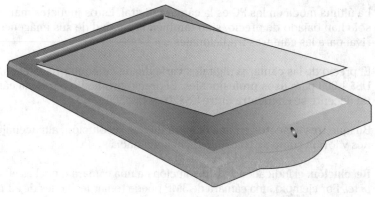

Figura 15-1
Un escáner típico.

Usted debería tener en cuenta unos cuántos puntos importantes cuando adquiere un escáner. Ésta es una pequeña lista:

- ✔ Los escáneres se juzgan según su *resolución,* lo cual se mide por la cantidad de puntos por pulgada (ppp) que puede leer el escáner. Entre mayor sea la resolución ppp, mejor será la imagen escaneada.

- ✔ Si piensa escanear negativos de rollos fotográficos o transparencias, asegúrese de adquirir un escáner con un adaptador de negativos y transparencias.

- ✔ Los escáneres vienen con software. Usted por lo general recibe tres paquetes. El primero es una utilidad que le permite usar el escáner para escanear una imagen. El segundo por lo general es algún tipo de programa de edición de fotos, como Adobe Photoshop Elements. El tercero es un programa OCR que se usa para traducir documentos escritos en texto que se pueden editar.

- ✔ OCR quiere decir *o*ptical *c*haracter *r*ecognition (reconocimiento de caracteres ópticos).

- ✔ Los precios del escáner típico se encuentran entre US $50 hasta más de US$ 1,000. Usted paga más por un escáner de mayor calidad, pero esos los usan principalmente los profesionales en diseño gráfico. Además, los escáneres de precio elevado contienen opciones como alimentadores de hojas (para oficinas de abogados u otras que necesitan escanear grandes cantidades de texto).

- ✔ No se deje engañar si alguien le dice que agregarle un escáner a su PC lo puede convertir en una fotocopiadora. Cierto, usted puede escanear una imagen y luego imprimirla, pero el proceso se demora más tiempo de lo que le tomaría ir a la tienda y sacar unas cuantas copias. (Bueno, quizás no sea tanto, pero escanear e imprimir no son los procesos más rápidos que hace la PC.)

Todas dicen "¡megabyte!"

La última moda en las PC es la cámara digital. Estos juguetes maravillosos no sólo han bajado de precio, sino también la calidad de sus imágenes son un rival para las cámaras tradicionales.

El precio de las cámaras digitales varía desde cualquier bagatela hasta US$ 1,000 para usos profesionales. El precio promedio para una cámara digital decente se encuentra entre US$200 y US$800.

Busque tres aspectos en una cámara digital: resolución, almacenaje de imágenes y forma como se transfiere la imagen hacia su PC.

Resolución: el indicador de la resolución en una cámara digital es el *MP* o *megapixel.* Por ejemplo, una cámara de 3MP puede tomar imágenes de alta calidad que se pueden agrandar a una foto de calidad de 8 x 10 pulgadas. Los valores MP mayores pueden tomar imágenes de mayor resolución que se pueden aumentar todavía más. Los valores MP menores, aunque pueden tomar buenas fotos para un correo electrónico, no se ven bien cuando se agrandan.

Almacenamiento de imágenes: como "rollo digital", la mayoría de las cámaras usan una tarjeta digital capaz de almacenar muchos megabytes de imágenes. Puede sacar la tarjeta y reemplazarla, al igual que un rollo, lo cual le permite a la cámara tomar una cantidad infinita de imágenes.

Llevar la imagen a la PC: lo más importante de tomar en cuenta al seleccionar una cámara digital es la forma como se transfiere la imagen de la cámara a la PC. La mayoría de las cámaras usan un cable especial (como un cable USB) que usted usa para enviar las imágenes al equipo. También pueden emplear un dispositivo que lee la tarjeta de memoria y la monta como una unidad de disco en su PC.

Éstos son otros puntos relacionados con la cámara digital para tomar en cuenta:

✔ Evite cualquier cámara digital con una resolución menor a 3MP. Asimismo, a menos que sea un profesional, no se preocupe por pagar por algo mayor a 6MP.

✔ La mayoría de cámaras usan visores LCD, lo cual quiere decir que debe mantenerlas lejos de su rostro para lograr ver una imagen, como las videocámaras que tienen visores LCD; es justo lo mismo.

✔ Tenga cuidado con las cámaras digitales con muchos botones confusos y mal rotulados.

✔ Prefiero una cámara digital que funcione con baterías estándar. De esa forma, puede encontrar baterías adicionales con facilidad. Las cámaras que usan baterías especiales recargables no tienen un tiempo de respuesta rápido (pero puede ahorrar en baterías a largo plazo).

✔ Compre unas cuantas tarjetas digitales para que siempre tenga un repuesto o tres.

Parte III
Tonterías de las redes

La 5ᵗᵃ ola　　　　　　**Por Rich Tennant**

"Sabes, Jekyll, éste es un sistema con una sola identificación de ingreso. Ya no hay necesidad de tener identidades múltiples."

En esta parte . . .

Hasta hace poco, las redes eran asunto de los expertos de la oficina que recibían un *salario* por hacer esas cosas. Ellos conocían de cables y de aparatos. Conocían los comandos secretos y podían encontrar las impresoras y conectarlas a los discos duros. Sus gabachas blancas eran vestiduras ceremoniales; sus tablillas con sujetapapeles eran sagradas. Lo que decían era irrefutable; su tiempo era muy preciado. Se les ofrecían regalos, bocadillos y pizza. ¡Todo era para el experto en redes!

Las redes de hoy en día no son tan problemáticas como lo eran en ese tiempo. Por supuesto, es posible que la oficina todavía tenga misterios de redes, como "¿dónde está el servidor Exchange?, ¿qué es? y ¿por qué lo necesito?". Pero los aspectos básicos de las redes son para todos: mi abuela tuvo que hacerlo cuando conectó Internet a su router DSL inalámbrico y nos sorprendió a todos cuando envió un correo electrónico desde la terraza mientras escuchaba música. Si mi abuela puede hacerlo, usted también puede. Los capítulos en esta parte explican cómo hacerlo.

Capítulo 16

Aspectos básicos de las redes

Una red informática es como el jardín de infantes: se tiene que aprender a compartir con otros. En el jardín de infantes usted puede colorear y compartir los lápices; en una red informática, puede compartir una impresora a color. También puede aprender sus primeras letras en el jardín de infantes y luego usarlas cuando comparte unidades de disco en una red.

Las redes no tienen sentido cuando sólo tiene una PC. Si tiene más de una y usa un módem de banda ancha, ¡necesita usar una red! Sólo tiene sentido usar una red para que esas PC, al igual que los niños en el jardín de infantes, puedan compartir cosas y portarse bien, bueno… al menos compartir cosas.

Este capítulo ofrece una perspectiva general de redes informáticas básicas para PC y Windows.

Un vistazo general a las redes

Las redes informáticas se tratan de comunicación. Más que eso, se tratan de compartir recursos. Eso suena bien, pero, ¿qué es un recurso?

Un *recurso* es algo que usa la PC para hacer su trabajo. Casi cualquier componente en la PC se puede considerar un recurso, pero los principales son la memoria y el almacenamiento del disco. Al leer este libro, sabrá que tener suficiente de cada uno es ideal para cualquier PC.

Lo que ofrecen las redes es la habilidad de compartir ciertos recursos entre diversas PC. Con una red, usted puede compartir:

✔ Almacenamiento del disco

✔ Impresoras

✔ Módems (acceso a Internet)

Sin importar la ubicación de las unidades de disco, y cuál PC está conectada a la impresora o al módem, la red permite compartir todos esos recursos con todas las PC conectadas a la red.

La red por sí sola, como todo lo demás en la PC, es una combinación de hardware y software. El hardware es lo que se conecta físicamente a las PC y permite la comunicación. El software controla el hardware, permitiéndole al sistema operativo acceder a la red y a usted a esos recursos en otras PC.

Éstos son algunos términos de redes importantes con los que se puede familiarizar:

Ethernet. Muchos tipos de redes se encuentran disponibles en diferentes variedades de hardware y software. La red que se hace en PC y que se describe en esta parte del libro se conoce como *Ethernet*. Este estándar de red indica que se usa un cierto tipo de hardware y que las reglas de cierto tipo de software se deben obedecer. Los aspectos específicos de Ethernet no son en realidad importantes para comprender todo el tema de las redes.

LAN. Cuando usted conecta un grupo de PC para formar una red, esto se llama red de área local o LAN.

Red peer-to-peer (punto a punto, P2P). Una red que sólo conecta PC entre ellas se conoce como una red *peer-to-peer*. En tal esquema, ninguna PC está a cargo; cada una está "en la red", al igual que cualquier otra. Peer-to-peer contrasta con otro esquema llamada *cliente-servidor*. En esa configuración, hay una PC principal, llamada servidor (o una máquina que sólo ejecuta un software de servidor especial). Los servidores no se encuentran con frecuencia en redes peer-to-peer y este libro no cubre el uso de servidores ni la instalación de un software servidor.

Hardware de redes

En el caso del hardware, necesita tres partes para crear la red física. Cada PC debe tener un adaptador de red. Es necesario tener cables para conectar los adaptadores además de la ubicación central o *concentrador,* donde se conectan todos los cables para completar la red. La Figura 16-1 ilustra la forma como luce la red; esta sección brinda los detalles.

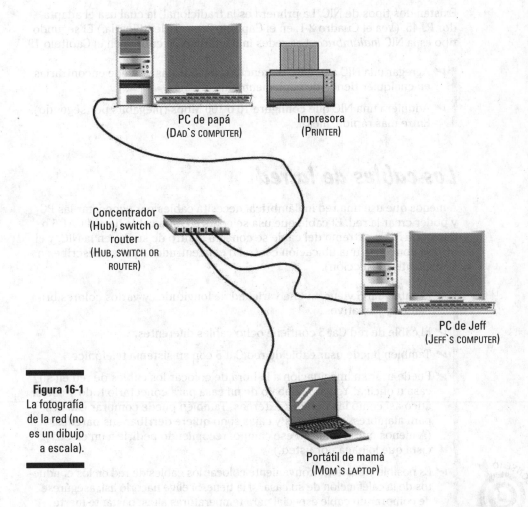

PC de papá
(DAD`S COMPUTER)

Impresora
(PRINTER)

Concentrador
(Hub), switch o
router
(HUB, SWITCH OR
ROUTER)

PC de Jeff
(JEFF`S COMPUTER)

Figura 16-1
La fotografía
de la red (no
es un dibujo
a escala).

Portátil de mamá
(MOM`S LAPTOP)

El poderoso NIC

Para conectar su PC a la red, debe tener el hardware de red Ethernet apropiado. Ese hardware se llama *network information card (tarjeta de interfaz de red)* o *NIC*. También se puede conocer como una tarjeta de Ethernet o un adaptador de red. El circuito en realidad puede estar en una tarjeta de expansión por separado, pero en la mayoría de las PC más nuevas, el hardware viene como parte del chipset en la tarjeta madre.

Existen dos tipos de NIC. La primera es la tradicional, la cual usa el adaptador RJ-45. (Vea el Cuadro 2-1, en el Capítulo 2, para identificarla.) El segundo tipo es la NIC *inalámbrica*. Las redes inalámbricas se cubren en el Capítulo 19.

- ✔ Agregar una NIC a una PC es sencillo; son baratas y puede encontrarlas en cualquier tienda de suplementos de oficina.

- ✔ Adquiera una NIC que configure 10 o 100 Mbps (megabits por segundo). Entre más rápida, mejor.

Los cables de la red

A menos que use una red inalámbrica, necesita cables para conectar las PC y poder crear la red. El cable que usa se conoce como cable de red CAT 5 o Categoría-5. Un extremo del cable se conecta dentro de su PC, en la NIC, y el otro se conecta a una ubicación central o concentrador (que se describe en la siguiente subsección).

- ✔ El cable Cat 5 viene en una variedad de longitudes y varios colores brillantes y llamativos.

- ✔ El cable de red Cat 5 contiene ocho cables diferentes.

- ✔ También puede usar cable de red Cat 5 con su sistema telefónico.

- ✔ Puede usar su imaginación a la hora de colocar los cables de red en su casa u oficina. Yo gateo debajo de mi casa para conectarlo todo y uso el ático así como las paredes externas. También puede comprar canales para alambres, conectores y cajas si no quiere derribar sus paredes. (A menos que trabaje en ese campo, recomiendo pedirle a un electricista que lo haga por usted.)

- ✔ Es posible y bastante conveniente colocar los cables de red en los conductos de la calefacción de su casa, si la tiene. Si elige hacerlo así, asegúrese de comprar un cable especial para temperaturas altas, bastante fuerte para que pueda soportarlas. Se llama cable *plenum* y no es nada barato.

- ✔ Así es, los ductos de la calefacción están mugrientos.

- ✔ Si los cables lo vuelven loco, sea inteligente y use una red de tipo inalámbrico, como se describe en el Capítulo 19.

Concentradores, interruptores y routers

Todos los cables de red de la NIC de cada PC llegan a una ubicación central, al corazón de la red. En esa ubicación se encuentra una caja dentro de la cual todos los cables de red se conectan, y donde se conectan todas las PC. Esa caja se conoce como un *hub o concentrador,* como se mostró anteriormente en la Figura 16-1.

Un concentrador es básicamente una caja tonta que contiene los cables apropiados para permitirle al hardware y al software usar la red. Por supuesto, podría intentar poner todos esos cables en un solo nudo grande, pero ya se ha comprobado que eso no funciona. Además, soldar todos los cables disminuye demasiado la velocidad de la red. No, lo que tiene que usar es el concentrador.

Por un poco más de dinero, puede comprar una versión más inteligente de un concentrador, llamada *switch*. Hace lo mismo que el concentrador, pero tiene más cerebro y permite que su red trabaje más rápido y con mayor eficiencia.

El tipo de concentrador más inteligente que puede adquirir es un *router*. Es bastante sofisticado y tiene la capacidad de administrar cientos de PC en red y de lidiar con el tráfico de Internet.

¿Cuál debería adquirir? Sencillo: si sólo tiene dos PC y la velocidad no es de importancia, adquiera un concentrador. Si quiere un mejor desempeño, adquiera un interruptor. Si la red está conectada a Internet, el router es una necesidad.

El papel del software en la red

Por suerte, Windows XP tiene el mejor software de red de cualquier versión de Windows, en especial con respecto a la configuración de la red básica peer-to-peer, tal como se ha mencionado en este libro. Por suerte, no tiene que comprar nada más.

El software NIC (controlador)

Si acaba de instalar hardware de redes en su PC, revise la documentación que venía con el NIC. Quizás necesite instalar algún software para ayudarle a la PC a reconocer y usar el NIC. También podría existir software para diagnosticar y reparar los daños. En cualquier caso, ese software debe instalarse antes de configurar la red en su PC.

Si el NIC venía con su PC o el software se encuentra en la tarjeta madre, todo está listo.

Definir la configuración de la red

 Es muy probable que Windows haya configurado la red de forma automática por usted. Sólo para estar seguro, ¿por qué no revisa la ventana Conexiones de red? Para llegar ahí, abra el Panel de control y luego abra el ícono Conexiones de red. La pantalla que observa puede ser parecida a la de la Figura 16-2.

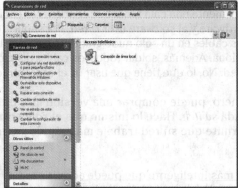

Figura 16-2
La ventana
Conexiones
de red
(Network
connec-
tions).

Si observa un ícono Conexión de área local en la ventana, como se muestra en la Figura 16-2, todo se encuentra configurado y listo para trabajar. Sin embargo, le sugiero que siga leyendo las siguientes subsecciones para familiarizarse mejor con algo de jerga de redes y para conocer más detalles. Eso le puede ayudar después en caso de necesidad.

Si no hay un ícono Conexión de área local o si lo único que observa son conexiones de discado, necesita configurar el software de red en Windows. Ubique el área en el extremo izquierdo de la pantalla que dice Tareas de red (Network Tasks). Luego haga clic en el vínculo en el área Configurar una red doméstica o para pequeña oficina (Set Up a Home or Small Office Network). De esta forma se ejecutan uno o dos asistentes; siga las instrucciones que aparecen en la pantalla.

Cuando termina, la red debería estar funcionando. Tenga en cuenta que para que funcione una red, al menos debe tener *dos* PC conectadas de forma apropiada. Vea la sección "Probar la red", al final de este capítulo para obtener más información.

✔ Si su PC tiene más de un adaptador de red (NIC), usted observa un ícono para cada conexión en el cuadro de diálogo Conexiones de red.

✔ Si tiene conexiones telefónicas, éstas aparecen en un área separada en la ventana Conexiones de red y son de discado.

✔ Tenga en cuenta la útil área Solucionar problemas de red en el panel Ver también.

El cuadro de diálogo Propiedades de una conexión a red

Para ensuciarse las manos con el asunto del software de red, necesita ver el cuadro de diálogo Propiedades para su ícono Conexiones de red. Éste es el lugar adonde se debe ir para confirmar las configuraciones de red y para cambiarlas. En especial cuando usted configura una red por primera vez, es una buena idea saber dónde y cómo ver este cuadro de diálogo Propiedades. He aquí los detalles:

1. **Abra la ventana Conexiones de red (Network connections).**

   Vea la subsección anterior.

2. **Haga clic derecho en el ícono de su red.**

   El ícono aparece en el margen.

3. **Elija Propiedades (Properties) del menú contextual.**

   Usted observa un cuadro de diálogo Propiedades, como se muestra en la Figura 16-3. Ésta es una referencia de lo que es cada cosa:

Figura 16-3
El cuadro de diálogo Propiedades de conexión de área local (Local Area Connection Properties)

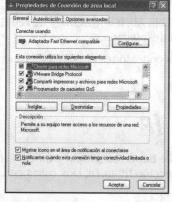

- El nombre oficial de su NIC aparece sobre la pestaña General.

- Tres tipos de objetos aparecen en lista en el centro del cuadro de diálogo: Clientes, Servicios y Protocolos.

- Cliente para redes Microsoft es lo que le permite a usted hacer redes peer-to-peer con otras PC de Windows en la red.

- Compartir impresoras y archivos para redes Microsoft le permite acceder y compartir unidades de disco en red e impresoras.

- El asunto del Protocolo de Internet (TCP/IP) gobierna la Ethernet. Es un conjunto de reglas y otras cosas.

- Recomiendo seleccionar Mostrar ícono en el área de notificación al conectarse. Vea la subsección "Los pequeños chicos en la red", más adelante en este capítulo.

4. **Cierre el cuadro de diálogo Propiedades (Properties) cuando termina de completar la partida.**

En términos generales, casi nunca es necesario que manipule las configuraciones en el cuadro de diálogo Propiedades, pero es importante conocer su ubicación en caso de que lo sea, en especial para resolver problemas. La siguiente subsección también hace uso del cuadro de diálogo.

Los pequeños chicos en la red

Si le hizo caso a mi anterior consejo en este capítulo, usted nota el ícono Los pequeños chicos en la red en la parte de la bandeja del sistema de la barra de tareas. Esos chicos aparecen cuando la red está conectada y parpadean durante los períodos de actividad en la red.

- Apunte el 🖱 en una conexión para que una burbuja le ofrezca un pequeño resumen de red.

- Puede hacer clic en el ícono Los pequeños chicos en la red para ver el cuadro de diálogo Estatus de la conexión (vea la siguiente subsección).

- Haga clic derecho en el ícono y elija Abrir conexiones de red del menú contextual para ver esa ventana desplegada.

- Tenga en cuenta que si tiene dos conexiones a red, usted observa dos chicos, uno para cada conexión.

Revisar su dirección IP

Al igual que todas las casas en su calle tienen su propia y única dirección, cada PC en la red debe tener una dirección IP única. Dos casas con la misma dirección crearían una confusión.

La dirección IP se puede ingresar ya sea de forma manual o puede asignarla una sola PC en la red o un router. Para revisar la dirección IP, siga estos pasos:

1. **Abra la ventana Conexiones de red (Network Connections).**

2. **Haga doble clic para abrir su ícono Conexiones de red.**

   El cuadro de diálogo Estatus (Status) de la conexión aparece. La pestaña General le proporciona alguna información acerca de la conexión. Principalmente, puede determinar que la red está funcionando en buenas condiciones porque dice estatus (Support): Conectado y el área Actividad indica la información enviada y recibida.

3. **Haga clic en la pestaña Soporte (Support).**

   En la pestaña Soporte, usted encuentra la Dirección IP en la lista. Es uno de esos números con puntos, como 10.0.1.1 o algo parecido. También encuentra en la lista otros dos valores importantes:

   • La máscara de subred, la cual le ayuda a la Ethernet a encontrar PC locales en la red.

   • La puerta predeterminada, que se requiere cuando su LAN también está conectada a Internet. La puerta por lo general es la dirección IP del router.

4. **Haga clic en el botón Cerrar (Close).**

Las direcciones IP que comienzan con 192.168 o 10.0 se usan sólo para la red local. Otras direcciones IP se usan en Internet y sólo las puede asignar un ISP o alguien con autoridad para asignar esos números. De lo contrario, las direcciones IP que puede ver comienzan con 192.168 o 10.0.

Asignar una dirección IP de forma manual

En la mayoría de las situaciones, usted asigna la dirección IP de forma automática o *dinámica*. Esto sucede cuando usa un router para conectar su red y éste se ha configurado para repartir direcciones IP. También sucede cuando usted usa una conexión compartida a Internet, como se cubre en el Capítulo 18. Además, puede suceder si usted sólo tiene una PC conectada a un módem de banda ancha. Cuando esto no sucede, usted debe asignarle manualmente una dirección IP a cada PC en la red.

Para asignar una dirección IP de forma manual, se usa el cuadro de diálogo Propiedades de la conexión a red. Éstos son los detalles:

1. **Abra la ventana Conexiones de red (Network Connection).**

2. **Haga clic derecho en el ícono de su red y elija el comando Propiedades (Properties) del menú dinámico.**

3. **En la pestaña General, haga clic en el objeto rotulado Protocolo de Internet (Internet Protocol), TCP/IP.**

4. **Haga clic en el botón Propiedades (Properties).**

   El cuadro de diálogo Propiedades TCP/IP aparece, como se muestra en la Figura 16-4.

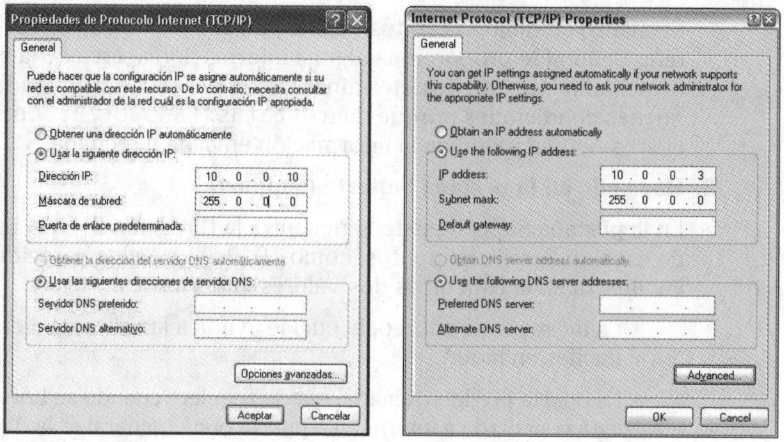

Figura 16-4
El cuadro de diálogo Propiedades de protocolo Internet TCPI/IP.

Si tiene una PC en red que distribuye direcciones IP o si usa una conexión compartida a Internet (vea el Capítulo 18) o si tiene un router que asigna direcciones IP o una PC que ejecuta el programa DHCP, usted puede elegir la opción Obtener una IP automáticamente (Obtain an IP Address Automatically); entonces salte al Paso 8.

5. **Digite una dirección IP para la PC. Digite** 10, **presione Tab, digite** 0, **presione Tab, digite** 0, **presione Tab y luego digite un número.**

   Cada PC en su red debe tener una dirección IP única.

6. **Introduzca** 255.0.0.0 **como la máscara de subred.**

7. **Deje todo lo demás de lado.**

8. **Haga clic en Aceptar (OK) y cierre cualquier cuadro de diálogo o ventana que se encuentren abiertos.**

La parte más importante de estos pasos es asegurar que no haya dos PC en la red que usen la misma dirección IP. Si eso sucede, la red no funciona.

Definir el nombre de red de su PC y el grupo de trabajo

Todas las PC en la red deben tener un nombre de red. Para la red de Windows peer-to-peer, además todas deben pertenecer al mismo grupo de

Obtener la dirección MAC

Junto con la dirección IP, otro número único que se le asigna a cada PC que usa Ethernet es algo llamado dirección MAC. A diferencia de la dirección IP, sin embargo, la dirección MAC es un número único asociado a su hardware de red, el NIC. No hay dos NIC con la misma dirección MAC, principalmente como medida de seguridad.

Para ver las direcciones MAC que se usan en el NIC de su PC, abra la ventana Conexiones de red (Network Connections) y haga doble clic para abrir el ícono Conexiones de red. Haga clic en la pes-

taña Soporte (Support) y luego en el botón Detalles (Details). El cuadro Detalles de conexiones de red (Network Connections Details) proporciona una lista de direcciones MAC que son como las "direcciones físicas". Muestran hasta seis pares de valores separados por guiones. Los valores incluyen los números del 0 al 9 y las letras de A a F.

Quizás necesita conocer este valor cuando configure un router o haga otras cosas con la red.

MAC quiere decir Control de acceso a medios (Media Access Control).

trabajo. Ésta es la forma de revisar o de asignar el nombre de PC así como el nombre del grupo de trabajo:

1. **Haga clic derecho en el ícono Mi PC en el escritorio.**

2. **Elija Propiedades (Properties) del menú contextual.**

3. **Haga clic en la pestaña Nombre de equipo (Computer Name).**

4. **Digite una descripción para su PC en el cuadro de texto Descripción del equipo (Computer Description).**

   La descripción ayuda a identificar después la PC cuando su ícono aparece en una ventana de red.

5. **Haga clic en el botón Cambiar (Change).**

6. **Introduzca o cambie el nombre de la PC (si es necesario).**

7. **Introduzca un nombre de grupo de trabajo nuevo.**

   Yo uso nombres individuales en mayúscula. El nombre deber ser el mismo para que todas las PC en un grupo de trabajo se puedan ver entre ellas. Cambiar este nombre también afecta a otras PC en la red que estén conectadas al suyo.

8. **Haga clic en Aceptar (OK) para definir los nombres nuevos en el cuadro de diálogo Cambios en el nombre de equipo (Computer Name Changes).**

9. **Haga clic en Aceptar (OK) para cerrar el cuadro de diálogo Propiedades del sistema (System Properties).**

Para una red pequeña, los nombres son sólo de muestra. Aun así, ayuda para saber con cuál PC se está comunicando en una red. Es por esa razón que le puse a mis PC nombres en lugar de números tontos o cosas extrañas que sólo yo podría entender.

✔ El nombre de red de la PC no puede ser el mismo que el de otra PC en la red.

✔ Los grupos de trabajo son tan sólo una forma de dividir una red grande en pedazos más fáciles de manejar. Incluso si tiene una docena de PC, está bien mantenerlas a todas en el mismo grupo de trabajo.

✔ Después de asignarle a su PC un nombre, no lo cambie. Eso podría dañar las conexiones que han hecho otras PC en la red.

✔ No se complique con nombres de grupos de trabajo múltiples si lo que pone en red son PC sólo en su casa o en una oficina pequeña. Créame, es mucho lío.

Probar la red

La red está funcionando cuando su PC puede "ver" otras PC en ella. Para verlos, abra el ícono Mis sitios de red en el escritorio. Ese ícono también puede existir en el menú del botón Inicio.

En la ventana Mis sitios de red (My Network Places), ubique en el extremo izquierdo el panel Tareas de red (Network Tasks). En la lista, hay un texto que dice "Ver equipos del grupo de trabajo". Haga clic en ese texto para ver todas las demás PC en la red y en su grupo de trabajo. Deben verse parecidos a la que puede apreciar en la Figura 16-5.

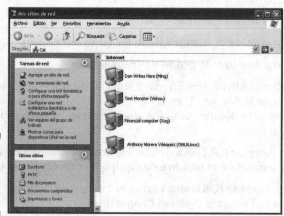

Figura 16-5
Otras PC en el grupo de trabajo.

Tenga en cuenta que el nombre de la ventana es el mismo que el nombre del grupo de trabajo. En la Figura 16-5, el grupo de trabajo se llama Cat. Tres PC están presentes; aparecen primero por su descripción y luego por su nombre entre paréntesis.

Si no observa ninguna PC en la lista, haga la siguiente revisión:

✔ Asegúrese de que cada PC tenga su propia dirección IP única.

✔ La máscara de red para cada PC necesita también ser la misma.

✔ Todas las PC deben estar en el mismo grupo de trabajo.

✔ Revise las conexiones de red.

✔ Asegúrese de que el concentrador, el interruptor o el router esté encendido.

✔ Vaya a otra PC y revise su ventana Mis sitios de red para ver si el problema es en una vía o en ambas.

✔ Reinicie Windows.

✔ Ejecute Solucionar problemas de red (Network Troubleshooter), como se mencionó en la sección "Definir la configuración de la red", más atrás en este capítulo.

Capítulo 17

Abusar de la red

- -

En este capítulo

▶ Encontrar sitios de red en Windows

▶ Ubicar carpetas e impresoras compartidas

▶ Compartir las carpetas y las impresoras de su PC

▶ Usar carpetas e impresoras compartidas

▶ Conectar una unidad de red

▶ No compartir carpetas e impresoras

- -

Conectar su PC en una red amplía en gran medida los campos de acción. Ya no está limitado a usar los recursos de su propia PC. ¿Recuerda la locura de Pedro cuando tuvo la impresora a color nueva en su oficina? Bueno, en cuanto estuvo conectado en red, *todos los demás* pudieron usarla. Pobre Pedro, ¿no cree?

Las redes tienen que ver con comunicaciones y con compartir recursos. En cuanto la red está funcionando, muchos recursos están a su alcance. Windows proporciona una gran cantidad de herramientas para usar recursos en la red, para tomar y usar unidades de disco en red e impresoras, así como para sacrificar las unidades de disco e impresoras en su propia PC. Este capítulo le indica cómo se hace todo eso.

Sitios de red en Windows

Windows tiene diversas formas de echarle un vistazo a la red y de ver cuáles recursos de red están disponibles. Esta sección le dice lo que es cada cosa y todos los detalles relacionados.

Archivos compartidos en la ventana Mis sitios de red

La ventana principal de la red en Windows se llama Mis sitios de red. Es un ícono en el escritorio o en el menú del botón Inicio, que abre una ventana también llamada Mis sitios de red, como se muestra en la Figura 17-1.

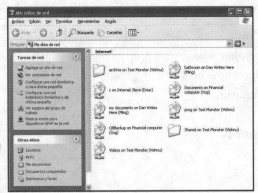

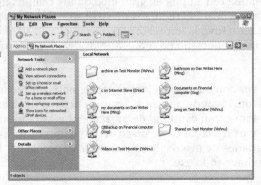

Figura 17-1
La ventana Mis sitios de red (My Network Places).

Cuando su PC inicia por primera vez, Windows se dirige a la red e identifica todas las otras PC en la red. Luego proporciona una lista de documentos compartidos que están disponibles en cada red de la PC. La ventana Mis sitios de red le muestra un resumen de cualquier carpeta compartida en esas PC.

Las carpetas compartidas aparecen como íconos de carpeta, pero con una "tubería" debajo. Entonces, se le proporciona el nombre a la carpeta compartida, seguido de la palabra "en" y luego la descripción de la PC en red. El nombre de la PC en red aparece entre paréntesis.

Abrir una carpeta compartida le permite ver y acceder a archivos dentro de esa carpeta, igual que en Windows, pero los archivos de verdad existen en otra PC en la red.

✔ Windows XP de forma automática coloca todas las carpetas compartidas en red para desplegarlas en la ventana Mis sitios de red. Cualquier recurso nuevo que se pone a disposición aparece en la ventana como por arte de magia.

✔ Las carpetas compartidas en su propia PC también aparecen en la ventana Mis sitios de red. Aparecen como íconos de carpetas regulares, sin la tubería.

✔ Usted puede asignarle una letra de unidad a cualquier carpeta compartida, para que esa carpeta forme parte del sistema de discos de su propia PC. Vea la sección "Conectar a una unidad de red", más adelante en este capítulo.

✔ Usted puede abrir los íconos en la carpeta Mis sitios de red. Abrir un ícono de una carpeta hace que Windows acceda a la red y luego informe acerca de los contenidos de esa carpeta. Pero en su PC usted observa los contenidos de la carpeta desplegados como si fuera una carpeta de su propia PC.

✔ El objeto Ver conexiones de red en el panel Tareas de red abre la ventana Conexiones de red, otro lugar útil de redes en Windows. Vea el Capítulo 16 para obtener más información.

✔ Puede guardar sus sitios favoritos de Internet, específicamente sitios FTP, en la ventana Mis sitios de red. Esto se hace con un clic en el vínculo Agregar un sitio de red en el panel Tareas de red, al lado izquierdo de la ventana. Eso es todo lo que tengo que decir al respecto aquí.

✔ La carpeta Mis sitios de red se llama Entorno de red (Network Neighborhood) en otras versiones de Windows. Ambos términos se refieren a lo mismo.

Impresoras compartidas

Además de buscar carpetas compartidas, Windows registra la red para buscar impresoras marcadas como "con conexión". A diferencia de las carpetas, sin embargo, las impresoras compartidas no aparecen en la ventana Mis sitios de red. En su lugar, aparecen en la ventana regular Impresoras y Faxes (Printers and Faxes), como se muestra en la Figura 17-2.

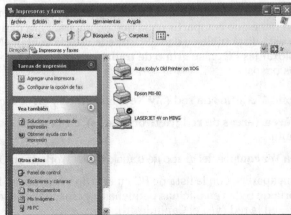

Figura 17-2
Las impresoras compartidas aparecen aquí.

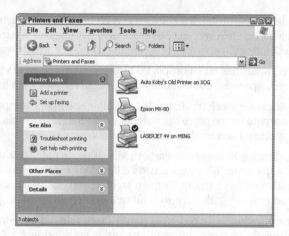

Para ver la ventana Impresoras y Faxes, abra el Panel de control y luego abra el ícono Impresoras y Faxes.

Las impresoras en otro lugar de la red aparecen como íconos de impresoras con tuberías de red debajo. Las que están directamente conectadas a su PC también aparecen, pero sin la tubería (vea la Figura 17-2).

- ✔ Vea el Capítulo 12 para obtener más información sobre las impresoras y la impresión.

- ✔ Vea la sección "Compartir una impresora", más adelante en este capítulo, para obtener más información sobre compartir impresoras conectadas a su PC. Vea la sección "Usar una impresora en red", cerca del final de este capítulo, para más información.

Las PC en red y sus recursos compartidos

Windows le permite ver sólo aquellos recursos disponibles para compartir en la red y usted no tiene que compartir nada que no quiera. Para darle un breve vistazo a lo que está disponible en cada PC, puede usar la ventana Mis sitios de red para explorar las PC en su grupo de trabajo y ver lo que se puede compartir. Siga estos pasos:

1. **Abra el ícono Mis sitios de red (My Network Places) en el escritorio.**

2. **Ubique el área Tareas de red (Network Tasks), en la parte izquierda de la ventana.**

3. **Elija la tarea Ver equipos del grupo de trabajo (View Workgroup Computers).**

   Una ventana aparece con la lista de PC en el grupo de trabajo. En el caso de la mayoría de redes en oficinas pequeñas y casas, debería incluir todas las PC en la red (vea el Capítulo 16).

4. **Para ver los recursos que se comparten en una PC específica, haga doble clic para abrir el ícono de esa PC.**

   Por ejemplo, la Figura 17-3 muestra los recursos que se comparten desde la PC Ming en la red; tres carpetas y una impresora están compartidas. Ésos no son todos los contenidos del disco duro de esa PC, sino sólo aquello que el usuario ha decidido compartir.

5. **Haga clic en el botón Arriba (Up) en la barra de herramientas para volver a la ventana del grupo de trabajo.**

   Ahora la ventana muestra todas las PC conectadas en la red en el mismo grupo de trabajo.

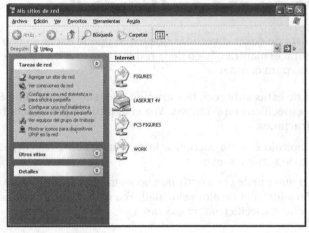

Figura 17-3
Carpetas e impresoras compartidas en una PC en red.

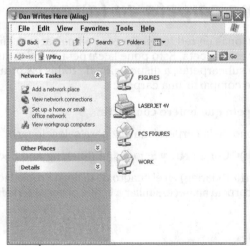

6. **Haga clic en el botón Arriba (Up) de nuevo.**

   El nivel más alto de la red es Red Microsoft Windows (Microsoft Windows Network). En este nivel, aparecen todos los grupos de trabajo en la red. Eso debería ser sólo un grupo de trabajo para una oficina pequeña o una casa.

7. **Haga clic en el botón Arriba (Up) por última vez.**

   La última ubicación se llama Red completa (Entire Network) e incluye algunos íconos de globo y de ⌐. No tengo idea de lo que son ni de cómo usarlos.

8. **Cierre la ventana.**

   Buen movimiento.

Hacer cosas en red en Windows

Ésta es una lista de cosas divertidas que usted puede hacer en una red de PC. Tenga en cuenta el mantra básico de la red mientras revisa estas secciones: "Las redes son para compartir".

✔ Muchas de estas subsecciones asumen que usted sabe cómo encontrar lugares específicos en Windows. Vea el Capítulo 5 para encontrar algunas ubicaciones.

✔ Vea el Capítulo 21 para encontrar información sobre las carpetas si el concepto le resulta nuevo.

✔ Lo único que puede compartir que no se menciona aquí es un módem o conexión a Internet de alta velocidad. Vea el Capítulo 18 para encontrar información específica sobre esa tarea.

Compartir una carpeta en la red

Si quiere que otras personas en red tengan acceso a una carpeta en su PC, usted puede *compartir* esa carpeta. Esto pone la carpeta, y todos sus contenidos como archivos y subcarpetas, a disposición de todas las otras PC en la red. Ésta es la forma de compartir una carpeta:

1. **Seleccione la carpeta que quiere compartir.**

   Haga clic en el ícono de la carpeta una vez para seleccionarla.

2. **Elija Archivo (File)➪Compartir y Seguridad (Sharing and Security).**

   La pestaña Compartir (Sharing) en el cuadro de diálogo Propiedades (Properties) de la carpeta aparece, similar a la que observa en la Figura 17-4.

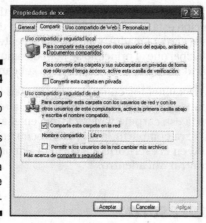 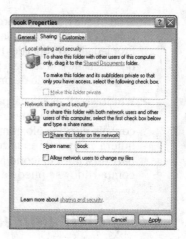

Figura 17-4
El cuadro
de diálogo
Propie-
dades
(Properties)
de una
unidad de
disco.

3. **Haga clic para seleccionar la opción Compartir esta carpeta en la red (Share this Folder on the Network).**

4. **De forma opcional, haga clic en el objeto con el nombre Permitir a los usuarios de la red cambiar mis archivos (Allow Network Users to Change My Files).**

   Marcar este objeto permite acceso completo a la carpeta y a sus archivos. Si no lo selecciona, la carpeta aparece sólo como de lectura para otros usuarios en la red.

5. **De manera opcional, cambie el nombre compartido.**

   El *nombre compartido* es el mismo que el nombre de la carpeta, pero recuerde que no tiene que ser muy preciso. Tengo muchas carpetas con el nombre libro en mi PC. En este caso (vea la Figura 17-4), yo cambiaría el nombre compartido libro con el nombre específico del libro que representan sus contenidos.

6. **Haga clic en Aceptar (OK).**

   Ahora la carpeta está compartida.

 Los íconos de las carpetas compartidas aparecen con la mano debajo, como se muestra al margen. En otras PC en la red, la carpeta compartida aparece en la ventana Mis sitios de red o se puede ver al abrir el ícono de su PC dentro de la carpeta del grupo de trabajo.

✔ No comparta una unidad de disco completa. Esto es un riesgo de seguridad; Windows le advierte cuando trata de hacerlo.

✔ Si no puede compartir una carpeta, puede ser que esté protegida. Usted observa una marca junto a la opción Hacer esta carpeta privada (Make This Folder Private) en el cuadro de diálogo Propiedades (Properties) de la carpeta (vea la Figura 17-4). Elimine esa marca para compartir la carpeta.

✔ Si no puede quitar la marca de Hacer esta carpeta privada (Make this Folder Private), porque la opción está inactiva, marque el cuadro de diálogo Propiedades (Properties) de la carpeta madre, y así sucesivamente hasta que encuentre la carpeta principal que al principio se marcó como privada. Al quitar ese estado de privacidad se pueden compartir las subcarpetas.

✔ Windows XP usa la carpeta Documentos compartidos (Shared Folders) para información que en realidad se necesita compartir en la red. Mi consejo es que sólo comparta esa carpeta y luego copie en ella lo que quiera compartir en la red. Para compartir la carpeta Documentos compartidos, abra el ícono Mi PC en el escritorio. La carpeta Documentos compartidos se puede encontrar ahí adentro.

Compartir una impresora

Compartir una impresora conectada a su PC funciona como compartir una carpeta:

1. **Abra la carpeta Impresoras y Faxes (Printers and Faxes).**

   Se encuentra dentro del Panel de control.

2. **Haga clic para resaltar la impresora que quiere compartir.**

3. **Elija Archivos (Files)➪Compartir (Sharing) del menú.**

   El cuadro de diálogo Propiedades (Properties) de la impresora aparece en el cuadro de diálogo, con la pestaña Compartir (Sharing) seleccionada.

4. **Haga clic para seleccionar el objeto llamado Compartir esta impresora (Share this Printer).**

5. **De manera opcional, póngale un nombre a la impresora.**

   Por ejemplo, llámele Láser color para que todos sepan que por fin está compartiendo su preciosa impresora nueva.

6. **Haga clic en el botón Aceptar (OK).**

Al igual que en el caso de una carpeta compartida, el ícono de la impresora aparece con la mano debajo. En otras ventanas Impresoras y Faxes por toda la red, esa impresora compartida aparece lista para funcionar. (A diferencia de las versiones anteriores, Windows XP de manera automática ubica las impresoras compartidas e instala de inmediato sus drivers.)

¿Qué pasa con las impresoras en red?

Las impresoras en red, o impresoras con sus propias tarjetas de red, no necesitan conectarse directamente a ninguna PC. Para acceder a la impresora en red, sin embargo, usted debe instalar un software en cada PC usando el programa de instalación que venía en un CD con la impresora. A diferencia de las impresoras conectadas directamente a las PC con Windows XP, las impresoras en red no tienen la capacidad de anunciar su presencia y compartir sus drivers.

Acceder a una carpeta de red

Usted puede acceder a una carpeta en algún otro lugar de la red tal como lo haría en cualquier carpeta en el sistema de disco de su PC. La diferencia es que necesita explorar la carpeta, lo cual requiere algunos pasos adicionales.

La clave para explorar una carpeta de red es Mis sitios de red (My Network Places). Puede abrir ese ícono en el escritorio o elegirlo de una lista desplegable en una ventana de carpetas o en los cuadros de diálogo Abrir (Open) o Guardar como (Save As).

Luego de desplegar los contenidos de la ventana Mis sitios de red, puede entonces elegir cualquier ventana de carpeta compartida en la red. La Figura 17-5 muestra los contenidos de la ventana como se ven desde un cuadro de diálogo Abrir (Open). Las carpetas que se muestran ahí son todas carpetas compartidas de otras PC en la red.

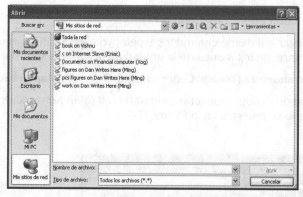

Figura 17-5
Buscar una carpeta compartida.

✔ También puede llegar a la ventana Mis sitios de red al hacer clic en el ícono en el extremo izquierdo de la mayoría de cuadros de diálogo Abrir (Open) o Guardar en (Save In), vea la Figura 17-5.

✔ Después de abrir una carpeta compartida de la ventana Mis sitios de red, usted observa sus contenidos tal como lo haría en una carpeta local en su propio disco duro.

Conectar una unidad de red

Si le parece que acceder a una carpeta en otra PC (de la forma que se describió en la subsección anterior) es tedioso, puede optar por conectar esa carpeta en el sistema de su unidad de disco local. Esta opción proporciona acceso fácil, rápido y consistente a los contenidos de la carpeta, tal como si ella fuera otra unidad de disco dentro de su PC.

Para conectar una carpeta, siga estos pasos:

1. **Abra el ícono Mi PC (My Computer).**

   Puede llegar ahí desde cualquier carpeta; yo elegí Mi PC porque es ahí donde aparecen los íconos de la unidad de la carpeta sincronizados.

2. **Elija Herramientas (Tools)➪Conectar unidad de red (Map Network Drive).**

   El cuadro de diálogo Conectar unidad de red (Map Network Drive) aparece, como se muestra en la Figura 17-6.

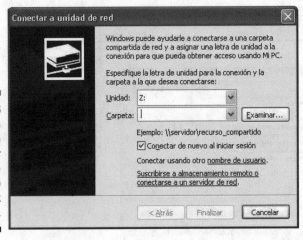

Figura 17-6
El cuadro de diálogo Conectar unidad de red (Map Network Drive).

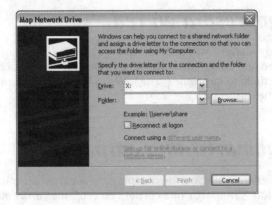

3. Elija una letra de unidad para la unidad en red.

Le puede asignar cualquier letra que no esté en uso. Sea creativo en este sentido. Por ejemplo, si conectó una carpeta llena de archivos MP3, póngale la letra M. De lo contrario, la letra de la unidad en realidad no tiene sentido.

La letra de unidad que usted asigna es personal para su PC. No le afecta a ninguna otra PC en la red.

4. Seleccione la carpeta en red que va a conectar a esa letra.

Si recientemente ha accedido a la carpeta, puede elegirla de la lista desplegable de carpetas. De lo contrario, use el botón Elegir (Browse), el cual abre una ventana especial hacia Mis sitios de red, donde usted puede seleccionar una carpeta de red.

5. Pregúntese: "¿Siempre quiero usar la unidad en red?".

De ser así, coloque una marca junto al objeto llamado Conectar de nuevo al inicio de sesión (Reconnect at Logon). De esa forma, Windows siempre conecta la carpeta con esa letra específica de la unidad cada vez que inicia su PC. De lo contrario, la conexión queda en el olvido cuando usted se desconecta.

6. Haga clic en el botón Finalizar (Finish).

Windows abre esa carpeta y muestra sus contenidos.

 Sin embargo, si regresa a la carpeta Mi PC (My Computer), observa la carpeta conectada como un ícono de unidad de disco, con su tubería (como se muestra al margen). Acceder a esa carpeta de red es sencillo, al igual que usar la letra de la unidad en su propia PC.

Usar una impresora en red

Como Windows XP de manera automática espía y carga las impresoras en red, todo lo que tiene que hacer para usar una es elegirla de la lista desplegable en un cuadro de diálogo Imprimir (Print). Vea el Capítulo 12 para obtener más información sobre imprimir.

Dejar de compartir una carpeta

Para quitar las propiedades mágicas de compartir una carpeta, repita los pasos en la subsección "Compartir una carpeta en red", más atrás en este capítulo. Esta vez, sin embargo, quite la marca para compartir la carpeta en la red. Haga clic en Aceptar (OK) y la carpeta ya no está compartida por lo que la mano desaparece del ícono.

Desconectar una unidad conectada en red

Para quitar una unidad conectada en red, abra la ventana Mi PC y haga clic para seleccionar al Sr. Unidad de Disco con la tubería. Desde el menú, elija Archivo (File)⇨Desconectar (Disconnect). La unidad ya no está conectada en red.

Dejar de compartir una impresora

Dejar de compartir una impresora es tan sencillo como compartirla: repita los pasos en la subsección "Compartir una impresora", un poco antes en este capítulo, pero haga clic para elegir No comparta esta impresora (Don't Share this Printer). La pequeña mano desaparece y de nuevo, ¡la impresora es toda suya!

Su red e Internet

*E*sto probablemente lo sorprenda, como sorprende a la mayoría de la gente: cuando adquiere un módem de alta velocidad, cable, DSL, satélite u otra conexión de banda ancha, aunque sólo tenga una PC, necesita hardware de red para conectar el aparato. Eso se debe a que la parte *net* de Internet quiere decir *estar en red*. Internet en sí es una gran red de PC, todas conectadas con hardware y que usan software casi de la misma forma que un área de red local (LAN) en un negocio pequeño u oficina casera.

También puede usar, más allá del módem de banda ancha, su red de área local existente para compartir un módem de marcado único y la conexión a red de esa PC. Es muy similar a la conexión a Internet de banda ancha, razón por la cual ambos temas se cubren en este capítulo.

La conexión a Internet de banda ancha

Usted ha visto los anuncios donde comparan las diversas conexiones a Internet de alta velocidad o banda ancha. Una dice que DSL es más lenta que el cable. Eso es cierto, pero lo que no le dicen es que la velocidad del cable *no* está garantizada. De cualquier forma, mi punto es que lo que nunca le dicen es que para conectarse a un módem de banda ancha, usted necesita una PC con una tarjeta de red.

Dicen que sólo toma 20 minutos para que cualquier PC con Windows conectada a Internet sea atacada por un gusano o un virus. Créame, los chicos malos de verdad están ahí y quieren apoderarse de su PC, en especial si usted tiene una conexión de banda ancha.

Puede hacer dos cosas para protegerse. Lo primero es usar un router y configurarlo como se describe en este capítulo. Lo segundo es configurar y usar software de pared de fuego, lo cual también se describe en este capítulo. ¡No espere más! ¡Hágalo de inmediato!

Tipos de módem de banda ancha

Existen tres tipos populares de módems de banda ancha a su disposición:

- Cable
- DSL
- Satélite

Cable: es la opción más rápida y más barata. Si usted vive en un área que cuenta con los servicios de una compañía de televisión por cable, debería revisar las ofertas que tienen para conectarse a Internet. El cable módem se conecta en un receptáculo en la pared, de la misma forma como conecta un televisor.

Para obtener velocidad, el cable no se puede golpear. El aspecto negativo, sin embargo, es que la velocidad no está garantizada. Si más personas en su barrio empiezan a usar su cable módem, su velocidad disminuye rápidamente. Por suerte, eso casi nunca sucede, por lo que el cable sigue siendo la mejor opción.

DSL: Digital Subscriber Line (Línea de suscriptor digital) es la segunda opción para una conexión a Internet de alta velocidad. La velocidad que usted obtiene se elije con anterioridad y se ofrece en incrementos definidos como 128 Kbps, 384 Kbps, 512 Kbps y otras opciones más veloces.

Los valores de velocidad que usa una conexión DSL se mencionan dos veces. El primero es la velocidad de envío y la segunda es la velocidad de recepción. De tal manera que usted puede pagar por una conexión que tiene una velocidad de envío menor y una velocidad de recepción mayor si no planea enviar grandes cantidades de información.

La velocidad DSL disponible depende de su ubicación; las conexiones DSL se pueden hacer de manera confiable sólo dentro de un cierto radio de la oficina principal de la compañía. Así es, usted paga más por velocidades mayores.

Satélite: es la única conexión de banda ancha disponible para los lugares alejados. No es tan popular como el cable o DSL, además tiene que comprar equipo extra. En realidad sólo es una opción cuando necesita velocidad y no hay nada más disponible.

Yo le recomendaría una conexión de satélite bidireccional. Evite las que sólo se descargan y necesitan una conexión telefónica para cargarse.

Opciones de las conexiones de banda ancha que no necesita leer

Una opción de banda futura, y que se hará popular en todo el mundo (al menos eso es lo que dicen) es la *inalámbrica*. Éste no es el tipo actual de red inalámbrica que usted puede adquirir en una tienda como Starbucks. Para nada; es una red inalámbrica de área ancha. Quiere decir que ni siquiera necesita un módem para conectarse a la red y todas las contraseñas correctas y demás, al igual que una NIC inalámbrica. El Capítulo 19 tiene más información sobre redes inalámbricas.

Las otras opciones de banda ancha restantes son las tenebrosas que usan básicamente los negocios. La línea T1 o T1 fraccionado es donde una conexión de red se conecta con un cable directamente a su casa u oficina desde la red de la compañía telefónica. La velocidad está garantizada, pero no es tan rápida como con el cable y es una opción demasiado costosa. Una opción aun más rápida y mucho más costosa es la línea T3. Luego puede mezclar conexiones de fibra óptica y pronto comenzará a interesarse en tecnologías que ni siquiera se han inventado.

Pero sobre todo, asegúrese de revisar en las páginas amarillas la sección *Internet* para buscar conexiones adicionales de alta velocidad que no se mencionan aquí, pero que pueden estar disponibles en su área.

- ✔ La velocidad de módem se mide en kilobits por segundo o Kbps. Vea el Capítulo 13 para obtener información sobre la velocidad del módem.

- ✔ Algunas compañías de cable podrían ofrecer garantías de velocidad mínimas, a un buen precio.

- ✔ Una conexión DSL con la misma velocidad de envío y de recepción se llama *bidireccional.* Si usted tiene una línea DSL bidireccional de 768 Kbps, envía y recibe información a 768 Kbps.

- ✔ DSL es un término genérico. Los tipos específicos de conexiones DSL se indican con una letra antes de DSL. Por ejemplo, existen ADSL, VDSL y SDSL. No es necesario conocer los detalles.

Conectar el módem de banda ancha a su PC

Algunos módems de banda ancha están disponibles en las tiendas de PC así como los módems de discado, las trituradoras de papel y, de vez en cuando, los libros de informática escritos por Dan Gookin. Otros módems se pueden conseguir con los proveedores de servicios de banda ancha. En algunas ocasiones usted los alquila, en otras los compra y algunas veces la compañía telefónica se olvida de cobrarle.

Si la compañía de cable o de teléfono no le instala su módem de banda ancha, usted tiene que hacerlo. Las instrucciones vienen con el módem y es algo simple de hacer.

Antes de instalar su módem DSL, ¡usted necesita agregar sus *dongles*! El *dongle* es un filtro de línea, un aparatito. Usted lo conecta al receptáculo del teléfono en la pared y luego conecta dentro de él su teléfono, máquina de fax, módem de discado, máquina contestadora, identificador de llamadas o cualquier otra cosa excepto el módem DSL. Debe hacer esto, de lo contrario el sonido de interferencia que produce el módem DSL dificulta el uso de su teléfono.

Los usuarios de cable módem no deben preocuparse por el dongle.

Si el módem venía con instrucciones específicas de configuración, siga esas instrucciones primero. Si no es así, úselas como una guía:

1. **Conecte el módem en el conector del cable para un cable módem; en el caso de un módem DSL, conecte el módem a cualquier receptáculo de teléfono estándar.**

2. **Conecte el módem al receptáculo de red en la parte trasera de su PC.**

   Si usted tiene una red de área local, la conexión es diferente. Vea la sección "Compartir la conexión de banda ancha", más adelante en este capítulo.

   Algunos módems se conectan a un adaptador de Ethernet a USB y el adaptador USB luego se conecta a la PC.

   Si sigue mi consejo y usa un router, conecte el módem en el router y luego su PC también. Vea el recuadro "Consejos para configurar un router", más adelante en este capítulo, para obtener más información.

3. **Conecte el módem dentro del receptáculo de pared.**

   Mi recomendación es que conecte el módem en una UPS para que se mantenga encendido durante cortes de energía breves. Vea el Capítulo 3 para obtener más información sobre la UPS (la fuente de poder, no la compañía de envíos).

4. **Encienda el módem, si es posible.**

   Algunos módems no tienen interruptores de poder; conectarlos es lo mismo que encenderlos.

Revise las luces del módem después de encenderlo. Las luces son buenas para indicarle que:

- ✔ el módem está encendido y recibiendo poder.
- ✔ el módem está recibiendo una señal de Internet.
- ✔ el módem está enviando o recibiendo información.
- ✔ el módem no está dañado.

Vea la guía del módem para obtener más información sobre el significado de las luces. Tome en cuenta que pueden pasar unos cuántos momentos para que las luces le den la retroalimentación necesaria; no se apresure a pensar que algo anda mal.

✔ Así es, deje un módem de banda ancha encendido todo el tiempo.

✔ Vea el Capítulo 4 para obtener información con respecto a dejar la PC encendida siempre.

✔ ¡No coloque un dongle (dispositivo de seguridad para software) entre el módem DSL y el receptáculo de pared del teléfono! El módem DSL no funciona si lo hace.

✔ Si usted tiene dos o más líneas telefónicas, los dongles necesitan ir sólo en la línea telefónica que comparte la conexión DSL.

Informarle a Windows acerca del módem de banda ancha

La mejor forma de completar lo referente al software de su configuración del módem de banda ancha es referirse a la hoja de información o al CD que le proporcionó su Proveedor de Servicios de Internet.

Si usa una conexión de banda ancha con una red de área local existente en su casa u oficina, vea la siguiente subsección. De lo contrario, si es sólo usted, su PC, y el módem de banda ancha, siga estos pasos generales:

1. **Abra la ventana Conexiones de red (Network Connections).**

   Puede llegar hasta esta ventana al elegir Conexiones de red (Network Connections) del menú del botón Inicio o al abrir el ícono Conexiones de red (Network Connections) en el Panel de control (Control Panel).

2. **En el extremo izquierdo de la ventana Conexiones de red (Network Connections), en el área Tareas de red, haga clic en el vínculo llamado Crear una conexión nueva (Create a New Connection).**

   El Asistente para nueva conexión aparece.

3. **Haga clic en el botón siguiente.**

4. **Elija Conectarse a Internet (Connect to the Internet) y luego haga clic en el botón Siguiente (Next).**

5. **Elija Establecer mi conexión manualmente (Set Up my Connection Manually), a menos que tenga un CD de su ISP, y luego haga clic en la opción Usar el CD que tengo de de un proveedor de servicios (ISP) (Use the CD I got from an ISP).**

   Si usted tiene un CD, vaya al Paso 8.

6. **Haga clic en el botón Siguiente (Next).**

7. **Elija la opción requerida para su conexión si necesita conectarse.**

Algunas conexiones de banda ancha requieren que se conecte, mientras que otras están activas todo el tiempo. Elija la opción apropiada en la pantalla.

8. **Continúe con el asistente hasta que en algún momento encuentre el botón Finalizar (Finish); hágale clic.**

Después de que el asistente haya terminado, observará que su conexión de banda ancha aparece en la ventana Conexiones de red (Network Connections). Ahora puede cerrar la ventana.

Básicamente eso es todo, excepto por una cosa importante más que debe hacer rápido: adquiera una pared de fuego. Vea la sección "La importancia de una pared de fuego", más adelante en este capítulo.

Compartir la conexión de banda ancha

No existe razón para que sólo una PC en su red tenga acceso al módem de banda ancha. Después de todo, ¿el asunto de las redes no se trata de compartir y todo eso?

Éste es el secreto: los módems de banda ancha se pueden conectar directamente en su concentrador de red, interruptor o router, para que el módem de inmediato tenga acceso a todas las PC en la red. La Figura 18-1 ilustra la sencillez con que esto se puede hacer.

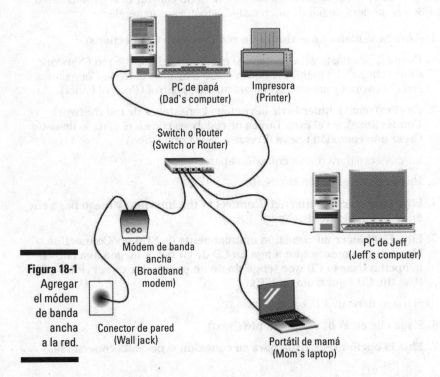

PC de papá
(Dad`s computer)

Impresora
(Printer)

Switch o Router
(Switch or Router)

PC de Jeff
(Jeff`s computer)

Figura 18-1
Agregar el módem de banda ancha a la red.

Módem de banda ancha
(Broadband modem)

Conector de pared
(Wall jack)

Portátil de mamá
(Mom`s laptop)

CONSEJO

Consejos para configurar un router

Un *router* es un tipo inteligente de concentrador Ethernet, uno que ayuda a tomar decisiones con respecto al lugar adonde se dirige la información y que ofrece protección contra las artimañas de Internet para las PC en una red de área local. Mi consejo es usar un router incluso si usted sólo tiene una PC conectada a un módem de banda ancha.

Como bonificación, piense en adquirir un router con protección de pared de fuego. Eso arregla dos problemas con una solución. Existen muchos de esos routers. En lo personal uso la línea NETGEAR.

Los routers a menudo se configuran ingresando a la página web del router. (Así es, tienen su propia página.) Desde ahí puede configurarlo o ayudar en su configuración automática. Usted quiere decirle al router que bloquee el tráfico entrante no deseado mientras permite que las PC en su red local accedan y usen los recursos de cada uno.

Además indíquele al router que le asigne direcciones IP locales a cada PC en la red. (Vea el Capítulo 16 para obtener más información sobre las direcciones IP.) Por lo general se hace por medio de una característica llamada DHCP. ¡Eso es algo bueno!

Tome nota de la propia dirección IP del router. Usted debe ingresarla en cada ventana de configuración de red de la PC, al ingresar la dirección IP del router como la puerta de su red. Si tiene dificultades con esta parte, llame al número de soporte técnico de su ISP y alguien le podrá ayudar. (Después de todo, usted paga por este tipo de soporte.)

La mayoría de lo que hace el router son aspectos técnicos. Por lo tanto, no se preocupe si no comprende ni la mitad de las opciones. La mayoría del tiempo, la configuración estándar o la predeterminada es mejor.

Conecte el módem de banda ancha en el concentrador, interruptor o router de la misma forma que conectaría cualquier PC. Para resultados más rápidos, use un interruptor, no un concentrador viejo y tonto. Mi consejo es que use un router; vea el recuadro cercano, "Consejos para configurar un router", donde encontrará detalles importantes. Además, si usa un concentrador o un interruptor, necesita ejecutar el Asistente de conexión compartida a Internet en todas sus PC. Este paso no es necesario cuando usa un router.

Después de configurar todo, ejecute el Asistente de nueva conexión tal como se describe en la subsección anterior. Esto se debe hacer con cada PC en la red, pero por suerte sólo debe hacerse una vez.

Compartir una conexión de discado a Internet

Aunque una conexión de discado no es tan rápida como una conexión de banda ancha, aún puede compartir ese acceso a Internet con otras PC en su red. Por un lado, no necesita preocuparse de discar en una línea que ya está usando alguien más en su casa. Si la línea está en uso, la segunda PC sólo "va a cuestas" en el módem a lo largo de la red e ingresa a Internet.

Para compartir una conexión de discado, siga estos pasos en Windows XP con el módem de discado y la conexión de discado existente:

1. **Abra la ventana Conexiones de red (Network Connections).**

2. **Haga clic para seleccionar la conexión de discado que se va a compartir.**

3. **Elija Archivo (File)⇨Propiedades (Properties) del menú.**

4. **Haga clic en la pestaña Avanzado (Advanced) en el cuadro de diálogo Propiedades (Properties) de la conexión.**

5. **Coloque una marca junto a la opción Permitir a usuarios de otras redes conectarse a través de la conexión de este equipo (Allow other Network Users to Connect through this Computer's Internet Connection).**

6. **Seleccione también las dos opciones debajo de ésa.**

   Estos objetos juntos permiten que otras PC en la red accedan y controlen la conexión a Internet.

7. **Haga clic en Aceptar (OK) y ahora la conexión está compartida.**

Otras PC con Windows en la red (no con sistemas de Windows XP, sino más bien con versiones) necesitan configurar el Asistente de conexión a Internet (Internet Connection Wizard) para saber cómo usar el módem de otra PC para discar y conectarse a Internet. Después de que todo está configurado, cuando cualquier otra PC intenta acceder a Internet, obliga al módem compartido a discar, hacer la conexión y luego compartirla en la red.

Las PC con Windows XP de forma automática perciben una conexión a Internet compartida.

Tenga en cuenta que la privacidad se sigue respetando con una conexión compartida. A pesar de llevar información de una PC hacia otra, la primera PC (que comparte) no puede acceder o interpretar la información que se está pasando.

Para inhabilitar la opción de compartir, revierta los pasos para eliminar la marca. Para inhabilitar la conexión temporalmente, puede tan sólo desconectar el módem de la línea de teléfono.

Probar la conexión a Internet

Para ver si la conexión a Internet que acaba de configurar está funcionando, sólo ejecute un programa de Internet. Por ejemplo, inicie el explorador Internet Explorer. Digite la dirección de Yahoo! en la barra Dirección:

```
http://www.espanol.yahoo.com/
```

Presione Enter y en cuestión de segundos debería poder ver la página principal de Yahoo! en Internet. Si no es así, o si recibe algún mensaje de error, algo anda mal con la conexión. Llame a su ISP para solicitarle soporte técnico.

La importancia de una pared de fuego

Una pared de fuego o firewall es un dispositivo de seguridad. En el caso de un edificio, la pared de fuego se crea de un material retardante que se mide en horas. Por ejemplo, en una pared de fuego de tres horas, en teoría, el fuego tardaría tres horas en atravesarla. Eso ayuda a evitar que un edificio se queme por completo antes de que aparezcan los bomberos.

En una PC con una conexión a Internet, una *pared de fuego* está diseñada para restringir el acceso a Internet, principalmente para mantener los invitados no deseados fuera. La pared de fuego de manera efectiva rellena los hoyos por los que pueden ingresar los chicos malos y arruinar su PC.

✔ Internet no se diseñó con la seguridad en mente. En los primeros tiempos, los científicos mostraban una actitud abierta con respecto a sus sistemas y no sentían la necesidad de proteger sus PC de otros usuarios de Internet.

✔ En especial si usted tiene una conexión de banda ancha, su PC es más vulnerable a los ataques. Por esta razón, debe adquirir una pared de fuego.

✔ La mejor protección de pared de fuego es el agujero negro o "*black hole*". Esto es, una PC en Internet puede rastrear su módem de banda ancha y obtener una respuesta como si no hubiera ninguna PC conectada al módem. Para probar esta condición, así como para revisar las debilidades en su pared de fuego, use ShieldsUP, de Gibson Research:

`http://grc.com/`

Instalar pared de fuego de Windows XP

Windows XP viene con una seguridad de pared de fuego limitada, disponible a través de su conexión a Internet. Siga estos pasos para configurarla:

1. **Abra el ícono Conexiones de red (Network Connections) del Panel de control (Control Panel).**

2. **Haga clic derecho en el ícono de su ISP o conexión a Internet de discado y elija Propiedades (Properties) del menú dinámico.**

3. **Haga clic en la pestaña Avanzado (Advanced) en el cuadro de diálogo Propiedades (Properties).**

4. **Haga clic en el botón Configuración (Settings) para acceder al cuadro de diálogo Firewall de Windows.**

   El cuadro de diálogo Windows Firewall aparece.

5. **Haga clic para seleccionar Activado (On). Es recomendado.**

6. **Haga clic en la pestaña Excepciones (Exceptions).**

   Las Excepciones son algo cuyo acceso puede permitir en la red, información que está bien. Normalmente, la pared de fuego lo bloquea todo, lo cual es seguro, pero no eficiente ni amigable.

7. **Coloque una marca junto a Compartir archivos e impresoras (File and Printer Sharing).**

   Ese paso les permite a otras PC acceder la suya para compartir archivos y la impresora.

8. **Coloque una marca junto a SmartFTP.**

   Esa acción le permite usar el programa FTP para enviar y recibir archivos en Internet.

9. **Quite todas las otras marcas.**

   Sólo si usted realmente sabe lo que hace un programa o lo usa lo suficiente, debería seleccionarlo.

10. **Haga clic en Aceptar (OK) y la pared de fuego quedará instalada.**

La pared de fuego de Windows no está tan mal, en especial si usted tiene la versión Windows XP SP 2. Si no es así, o no quiere actualizarse, obtenga una pared de fuego de un tercero. De hecho, puede inhabilitar la pared de fuego de Windows si usa una de un tercero. A diferencia de otras cosas en la PC, no obtiene ningún beneficio al ejecutar dos paredes de fuego al mismo tiempo.

Paredes de fuego de terceros

Las ventajas de una pared de fuego de un tercero son su fortaleza y su mayor capacidad. Por ejemplo, Zone Alarm, de Zone Labs, monitorea pedidos de entrada y salida para Internet y ofrece protección para el correo electrónico. Realmente lo recomiendo. Está en `www.zonelabs.com/store/content/home.jsp`.

Existen otras soluciones de terceros. Si disfruta de los materiales de Norton, piense en adquirir los programas Personal Firewall o Internet Security (`www.symantec.com/region/es`). Hay otra buena pared de fuego disponible de Kerio Technologies (`www.kerio.com`), con información sólo en inglés.

✔ La idea de ejecutar una pared de fuego es prohibirle a otras PC en Internet que ingresen a la suya, mientras que le permite a las de la red local acceso total. Eso puede ser difícil de establecer, pero es la configuración que usted quiere.

✔ Windows le puede decir que "no detecta ninguna pared de fuego" cuando inicia, a pesar de que usted tenga una de terceros instalada. Ignore esos mensajes.

✔ No existe ninguna razón para ejecutar una pared de fuego de terceros si usa un router que tiene protección incorporada. Una sola pared de fuego es suficiente.

✔ Su ISP puede constituir una excelente fuente si necesita más información o recomendaciones sobre este tema.

Capítulo 19

Mira, mami, ¡sin cables!

- -

En este capítulo

▶ Comprender el 802.11

▶ Obtener un NIC inalámbrico

▶ Configurar una red inalámbrica

▶ Usar la estación base

▶ Conectarse a la red inalámbrica

▶ Buscar redes inalámbricas

- -

Si durante el siglo XX se trató de conectarlo todo, el siglo XXI está comenzando a revertir esa tendencia. La palabra que resuena por todas partes es *inalámbrico*. Teclado y ⌖ inalámbrico. Teléfonos inalámbricos. Esto y aquello inalámbrico. Como número uno se encuentra la red informática inalámbrica, la cual se ha presagiado como la mejora más grande a la informática desde el cambio de vapor a electricidad a finales del siglo XVIII.

La red inalámbrica con hardware inteligente es pan comido. Sin alambres significa una configuración más sencilla. ¿Qué pasa con el software? ¡Bien! Configurar su red inalámbrica es, bueno, *diferente,* como lo descubre al leer este capítulo.

- ✔ Este capítulo se refiere a algunos conceptos de red básicos comunes a las redes tanto alámbricas como inalámbricas. Vea el Capítulo 16 para obtener más información sobre los aspectos básicos de las redes.

- ✔ La información en el Capítulo 17 (y parte del 18) sobre el uso de las redes se aplica tanto a las redes alámbricas como inalámbricas.

- ✔ Las redes inalámbricas son un gran tema en el caso del equipo portátil. Para obtener detalles, por favor vea mi libro *Laptops For Dummies,* publicado por Wiley.

Aspectos básicos de las redes inalámbricas

Es cierto que gritarle a alguien es un tipo de tecnología inalámbrica. Pero, como ya usted lo sabe, gritarle a la PC no sirve de mucho. Los alambres garantizan que una señal llegue a un lugar determinado. Pero ¿qué sucede cuando no hay cables?

Si comprende los aspectos básicos de las redes informáticas, las redes inalámbricas no tienen mayor diferencia. Debe conocer algunos términos, seguir estándares y varias danzas y cantos rituales. Esta sección cubre éstos y otros temas básicos acerca de las redes inalámbricas.

El ABG de las redes inalámbricas

Las PC se volverían locas si no contaran con estándares. Existen estándares para las siglas, para los números, para los nombres divertidos y hasta para los diversos sabores de frutas. En el caso de las redes, el estándar es Ethernet. Mientras en el caso de las redes inalámbricas, el estándar es 802.11, cuya correcta pronunciación es "ocho cero dos punto once" o, para ahorrar tiempo puede omitir el *punto:* "ocho cero dos once".

En la actualidad, existen dos versiones del estándar 802.11, llamadas B y G (se escriben 802.11b y 802.11g, respectivamente). El estándar 802.11b es más antiguo y más común. El estándar 802.11g es más nuevo y más rápido, y cada día se hace más común.

¿Qué pasó con el 802.11a? Bueno, aún es posible que se mencione en algunos adaptadores de red inalámbricos, pero en realidad ya es una antigüedad. En algún momento también existieron las letras de la C a la F, pero ya no aparecen. Sólo quedan 802.11b y 802.11g.

¿Cuál es el punto?

El punto es (esto es importante) que para que todo su hardware de red inalámbrica funcione, todo debe estar en el mismo estándar.

Por ejemplo, si el adaptador de red inalámbrica en todas sus PC, equipo portátil y routers es 802.11b, todo está bien. Si todos usan 802.11g, todo está bien. Pero si combina 802.11b y 802.11g, está en problemas.

✔ Algunos adaptadores de redes inalámbricas cubren ambos estándares populares. Esto por lo general cuenta con la especificación 802.11b/g. El adaptador tiene un costo mayor, pero tendrá un adaptador que funciona casi en cualquier tipo de red inalámbrica.

✔ Los adaptadores inalámbricos de estándar múltiple pueden ser compatibles con el antiguo estándar 802.11a, en cuyo caso están rotulados como 802.11 a/b/g.

✔ El nombre largo de 802.11 es IEEE 802.11, el mismo grupo IEEE que creó el puerto 1394 o FireWire.

✔ También existen los estándares 802.11h y 802.11i, aunque comúnmente no se implementan ni se encuentran disponibles como adaptadores de redes inalámbricas.

El NIC inalámbrico

La red inalámbrica requiere su propio NIC inalámbrico o tarjeta de información de red. Puede ser una tarjeta de expansión que usted le agrega a la tarjeta madre de su PC o un adaptador especial que se conecta al puerto USB.

La tarjeta de red inalámbrica se adhiere a uno o más de los estándares de red inalámbricos, ya sea 802.11b, 802.11g o ambos. Siempre y cuando ese estándar coincida con todos los otros componentes y aparatos de redes inalámbricas en su casa u oficina, ¡tiene todo listo!

✔ Recomiendo adquirir un adaptador inalámbrico con una antena externa. Por alguna razón, la antena facilita la captación de la señal inalámbrica, en especial si dicha antena es direccional (se puede mover).

✔ Los equipos portátiles con red inalámbrica incorporada rara vez tienen una antena externa; la antena está ahí, justo dentro del equipo.

✔ Usted puede tener un adaptador de red NIC inalámbrico y uno estándar dentro de su PC.

La configuración de la red inalámbrica

Configurar una red inalámbrica es un proceso similar a configurar una red informática alámbrica. Cada PC debe contar con un adaptador de red inalámbrica y todos los adaptadores deben usar el mismo estándar, ya sea 802.11b o 802.11g.

En el centro de la red hay un concentrador (hub) o un router, también conocido como una *estación base.* Tiene la misma función que un concentrador en una red alámbrica: la *estación base* tiene la responsabilidad de recibir las transmisiones inalámbricas y enviarlas hacia otras PC en la red.

La Figura 19-1 muestra un ejemplo de configuración de red inalámbrica, la cual se parece a la Figura 18-1 del Capítulo 18, la única diferencia es la falta de alambres. Tenga en cuenta que los concentradores inalámbricos o routers le permiten que también conecte redes alámbricas, de manera que puede compartir su red entre las conexiones alámbricas e inalámbricas existentes.

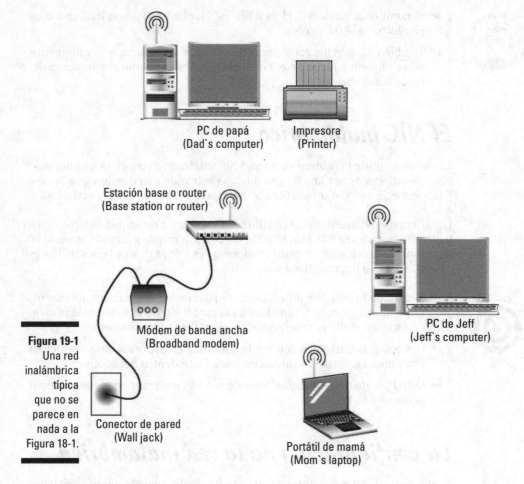

PC de papá
(Dad`s computer)

Impresora
(Printer)

Estación base o router
(Base station or router)

PC de Jeff
(Jeff`s computer)

Módem de banda ancha
(Broadband modem)

Figura 19-1
Una red
inalámbrica
típica
que no se
parece en
nada a la
Figura 18-1.

Conector de pared
(Wall jack)

Portátil de mamá
(Mom`s laptop)

Para conectar Internet de banda ancha en su red inalámbrica, sólo conecte el módem de banda ancha al router inalámbrico. La mayoría de routers vienen con una conexión específicamente diseñada para el módem de banda ancha, por lo que agregar este elemento es pan comido.

Lo que falta por hacer es la conexión del software. Vea la sección "Conectarse a una red inalámbrica", más adelante en este capítulo.

Configurar una estación base

La estación base inalámbrica requiere unos pasos más para su configuración. Éstas son algunas de las cosas que usted podría querer configurar en la estación base, al seguir las instrucciones que la acompañaban y usar el programa controlador de la estación instalado en su PC:

✔ Defina un Service Set Identifier o SSID, para su red inalámbrica. Éste es el nombre por el que se conoce la red inalámbrica.

✔ Tiene la opción de que el nombre SSID sea visible o invisible. Si le importa la seguridad, deje el nombre invisible. De esa forma, la estación base no transmite el nombre, y sólo las PC que lo conocen se pueden conectar a la red inalámbrica.

✔ Defina la encriptación de la red, conocida como WEP o Wired Equivalent Privacy. ¡Tenga cuidado con la contraseña! Es una larga cadena de números y letras que debe ingresar con exactitud para acceder a la red.

✔ Puede escuchar o leer que la contraseña es opcional. En mi opinión, no es así. No comprometa su red al omitir la contraseña. De hecho, Windows XP quizás ni siquiera se conecte a una red inalámbrica que carece de una contraseña.

✔ De manera opcional, configure la estación base para permitir conexiones sólo de PC conocidas. Esto lo puede especificar al colocar la dirección MAC del adaptador Ethernet inalámbrico en cada PC. Vea el Capítulo 16 para obtener más información sobre obtener la dirección MAC.

✔ Indíquele al router inalámbrico que le proporcione las direcciones IP de forma dinámica a todas las PC en la red. Esto también se conoce como DHCP. Vea el Capítulo 16 para obtener información para configurar el NIC para que acepte una dirección IP dinámica.

✔ Si la estación base ofrece funciones de pared de fuego, habilítelas.

✔ La estación base también puede servir como router. Vea el Capítulo 18 para obtener más información al respecto.

La información más importante que necesita es el SSID de la red inalámbrica, o el nombre y la larga contraseña de seguridad que necesita para acceder a la red. Le recomiendo anotar ambas cosas y mantenerlas en un lugar seguro.

"¿Qué tan lejos llega la señal?"

El estándar de red inalámbrica 802.11 usa señales de radio para enviar y recibir información. Por esta razón, no es necesario que configure su red para que todas las PC tengan una línea directa de vista a la estación base. Es completamente posible tener un concentrador inalámbrico en un cuarto y usar una PC inalámbrica en otro; aunque hay algunas excepciones.

La clave de la red inalámbrica es la estación base. El NIC inalámbrico de su PC debe ser capaz de acceder a la estación base directamente para que esa PC esté en la red. La estación base puede decir que es capaz de transmitir su señal hasta 90 metros de distancia, pero eso sólo sucede en condiciones ideales.

Aunque suene asombroso, elementos como las paredes pueden disminuir en gran medida la recepción de la señal inalámbrica de una estación base. De hecho, una pared estándar de madera y yeso puede reducir a la mitad o más la señal de la red inalámbrica. Si las paredes son de ladrillos o de metal, es posible que la señal no logre atravesarlas.

Si tiene algún problema con su señal inalámbrica, trate de cambiar la PC o la estación base de lugar. Además, ajustar la antena direccional de la estación o de la PC también puede ayudar.

✔ La mayoría de oficinas que usan redes inalámbricas tienen una estación base en cada cuarto donde haya PC inalámbricas. Las estaciones base están bien unidas para ayudar a construir la red.

✔ Yo monto mis estaciones base en un lugar bien alto, ya sea cerca o en el cielo raso, donde casi no hay interferencia de las otras cosas dentro del cuarto. Incluso colocar un libro frente a la estación base puede interrumpir la señal lo suficiente como para desconectar de la red a una PC que se encuentre lejos.

Conectarse a una red inalámbrica

Usted tiene que ser cuidadoso cuando usa cables para conectar una red. Un cable sólo puede ir dentro de un conector a la vez. Pero en el caso de la red inalámbrica, a menudo tiene la opción de conectarse a la red inalámbrica que quiera.

Por ejemplo, si se encuentra en una parte del pueblo muy habitada y con alta tecnología, quizás descubra que hay docenas de redes inalámbricas configuradas que su PC puede detectar. Algunas están cerradas o protegidas con una contraseña y otras podrían estar abiertas. Esta sección le enseña cómo buscar una red inalámbrica o cómo conectarse a una red específica, si eso es todo lo que usted quiere hacer.

Conectarse a su propia red inalámbrica

Siga estos pasos para conectar su PC inalámbrica a una red inalámbrica. Recuerde que a lo que se está conectando en realidad es a la estación base que proporciona el punto de acceso central para todas las otras PC inalámbricas en la red. Esto es lo que debe hacer:

1. **Abra la ventana Conexiones de red (Network Connections).**

   Puede llegar ahí con un doble clic en el ícono Conexiones de red (Network Connections) en el Panel de control (Control Panel).

2. **Haga clic derecho en el ícono de la conexión a la red inalámbrica.**

3. **Elija Ver conexiones inalámbricas disponibles (Wireless Network Connection) del menú dinámico.**

   El cuadro de diálogo Conexiones inalámbricas de red (Wireless Network Connection) aparece, como se menciona en la Figura 19-2. Este cuadro de diálogo proporciona una lista de las redes inalámbricas que están dentro del rango de su equipo portátil y que son compatibles con su protocolo de red inalámbrica.

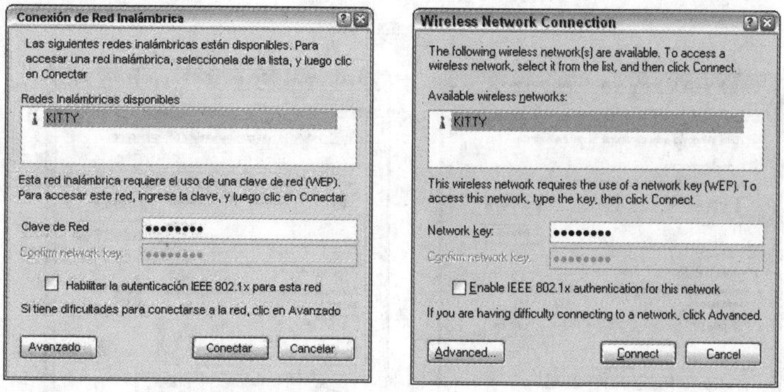

Figura 19-2
Una búsqueda desesperada para encontrar redes inalámbricas disponibles.

Si su red inalámbrica soporta más de un protocolo, todos los que coincidan aparecen en la ventana.

En la Figura 19-2, aparece una red disponible. Su nombre es KITTY, el SSID de la red.

4. **Seleccione el nombre de la red inalámbrica (si tiene más de una opción).**

5. **Introduzca la contraseña dos veces.**

   Debió haber escrito la contraseña cuando configuró por primera vez la estación inalámbrica base. Si se encuentra en un café cibernético o en otra ubicación remota, la contraseña se le proporciona. Así es, tiene que escribirla dos veces, lo cual puede ser algo fastidioso, en especial con aquellas contraseñas de 128 caracteres.

6. **Haga clic en el botón Conectar (Connect).**

   Si todo va bien, usted observa que los pequeños chicos de la red aparecen en el área de notificaciones, además de una burbuja dinámica que le advierte de la conexión a red inalámbrica (vea la Figura 19-3). ¡Lo logró!

Figura 19-3
Se ha
establecido
una conexión
a red
inalámbrica.

Si los pasos anteriores no funcionan, puede probar otra opción para encontrar y acceder a cualquier red inalámbrica disponible. En la ventana Conexiones de red (Network Connections), haga clic derecho en el ícono Conexiones inalámbricas de red (Wireless Network Connections) y elija Propiedades (Properties) del menú dinámico. Luego haga clic en la pestaña Redes inalámbricas (Wireless Networks) en el cuadro de diálogo Propiedades (Properties) de su conexión inalámbrica, como se muestra en la Figura 19-4.

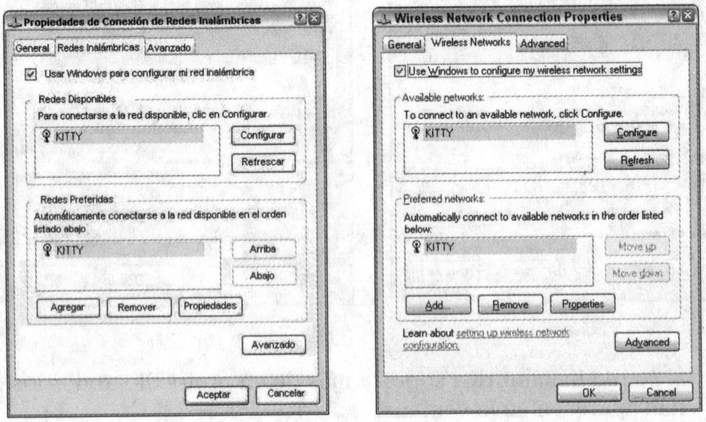

Figura 19-4
El asunto
de la red
inalámbrica
hecho
de forma
manual.

Usar la pestaña Redes inalámbricas (Wireless Networks) puede ser necesario cuando se cambia de una conexión inalámbrica hacia otra. La parte inferior del cuadro de diálogo llamado Redes preferidas (Prefered Networks), se usa para almacenar información de la conexión de varias redes para que usted no tenga que complicarse con lo mismo una y otra vez.

Buscar redes inalámbricas

Su adaptador de red inalámbrica venía con un servidor de software. La mayoría de esa información la puede ignorar sin ningún problema. Un programa que es muy útil y que a menudo viene con el NIC inalámbrico es una

¿Qué significa Bluetooth?

Bluetooth es el nombre de un aparatito inalámbrico estándar, que se puede confundir con una red inalámbrica, aunque la única similitud entre ambos es lo inalámbrico.

El Bluetooth estándar permite que varios aparatitos o periféricos de PC se comuniquen de forma inalámbrica entre ellos a distancias cortas. Por ejemplo, usted podría adquirir una tarjeta de expansión Bluetooth y permitirle a su PC hablar de manera inalámbrica con periféricos Bluetooth compatibles, tales como un teclado, un 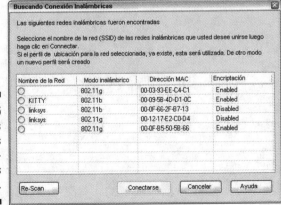, una impresora o incluso un monitor. En teoría, usted podría usar un repro-

ductor de música MP3 de Bluetooth con su PC y luego llevárselo al Bluetooth de su carro y escuchar la música ahí.

Aunque el Bluetooth ya tiene tiempo de estar en el mercado, no es tan popular. Algún día, puede ser una interfaz interesante de conocer, pero por ahora es sólo una de las muchas soluciones inalámbricas para agregarle periféricos a su PC.

Todos los dispositivos Bluetooth tienen un símbolo, el cual ilustraría en este libro si la gente de Bluetooth no estuviera tan tensa con sus marcas registradas.

herramienta para escanear. A menudo, esta herramienta es mucho mejor que los programas simples y primitivos que ofrece Windows.

La Figura 19-5 muestra una herramienta de escaneo de red que venía con el hardware de red inalámbrica de mi equipo portátil. Me muestra cinco redes disponibles. Dos suprimen el SSID o nombre de red. Las dos redes Linksys no tienen contraseña; la encriptación está deshabilitada. (Eso es algo típico cuando las personas configuran las redes inalámbricas: se olvidan de cambiarle el nombre al concentrador inalámbrico y no colocan la protección con contraseña.)

Figura 19-5
Todas
las redes
inalám-
bricas
disponibles.

Buscando Conexión Inalámbricas

Las siguientes redes inalámbricas fueron encontradas

Seleccione el nombre de la red (SSID) de las redes inalámbricas que usted desee unirse luego haga clic en Connectar.
Si el perfil de ubicación para la red seleccionada, ya existe, esta será utilizada. De otro modo un nuevo perfil será creado

Nombre de la Red	Modo inalámbrico	Dirección MAC	Encriptación
○	802.11g	00-03-93-EE-C4-C1	Enabled
○ KITTY	802.11b	00-09-5B-4D-D1-0C	Enabled
○ linksys	802.11b	00-0F-66-2F-B7-13	Disabled
○ linksys	802.11g	00-12-17-E2-C0-D4	Disabled
○	802.11g	00-0F-B5-50-5B-66	Enabled

Re-Scan   Conectarse   Cancelar   Ayuda

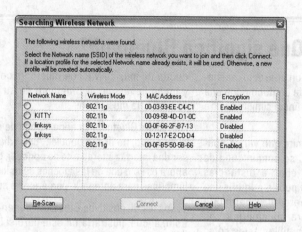

Las utilidades inalámbricas, como las que se muestran en la Figura 19-5, también se pueden usar para buscar y conectarse a redes inalámbricas disponibles. A menudo, estas utilidades son mucho más sencillas de administrar que las de Windows.

✔ Este tipo de escáner inalámbrico suele tener un ícono en el área de notificaciones. El ícono por lo general ofrece información sobre la fuerza de la señal de la red inalámbrica.

✔ Buscar redes inalámbricas desprotegidas se conoce como *wardriving*, porque a menudo alguien en un coche con un equipo portátil lo puede hacer y obtiene acceso a Internet gratuito cuando encuentra una red inalámbrica desprotegida.

Parte IV
La parte sencilla de la PC

La 5ta ola   Por Rich Tennant

"Mira, ésta debe ser una de esas PC que ensamblan los prisioneros. Venía con un cuchillo artesanal incorporado en la almohadilla del 🖱."

En esta parte . . .

Puede ser que el poderoso hardware consiga toda la atención, pero el *software* es el que ocupa el trono de su PC. Conozca el software de su PC ya que el hardware sólo lo sigue como un perrito obediente. Así es, éste es primordialmente un libro sobre hardware. Aún así, tome en cuenta que comprender el software es la clave para sacarle el máximo provecho a su PC. Además, usted quizás haya leído como 300 páginas de hardware. Llegó el momento de que el software disfrute de la luz del sol.

Capítulo 20

Archivos: la clave para comprender el software

- -

En este capítulo

▶ Comprender todo el asunto de los archivos

▶ Describir un archivo

▶ Ponerle nombre a los archivos

▶ Ver las extensiones de los nombres de archivos

▶ Entender los íconos

▶ Guardar los archivos en un disco

- -

Todos los días, millones de personas se sientan frente a la PC y hacen su trabajo: envían correos electrónicos, procesan palabras, exploran en Internet o juegan. Como las PC se han hecho más sencillas de usar durante los últimos años, es relativamente fácil para cualquier persona sentarse frente a una y hacer *algo*. Aun así, la PC sigue siendo un dispositivo misterioso y a menudo frustrante para muchas personas.

El problema con las PC es que el software es tan sencillo de usar que nadie se preocupa por hacer un esfuerzo adicional para *comprender* cómo funcionan las cosas. Además de su habilidad para realizar el trabajo, en realidad necesita conocer algunos aspectos básicos del software para obtener el máximo de su PC. ¡Hablo en serio! Todo comienza con el conocimiento que se revela en este capítulo, el núcleo de todo software: el archivo.

¿Sabe lo que es un archivo?

Creo que 80 por ciento de las personas que usan una PC no tiene la menor idea de lo que es un archivo. Así es, hay un menú Archivo. Usted guarda los archivos en un disco y los abre desde un disco. Pero sólo cuando comprende por completo lo que es un archivo, puede comenzar a apreciar su PC y empezar a tomar el control de ese monstruo.

Le presento al archivo

Un *archivo* es un pedazo de información almacenado en una PC. La palabra *archivo* se usa porque, en una oficina, la información tradicionalmente se almacena en papel y esos papeles se agrupan en archivos que se guardan en un archivador. La misma analogía se aplica a los archivos de una PC, aunque no creo que la comparación haya tenido éxito.

Cuando piense en un archivo, no piense en un archivo de papel. Más bien, el archivo es un contenedor. Ese contenedor puede ser muy pequeño o muy grande. A diferencia de una hoja de papel impresa, un archivo puede contener documentos variados. El contenedor mantiene la información en un solo lugar y separada de otros contenedores, que también tienen información diferente.

✔ Un archivo no es más que un contenedor, un lugar donde mantener un poco de información almacenada en una PC:

✔ Creo que la palabra *archivo* es una mala opción para describir algo que está almacenado en una PC. Si hubiera sido uno de los pioneros de la informática, le hubiera llamado *contenedor* o incluso hubiera elegido una palabra llamativa en griego o latín. El problema con la palabra archivo es que es ambigua y no describe de manera adecuada la naturaleza de lo que está dentro de una PC.

¿Qué hay dentro de un archivo?

En el nivel anatómico, toda la información en un archivo es *binaria,* o sea, es sólo una serie de unos y ceros, como ésta:

```
11000100011011110111001011010010110111001100111100001
```

¡Qué aburrido! Las PC pueden hacer milagros con unos y ceros. Pero hablando categóricamente, en realidad hay tres tipos de archivos:

✔ documentos

✔ programas

✔ archivos de datos

Estos tipos describen los contenidos del archivo, o la forma en que el software que usted usa interpreta los unos y los ceros.

Un *documento* incluye cualquier archivo que usted haya creado. Puede ser un verdadero documento de texto, como una lista de cosas por hacer, un capítulo de una novela o una nota para explicarle a la maestra de Anita que el problema de la piel de la niña no es contagioso. Los documentos también pueden ser archivos de sonido, imágenes gráficas o cualquier otro tipo de información que la PC pueda crear, almacenar o aprovechar de Internet.

Los *archivos de programa* contienen instrucciones para el microprocesador de la PC; le dicen lo que tiene que hacer. Tome en cuenta que los programas también son archivos. Incluso el sistema operativo, que es un programa, es también un archivo. De hecho, el sistema operativo está compuesto de muchos archivos.

Los *archivos de datos* incluyen todos los otros archivos en el disco que no son exactamente programas o documentos. Éstos incluyen archivos de soporte para programas, archivos temporales y otras cosas aleatorias que se deben guardar dentro de la PC.

Todo lo que está almacenado dentro de la PC es un archivo. Éstos son archivos que usted crea, archivos de programa que compra o que forman parte del sistema operativo, y archivos de datos que conforman casi todo lo demás. ¡Todo es un archivo!

Describir un archivo

Las personas son tan distintas como los archivos. Describimos a las personas por su apariencia y su forma de actuar así como por sus nombres. Las personas también tienen una fecha de cumpleaños y viven en determinados lugares. Lo mismo pasa con los archivos, aunque los archivos por lo general no se ponen de mal humor ni se preocupan si otros archivos piensan que tienen sobrepeso.

Todos los archivos almacenados dentro de una PC tienen diversos *atributos* o formas específicas de describir los archivos y de mantener cada archivo único y separado de los otros. Cinco de estos atributos le ayudan no sólo a identificar lo que es el archivo, sino también a que cada uno sea único:

- nombre
- tamaño
- fecha y hora
- tipo
- ícono

Todos los archivos tienen un nombre, o *nombre de archivo*. El nombre describe los contenidos del archivo o le ofrece una idea del uso que tendrá. El nombre se le da al archivo cuando se crea. Esto sucede con todos los archivos.

Los archivos tienen un tamaño físico. Ocupan espacio de almacenamiento dentro de la memoria y también ocupan espacio de almacenamiento en el disco. Algunos son pequeños, otros pueden ser bastante grandes.

Cuando crea un archivo, el sistema operativo le da una nalgada como la que le da el doctor a un bebé al nacer. Pero un archivo no respira y no tiene la parte trasera, por lo tanto, lo que se le pega es un sello con la fecha y la hora. Este sello le ayuda a mantener sus archivos organizados y le permite buscarlos por sus fechas y horas de creación. Un segundo sello de fecha y hora se le aplica a un archivo cada vez que se actualiza, cambia o modifica. (La fecha y hora de creación original se mantienen.)

Por último, cada archivo tiene un tipo, que está muy relacionado con el ícono del archivo que usted ve en Windows. El tipo de archivo depende de sus contenidos y cada programa que crea un documento le asigna a ese archivo un tipo específico y un ícono relacionado. Éste es tema amplio, por lo que se cubre más adelante en este capítulo y comienza en la sección "Tipos de archivo e íconos".

✔ El tamaño de un archivo se mide en bytes, igual que la memoria. Vea el Capítulo 9 para obtener más información sobre los bytes.

✔ Un archivo puede tener cero byte, en cuyo caso el archivo existe pero no tiene contenido.

✔ Lo más grande que puede ser un archivo es 4GB. Sin embargo, es extraño que los archivos sean tan grandes.

✔ El sello de la fecha y la hora es una razón por la que la PC tiene un reloj interno. También explica por qué es importante mantener el reloj de la PC con la hora correcta. Vea el Capítulo 6 para obtener más información para fijar el reloj.

✔ Algunos atributos adicionales se usan para describir los archivos, por ejemplo, si es un archivo de sistema, oculto, sólo de lectura, comprimido o archivado y otro poco de cosas triviales. El sistema operativo le da seguimiento a todos esos aspectos.

Archivos que habitan en carpetas

Otra descripción de los archivos, que hace falta en la lista de la sección anterior, es que se almacenan en el disco en contenedores llamados *carpetas*. De nuevo se usa la metáfora del archivador. ¿Aprenderán algún día?

La carpeta permite que los archivos se mantengan ordenados, lo cual le permite a usted separar archivos y colocarlos por grupos de cosas similares. Usar carpetas es una forma clave de evitar volverse loco cuando usa la PC, al igual que usar un armario es una forma de mantener las cosas de la casa organizadas.

Las carpetas son una parte importante para organizar y usar los archivos, por lo que se cubren por aparte en el Capítulo 21. Ese capítulo también cubre el programa Windows Explorer que se menciona aquí.

Póngale un nombre a ese archivo

Todos los archivos necesitan tener nombres y es bueno que la PC le dé la oportunidad de nombrarlos. Si la decisión le quedara a la PC, los archivos recibirían nombres muy monótonos.

Como la PC le permite a usted, el ser humano, ponerle nombre a los archivos, puede ser tan creativo como cuando le puso el nombre a su perro o a su motocicleta o a ese cometa que descubrió. ¡Diviértase! ¡Trate de ser imaginativo! Esta sección repasa los aspectos básicos para ponerle nombre a los archivos.

Elegir el mejor nombre

¡Sea ingenioso cuando le pone un nombre a un archivo! Ponerle nombre a las cosas es algo para lo que son buenos los humanos. Me refiero a las personas mayores, por supuesto. Si las personas de 2 años estuvieran a cargo de ponerle nombre a las cosas, todos los animales se llamarían "perro".

Al archivo se le pone nombre cuando lo guarda en un disco, lo cual ocurre en el cuadro de diálogo Guardar como (vea la sección "Usar el cuadro de diálogo Guardar como", más adelante en este capítulo). Cuando le pone nombre a un archivo, sea breve y descriptivo. Trate de usar sólo letras, números y espacios. Por ejemplo:

```
Agenda
Capítulo 16
Viaje a Barcelona
2006 Informe de gastos de mayo
Lugares para desechar basura tóxica
```

Cada uno de estos ejemplos es un buen nombre de archivo ya que explican bien su contenido.

✔ No importa si están en letra mayúscula o minúscula. Aunque ponerle mayúscula a Amealco es apropiado, por ejemplo, Windows reconoce ese nombre de archivo al igual que amealco, Amealco, AMEALCO o cualquier combinación de letras mayúsculas y minúsculas.

✔ Aunque el tamaño de la letra no es relevante en un nombre de archivo, *sí* es importante cuando digita la dirección de una página web.

✔ El nombre del archivo le recuerda lo que se encuentra dentro, de lo que se trata.

✔ Puede cambiarle el nombre a un archivo en cualquier momento después de crearlo. Vea el Capítulo 22 para obtener información sobre el comando Renombrar.

✔ Todas las reglas para ponerle nombre a los archivos en ésta y las siguientes subsecciones también se aplican para nombrar carpetas, aunque las carpetas se describen en el Capítulo 21.

Reglas oficiales para ponerle nombre a los archivos

Aquí las leyes para nombrar a los archivos en Windows. Esta información es de lectura opcional; si quiere quedarse con las reglas simples de la subsección anterior, está bien.

Caracteres. Los nombres de los archivos pueden tener cualquier combinación de letras y números, además de algunos símbolos.

Longitud. Técnicamente, puede ponerle un nombre a un archivo de más de 200 caracteres de longitud. No lo haga. Los nombres de archivos largos pueden ser *muy* descriptivos, pero Windows los muestra de forma rara o no los muestra del todo. Es mejor usar nombres cortos que abusar de los privilegios de los nombres largos.

Caracteres prohibidos. Windows se enoja si usa cualquiera de estos caracteres para ponerle nombre a un archivo:

```
* / : < > ? \ | "
```

Estos símbolos tienen un significado especial para Windows. Nada malo sucede si trata de usarlos. Windows sólo se rehúsa a guardarlo o le muestra un cuadro de diálogo de advertencia.

Use los puntos con moderación. Aunque puede usar cualquier cantidad de puntos en el nombre de un archivo, no puede ponerle un nombre al archivo sólo con puntos. Sé que eso es algo extraño y quizá sea el único en el planeta que haya intentado hacerlo, pero no funciona.

Espacios. Los nombres de archivos pueden contener espacios. Sin embargo, procure no iniciar el nombre de un archivo con un espacio, porque es difícil verlo. En la tierra de la informática es común usar el guión bajo (o subrayado) en lugar de un espacio.

Los números funcionan bien. Siéntase libre de iniciar un nombre de archivo con un número. Incluso puede usar símbolos, mientras no sean los caracteres prohibidos que acabo de mencionar. Esto lo menciono porque existen rumores ahí afuera de no iniciar el nombre de un archivo con un número. ¡Pura palabrería!

Tipos de archivos e íconos

¿Quién sabe cuál monstruo habita dentro de un archivo? Bueno, honestamente ¡nadie lo sabe! Un archivo no sabe nada acerca de sus contenidos. De hecho, lo más que puede hacer el sistema operativo es *adivinar* sus contenidos. La mayoría del tiempo, logra adivinar. El sistema que se usa para determinar lo que hay dentro de un archivo, sin embargo, no es tan bueno.

La clave es algo llamado *extensión del nombre de archivo*. Esa extensión la usa Windows para ayudarle a identificar no sólo los contenidos del archivo (su tipo), sino también el programa que lo creó y el ícono que se ve en la pantalla. Esta sección cubre todo eso.

La extensión súper secreta del nombre de archivo

La *extensión* del nombre del archivo es un pedazo de texto secreto que se le agrega cuando se crea por primera vez. La extensión del nombre del archivo la aplica el programa que se usa para crearlo. Le dice tres cosas al sistema operativo:

✔ El tipo de archivo que se crea; documento, gráficos o sonido, por ejemplo.

✔ El programa que creó el archivo.

✔ El ícono que se usa para representarlo.

La extensión ofrece una idea de lo que hay dentro de un archivo. El sistema operativo cree mucho en esa extensión.

Detalles de la extensión del nombre de archivo

La extensión del nombre de archivo es su última parte, que por lo general no está visible. Comienza con un punto, seguido por caracteres que van desde uno hasta cuatro. En la mayoría de los archivos, la extensión es de tres caracteres.

Por ejemplo, la extensión del nombre de archivo .doc la usa Microsoft Word para identificar los documentos de Word. La extensión se pronuncia "punto doc", donde DOC es la forma corta de decir documento.

Los archivos de páginas web usan la extensión .HTM o .HTML.

Los archivos gráficos tienen una gran cantidad de extensiones de nombres, según su tipo: JPG, GIF, TIFF y PNG, por ejemplo.

Tenga en cuenta que es común escribir la extensión sin el punto adelante, aunque en el nombre de un archivo el punto y la extensión están ahí. Por ejemplo:

```
Capítulo 20.DOC
```

El nombre del archivo de documento de este capítulo en el disco es Capítulo 20.DOC. Puede ser que usted sólo vea Capítulo 20 en la pantalla, pero la parte DOC está ahí.

✔ Existen montones de extensiones de nombres de archivo comunes.

✔ La mayoría de los archivos de programa en Windows usan la extensión EXE, donde EXE viene del inglés *exe*cute que quiere decir ejecutable.

✔ Una lista completa de extensiones de nombre de archivo se mantiene en Internet, en esta página web:

```
www.filext.com
```

✔ La extensión de un nombre de archivo la determina el programa que se usa para crearlo. La extensión se agrega de forma automática y es necesaria en Windows. Como operador de PC, es útil saber de extensiones, pero no vaya más allá en este asunto.

¿Cómo ver u ocultar la extensión de un nombre de archivo?

Usted le puede indicar a Windows si quiere que aparezca la extensión del nombre cuando observa una lista de archivos. La mayoría de los principiantes prefieren ocultarla; a los usuarios antiguos de PC les gusta verla. De cualquier modo, mostrar u ocultar la extensión se hace en el mismo lugar. Tan sólo siga estos pasos:

1. **Abra el ícono Mi PC (My Computer) en el escritorio.**

   La ventana que aparece es el programa Windows Explorer, el cual se usa para examinar archivos y otras cosas almacenadas en su PC. (Lea más al respecto en el Capítulo 21.)

2. **Elija Herramientas (Tools)⇨Opciones de carpeta (Folder Options).**

3. **Haga clic en la pestaña Ver (View) en el cuadro de diálogo Opciones de carpeta (Folder Options).**

4. **Ubique el objeto en la lista** Ocultar las extensiones de archivo para tipos de archivo conocido (Hide extensions for known file types).

5. **Coloque una marca ahí para ocultar las extensiones o quítela para que Windows las muestre.**

   Por el contrario, si el objeto ya se encuentra definido de la manera que a usted le gusta, todo está listo.

6. **Haga clic en Aceptar (OK) para cerrar el cuadro de diálogo Opciones de carpeta (Folder Options).**

7. **Cierre la ventana Mi PC (My Computer).**

Si elige que aparezca la extensión, vaya a la siguiente subsección donde encontrará información importante para cambiarle el nombre a las extensiones.

Tenga en cuenta que es el trabajo de Windows mantener las extensiones del nombre de archivo. En realidad usted nunca debería manipularlas, ya sea que las vea o no.

No le cambie el nombre a la extensión

Si ha configurado Windows para que muestre las extensiones de nombre de archivo (vea la subsección anterior), tenga cuidado cuando le asigna a un archivo un nombre nuevo con el comando Renombrar (Rename): ¡no debe cambiarle el nombre a la extensión!

La extensión del nombre de archivo es tan sólo un apéndice adicional en su nombre. Es totalmente posible cambiarle el nombre a la extensión o borrarla. Pero cuando usted lo hace, le niega a Windows la posibilidad de saber lo que en realidad se encuentra dentro del archivo. ¡Todo se complica!

Por suerte, Windows le avisa cuándo es hora de cambiarle el nombre a un archivo y usted puede mantener la misma extensión o digitar una nueva. Si lo olvida, use el comando Renombrar (Rename) de nuevo y con cuidado edite el nombre para que mantenga la extensión original.

Vea el Capítulo 22 para obtener más información sobre cambiarle el nombre a los archivos.

Íconos

Windows es un sistema operativo gráfico y, como tal, usa íconos o dibujos pequeños para representar los archivos. El dibujo se supone que se relaciona directamente con el tipo de archivo así como con el programa que lo creó. Después de leer las subsecciones anteriores, usted debería reconocer que ambos atributos están directamente relacionados con la extensión del nombre de archivo.

La Figura 20-1 muestra un archivo tal como lo muestra Windows. Un ícono gráfico que representa un documento de Word aparece junto con el nombre de archivo completo, el cual incluye la extensión .DOC.

Figura 20-1
Un archivo
con un
ícono, un
nombre
y una
extensión.

Chapter 1.doc

Capítulo 1.doc

Cada extensión de nombre de archivo o tipo de archivo cuenta con un ícono único, tal como usted lo descubre mientras usa Windows.

Crear archivos

Los archivos se crean con programas o software. Específicamente, el software que puede crear cosas se llama una *aplicación*. Por ejemplo, usted usa la aplicación del procesador de palabras Word para crear documentos de texto, folletos, novelas, obras de teatro y manifiestos.

La buena noticia es que es sencillo crear cosas con una PC y el software apropiado. La mala noticia es que la PC con alegría y de forma repetitiva pierde todo lo que usted crea, hasta que usted lo guarde en el disco.

¡Guardar en el disco es muy importante! ¡No ha creado nada hasta que lo guarde!

No importa cuánto tiempo invierta en crear algo, un documento, una imagen o cualquier otra cosa, hasta que no use el comando Guardar (Save), esa información sólo existe en la telaraña de la voluble imaginación de la PC (también conocida como RAM). Desconecte el aparato y todo habrá desaparecido.

Para evitar los desastres, debe guardar su información en el disco. La herramienta para hacerlo es el comando Guardar.

El comando Guardar

Windows tiene dos de estos comandos: Guardar (Save) y Guardar como (Save As). Ambos existen en el menú Archivo.

La primera vez que guarda la información en el disco, usted usa el comando Guardar como, incluso si elige Archivo (File)⇨Guardar (Save). Guardar como le indica a Windows que le debe poner un nombre al archivo para luego guardarlo en una unidad de disco y carpeta específica. El comando Guardar como (Save As) *crea* el archivo.

Después de que su información se guarda en el disco con Guardar como (Save As) y se crea el archivo nuevo, usted usa el comando sencillo Guardar (Save) para actualizar el archivo. Así, cuando guarda la información por primera vez, debe trabajar un poco y, luego usar el comando Guardar (Save), Archivo (File)⇨Guardar (Save), para actualizarlo en el disco. Funciona de esta manera hasta que haya terminado, cuando guarda una última vez antes de salir del programa.

- ✔ Se puede ir al comando Guardar desde el botón Guardar (Save) en una barra de herramientas o al presionar Ctrl+S en el teclado.
- ✔ Si su información aún no se ha guardado, usar el comando Guardar es lo mismo que usar el comando Guardar como.
- ✔ Usted también puede usar el comando Guardar como específicamente para guardar un archivo con un nombre nuevo o en una nueva ubicación.

- ✔ Después de que un archivo se ha guardado, su nombre aparece en la barra de título (en la parte superior de la ventana).

Usar el cuadro de diálogo Guardar como

La primera vez que usted guarda su información en un disco, aparece un cuadro de diálogo Guardar como (Save As). Por supuesto, el propósito de este cuadro es guardar su preciado trabajo en el disco o almacenamiento permanente. De tal forma, usted siempre tiene una copia a mano para uso futuro.

El cuadro de diálogo Guardar como también es el lugar donde usted le asigna a su información un nombre de archivo y donde coloca el archivo en una carpeta específica en una unidad de disco específica. (Las carpetas se describen en el Capítulo 21.)

La Figura 20-2 muestra el cuadro de diálogo Guardar como típico. Éste tiene muchos controles diseñados específicamente para desconcertar al nuevo usuario de PC. Lo que usted necesita buscar es el cuadro de texto, cerca de la parte inferior, llamado Nombre de archivo (File Name). Es ahí donde usted digita el nombre del archivo que va a guardar.

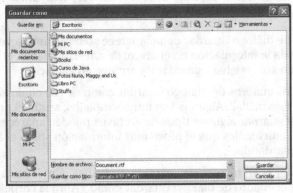

Figura 20-2
El cuadro de diálogo Guardar como (Save As) típico.

Ésta es la forma como trabaja el cuadro de diálogo Guardar como en el nivel más sencillo:

1. Digite un nombre para su archivo.

Vea las reglas para ponerle nombre a los archivos más atrás en este capítulo. Sea listo. Sea descriptivo. Sea breve.

2. Haga clic en el botón Guardar (Save).

El archivo se almacena con seguridad en su disco duro.

Créame: el archivo se guarda en el disco. No es necesario confirmar esto. Si hubiera un error, Windows pronto le informaría.

Si el botón Guardar no funciona, quizás usó un carácter prohibido en el nombre del archivo o usó el nombre de un archivo que ya está guardado. Los programas más educados le indican el error que cometió. Los programas con menor educación no le permiten que haga clic en el botón Guardar.

Los controles adicionales en el cuadro de diálogo Guardar como le permiten seleccionar una unidad de disco específica y una carpeta para su información. Le recomiendo leer el Capítulo 21 (sobre las carpetas) antes de intentar hacer esto.

✔ El cuadro de diálogo Guardar como aparece sólo la primera vez que usted guarda la información en el disco; de ahí en adelante, el comando Guardar tan sólo vuelve a guardar un archivo en el disco.

✔ No todos los cuadros de diálogo Guardar como se ven como el que aparece en la Figura 20-2. Algunos son muy complejos, según el programa. Además, al guardar algunos tipos de archivos pueden aparecer cuadros de diálogo adicionales que le piden más información sobre el archivo que está guardando.

✔ Para guardar el archivo en una carpeta específica, ábrala en la parte principal del cuadro de diálogo Guardar como. (Abra la carpeta con un doble clic del 🖱.)

✔ También puede elegir una carpeta específica (o unidad de disco) de la lista desplegable Guardar en (Save In).

✔ Haga clic en el botón Carpeta nueva para crear una carpeta para su información. Vea la sección "Deje que haya carpetas", en el Capítulo 21, para obtener más información.

✔ Si le ha indicado a Windows que no muestre la extensión del nombre de archivo, usted no observa la extensión que se usa en el cuadro de diálogo Guardar como. Por otro lado, si las extensiones están visibles, usted las observa como se muestran en la Figura 20-2, donde dice (en letras muy pequeñas) ".rtf" después del nombre de archivo.

✔ La lista desplegable Guardar como tipo (Save As Type) dirige al programa para que guarde el archivo como un tipo específico. Esta herramienta se puede usar para invalidar el tipo de archivo normal del programa y guardar su información en un tipo específico. Por ejemplo, usted puede usar esta opción para guardar un documento de Word en el tipo de archivo de texto sencillo (TXT). Use esta opción sólo cuando usted sabe qué quiere guardar el archivo como un tipo diferente.

Capítulo 21

Organizar la información en su PC

....

En este capítulo

▶ Conocer lo que es una carpeta

▶ Descubrir la carpeta raíz

▶ Comprender la jerga de las carpetas

▶ Visitar carpetas populares

▶ Usar el programa Windows Explorer

▶ Abrir archivos

▶ Usar la estructura de árbol

▶ Crear carpetas nuevas

▶ Trabajar en el cuadro de diálogo Abrir

....

Cuando genera documentos, pronto descubre un pequeño inconveniente. Si hace algún trabajo en su PC, se verá rodeado de una montaña de archivos. ¡Hay archivos por todas partes! Unos que usted creó, otros que descargó de Internet y otros que parecen multiplicarse. ¿Qué puede hacer?

La solución para la inundación de archivos es promover la organización. El orden lo da el concepto *carpeta,* que es el primer paso para organizar su información. Incluso los programas y Windows por sí solo usan carpetas para organizar las cosas, lo cual hace de la carpeta un equivalente a un armario, lo que necesitan todas las personas que deben guardar muchas cosas. Este capítulo le explica cómo se hace eso.

La historia de la carpeta

Las carpetas existen para organizar sus archivos, lo cual continúa con la metáfora de las oficinas que usan las PC (la desvirtúo por completo en el Capítulo 20). Las *carpetas* son tan sólo contenedores para archivos. Las carpetas mantienen los archivos o los tipos similares juntos o le permiten a usted organizar sus archivos por proyecto, fecha o como quiera usarlos para mantener la información en buena forma.

¡La cordura es la clave! Sin carpetas, los archivos saturarían el disco duro como si fueran pedazos de un casino luego de una demolición en Las Vegas. El disco duro de la PC típica ahora almacena entre 10,000 y 50,000 archivos. ¡Imagine lo que sería buscar uno! Bueno, le tomaría una semana recorrer la lista. Ni siquiera me imagino la locura con los archivos duplicados y la lentitud con que se comportaría la PC cada vez que usted guardara o abriera cualquier cosa en el disco.

No, las carpetas son la clave para organizar los archivos en el disco duro de su PC. Windows las usa. Usted también debería usarlas.

✔ Una carpeta es un lugar de almacenamiento para los archivos.

✔ Vea el Capítulo 20 para obtener información sobre los archivos. ¡Es muy importante! Comprender los archivos es la clave para usar cualquier software en su PC.

✔ Todos los archivos almacenados en el disco duro se ubican en carpetas. Las carpetas mantienen los archivos juntos, para evitar que se dispersen, como prisioneros, animales o niños en un jardín de infantes.

✔ Las carpetas aparecen en Windows con el ícono de la carpeta, como se muestra al margen. Para abrirla, hágale doble clic con el 🐭. Esta acción muestra los contenidos de la carpeta en una ventana, su ventana.

✔ Las carpetas tienen archivos. También pueden tener otras carpetas. ¡Carpetas dentro de carpetas! Igual que las muñecas rusas *matryoshkas*.

✔ A las carpetas también se les puede llamar *directorios*. Este término remonta a los tiempos antiguos del DOS (que a su vez rememora los días de Unix, la herramienta que usó el rey Herodes).

Carpetas famosas a lo largo de la historia

Le guste o no, todas las unidades de disco de su PC están organizadas en carpetas. Las unidades de disco existen para almacenar archivos, y los archivos *se deben* almacenar en carpetas. Más allá de eso, algunas carpetas específicas y con un nombre apto están disponibles en su PC cuando ejecuta el sistema operativo de Windows. Esta sección reflexiona sobre muchas de ellas.

La carpeta raíz

Todos los discos, incluso el tonto disco floppy, tienen al menos una carpeta. Esa carpeta, la principal del disco, es la *carpeta raíz*. Al igual que un árbol, todas las otras carpetas en su disco duro salen como ramas de la carpeta raíz principal.

La carpeta raíz no tiene un ícono específico. En su lugar, usa el ícono de la unidad en que se encuentra. Así, la carpeta raíz en la unidad C tiene el mismo ícono que la unidad C. Usted observa esos íconos en la ventana Mi PC.

✔ La carpeta raíz es simplemente la carpeta principal o única en la unidad del disco.

✔ La carpeta raíz es como el recibidor de un gran edificio: es sólo un lugar por el que usted pasa para llegar a otro. ¿A cuál? Bueno, a otras carpetas, ¡por supuesto!

✔ La carpeta raíz también se puede llamar *directorio raíz*.

La subcarpeta

Cuando una carpeta existe dentro de otra, se dice que es una *subcarpeta*. Este término no tiene ninguna relación con las embarcaciones que navegan bajo el agua ni con la cadena de emparedados.

Por ejemplo, a usted se le puede pedir que abra la carpeta Mis documentos. Luego, se le puede pedir que abra la subcarpeta Mis imágenes. Eso sólo quiere decir que Mis imágenes es el nombre de una carpeta dentro de Mis documentos; una carpeta dentro de otra.

✔ Además de guardar archivos, las carpetas pueden guardar más carpetas.

✔ No existe un límite para la cantidad de subcarpetas que usted puede crear. Puede tener una carpeta dentro de una carpeta dentro de una carpeta y así sucesivamente. Si les pone nombres adecuados, todo tiene sentido. De lo contrario, es como un archivador mal organizado.

✔ Una subcarpeta también se puede llamar una carpeta *hija*.

✔ La carpeta *padre* es la carpeta que contiene la subcarpeta. Por lo tanto, si Windows es una carpeta dentro de la carpeta raíz, ésta es la carpeta padre y Windows es la carpeta hija.

✔ Así es, carpeta padre y carpeta hija son términos poco usados.

La carpeta Mis documentos

La carpeta raíz es para la PC, las personas no la usan. En cambio, Windows ofrece un lugar para sus cosas en la PC, donde usted puede guardar los archivos que crea o crear numerosas carpetas nuevas para mantener su información organizada. Ese lugar, esa carpeta famosa, es Mis documentos.

La carpeta Mis documentos es su carpeta personal en Windows, donde usted puede guardar información con toda libertad.

Debido a que la carpeta Mis documentos es tan importante, usted tiene muchas formas sencillas de llegar a ella y mostrar sus contenidos: puede abrir el ícono Mis documentos (My Documents) en el escritorio; elegir Mis documentos del menú del botón Inicio; hacer clic en el botón Mis documentos en la parte izquierda de cualquier cuadro de diálogo Abrir (Open) o Guardar como (Save As); además de muchas otras formas maravillosas y confusas.

- ✔ Use la carpeta Mis documentos como el lugar principal para almacenar información que usted crea o recopila en su PC.

- ✔ Además, use las carpetas para organizar su información dentro de Mis documentos. Este tema se cubre a lo largo del resto de este capítulo.

- ✔ La carpeta Mis documentos por lo general se encuentra en la unidad C, donde habita Windows. Si su PC tiene otras unidades de disco, también puede usarlas para almacenar su información. En ese caso, se puede usar la carpeta raíz en esas unidades.

Oh, mis carpetas

La carpeta Mis documentos tiene algunas carpetas ya hechas para ayudarle a organizar sus cosas. Ésta es una muestra de algunas de las otras carpetas y subcarpetas que puede encontrar ahí:

Mis imágenes: es la carpeta donde muchas aplicaciones gráficas ansían guardar las imágenes que usted crea. ¿Lo ve? Es la organización en acción, ¡y usted todavía no ha hecho nada!

Mi música: esta carpeta la usan muchos programas de audio, específicamente Windows Media Player, para almacenar los diversos archivos de música que usted guarda en su PC.

Mis videos: ¿ya captó la idea? La carpeta Mis videos se usa para almacenar archivos de video en una PC. De inmediato puede percibir la organización en acción: si quiere guardar un archivo de video, usted elige la carpeta Mis documentos, abre la carpeta Mis videos y luego guarda el archivo ahí. ¡Viva la organización!

Mi cualquier cosa: durante sus viajes en Windows, usted puede encontrar otras carpetas creadas en Mis documentos, ya sea por algún programa o por usted mismo. Use las carpetas para los documentos específicos que ellas describen. Además, si tiene cosas que no coinciden en una carpeta, piense en crear la popular carpeta Basura.

Carpetas famosas pero prohibidas

Además de necesitar carpetas para sus cosas, su PC necesita carpetas para lo que usa Windows y carpetas para sus aplicaciones. Ésas son las que yo llamo carpetas prohibidas; ¡no las manipule!

- ✔ Aunque es posible que en algún momento husmee dentro de una carpeta prohibida, no toque nada de lo que está ahí.

- ✔ Use la carpeta Mis documentos o cualquiera de sus subcarpetas para almacenar información. No almacene sus documentos dentro de una carpeta prohibida.

✔ No manipule ninguna carpeta fuera de Mis documentos o cualquier carpeta que usted haya creado.

✔ Manipule una carpeta prohibida sólo si se le solicita *específicamente* que lo haga.

✔ La carpeta raíz de la unidad del disco se considera prohibida.

La carpeta Windows

Windows habita en la carpeta Windows, que puede tener el nombre WINNT en algunas PC. Esta carpeta tiene muchos archivos y un sinnúmero de subcarpetas, las cuales comprenden el sistema operativo de Windows y sus programas de soporte. *¡No ha de tocar los archivos que ahí se encuentran!*

En algunas ocasiones puede escuchar que a la carpeta Windows (y a sus subcarpetas) se les llama por su nombre de corporación oficial las *carpetas del sistema*.

La carpeta Archivos de programa

El software que usted usa en su PC también tiene su propia placa, llamada Archivos de programa. Dentro de ella se encuentran numerosas subcarpetas, una para cada programa instalado en su PC, o quizás una carpeta general para todos los programas de un vendedor específico. Bueno, ¿por qué no echar una mirada?

1. **Abra el ícono Mi PC (My Computer) en el escritorio.**

2. **Abra el ícono de la unidad C.**

   En este paso aparece la carpeta raíz para la unidad C.

3. **Abra la carpeta Archivos de programa (Program Files).**

   La ventana Archivos de programa aparece y le muestra todas las carpetas de todo el software instalado en su PC.

   Vea, pero no toque.

4. **Cierre la ventana Archivos de programa (Program Files).**

¿Nota cómo cada programa habita en su propia carpeta? Esas carpetas incluso pueden tener subcarpetas para una mayor organización. Por ejemplo, la carpeta Adobe puede tener una subcarpeta para el programa Adobe Acrobat Reader y luego otra para algún otro producto de Adobe que usted quizás tenga en su PC.

Otras carpetas, misteriosas y diabólicas

La unidad C de la PC está llenísima de carpetas. ¿Qué hacen? ¡No lo sé! No creo que alguien lo sepa, pero ése no es el punto. El punto es usar sólo la carpeta Mis documentos y aquellas subcarpetas que usted crea dentro de ella. En cualquier otra carpeta no se puede interferir.

¡No manipule ninguna carpeta que usted no haya creado! Puede verla, ¡pero no haga nada más!

El programa Windows Explorer

Una de las tareas de un sistema operativo es ayudarle a organizar lo que usted crea. Es el trabajo de Windows colocar los archivos en el disco duro, organizarlos en carpetas y darle seguimiento a todo. Además, Windows le presenta a usted la información del archivo y de la carpeta de forma sencilla, lo cual le permite controlar sus archivos y carpetas sin necesidad de un segundo cerebro. La herramienta para ayudarle a manipular esos archivos y carpetas es un programa llamado Windows Explorer.

Tome en cuenta que Windows Explorer no es el mismo programa que Internet Explorer, aunque su apariencia es similar.

Ejecutar Windows Explorer

Windows Explorer es uno de los programas más fáciles de ejecutar. Mi forma preferida de iniciarlo es presionando Win+E en el teclado. También puede hacer clic derecho en el ícono Mis documentos o Mi PC en el escritorio y elegir Explorer del menú dinámico. El programa Windows Explorer se muestra en la Figura 21-1.

En la Figura 21-1, Windows Explorer muestra los archivos y carpetas que se encuentran en la carpeta Mis documentos. Usted puede ver `Mis documentos` arriba en la barra de título, lo cual le indica la carpeta que está viendo. Los contenidos de la carpeta aparecen a la derecha; las barras de herramientas y otra información se encuentran en los extremos superior e izquierdo de la ventana.

Si no observa la barra de herramientas en la ventana Windows Explorer, elija Ver (View)➪Barra de herramientas (Toolbars)➪ Botones estándar (Standard Buttons). Quizás también quiera elegir Barra de direcciones del submenú Barra de herramientas.

Carpeta actual   Barra de herramientas

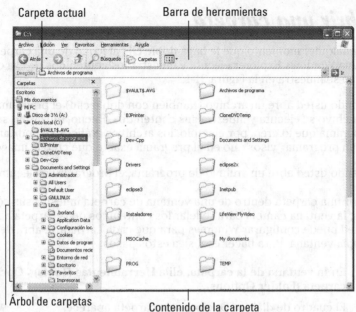

Figura 21-1
Windows
Explorer le
muestra la
estructura
de árbol.

Árbol de carpetas   Contenido de la carpeta

Currrent folder   Toolbar

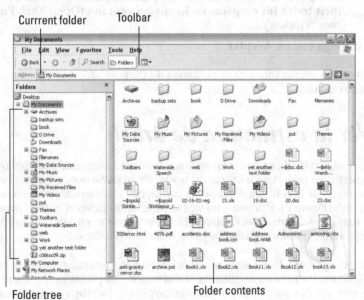

Folder tree   Folder contents

Abrir una carpeta

En cualquier momento que le haga doble clic al ícono de una carpeta, el programa Windows Explorer ejecuta y muestra los contenidos de esa carpeta, como se muestra en la Figura 21-1.

Cuando usted abre un archivo (también con doble clic) el programa que creó el archivo se ejecuta y muestra sus contenidos. Bueno, quizás no sea justo el programa que lo creó: por ejemplo, los archivos gráficos se podrían mostrar en un programa "visor", no en el programa exacto que creó la imagen.

Cuando usted abre un archivo de programa, el programa se ejecuta.

Abrir una carpeta dentro de una ventana de carpeta muestra sus contenidos; la ventana cambia para reflejar los contenidos de la carpeta abierta. Usted puede configurar Windows para que cada carpeta se abra dentro de su propia ventana. Para hacer eso, siga estos pasos:

1. **En la ventana de la carpeta, elija Herramientas (Tools)⇨Opciones de carpeta (Folder Options).**

   El cuadro de diálogo Opciones de carpeta aparece.

2. **En la pestaña General, haga clic para elegir la opción con el nombre Abrir todas las carpetas en la misma ventana (Open Each Folder in Its Own Window).**

3. **Haga clic en Aceptar.**

No olvide cerrar todas esas ventanas de carpeta abiertas cuando haya terminado con ellas.

Ver la estructura de árbol

Todo el enredo de carpetas en su disco duro está organizado en algo que los expertos en informática llaman *estructura de árbol.* Se puede ver en el extremo izquierdo de la ventana Windows Explorer, con el título Carpetas, como se muestra en la Figura 21-1. Si usted no ve esa lista, haga clic en el botón Carpetas en la barra de herramientas Explorer. También puede elegir Ver (View)⇨Barra de Explorador (Explorer Bar)⇨Carpetas del menú (Folders).

Usted manipula la estructura del árbol con el ⁀ᵇ para así navegar con rapidez hacia una carpeta específica en el sistema de su PC (si es que sabe hacia dónde ir). Tan sólo haga clic en una carpeta para mostrar sus contenidos en el extremo derecho de la ventana.

Haga clic en + (signo más) junto a una carpeta para abrirla y revelar cualquier subcarpeta.

Haga clic en - (signo menos) junto a una carpeta para cerrar esa "rama" de la estructura del árbol.

No ver la estructura del árbol

Cuando el panel carpetas está oculto, el programa Windows Explorer muestra una lista de tareas para sus archivos y carpetas, como se muestra en la Figura 21-2. Estas tareas proporcionan vínculos hacia cosas que puede hacer con los archivos dentro de la carpeta, otros lugares donde puede ir y tareas similares.

Las tareas que se muestran varían según el tipo de carpeta o de si hay un archivo seleccionado y el tipo de archivo que es.

  Tenga en cuenta que cada panel de tareas se puede desplegar u ocultar con un clic en las formas de V (vea el margen).

Ver los archivos en una carpeta

 El botón Ver (View), en el extremo derecho de la barra de herramientas Windows Explorer, muestra un menú que controla la forma en que se muestran los íconos en la ventana:

Tira de imágenes (Film Strip): es mejor para tener una vista previa de los archivos gráficos (sólo está disponible en las carpetas configuradas para ver imágenes gráficas).

Vista miniatura (Thumbnails): también es buena para ver archivos gráficos; puede hacer una vista previa de las imágenes dentro de los archivos en una ventana pequeña en lugar de mostrar el ícono del archivo.

Mosaico (Tiles): despliega íconos grandes para representar los archivos almacenados en una carpeta.

Íconos (Icons): despliega íconos más pequeños para representar los archivos.

Lista (List): despliega los archivos en una lista, con un ícono muy pequeño y luego el nombre del archivo.

Detalles (Details): le permite ver información detallada sobre los archivos en una carpeta, en columnas.

Si le sobra mucho tiempo, haga clic en el botón y elija una vista diferente. Yo recomiendo la vista Íconos grandes (Large Icons), pero mi amiga Julia la detesta.

- ✔ Estas opciones también se pueden elegir en el menú Ver (View).

- ✔ La vista Detalles (Details) es mejor para encontrar información acerca de los archivos en una carpeta. Esta vista proporciona una lista de información como el tamaño del archivo, la fecha y la hora, el tipo de archivo y algunas cosas adicionales.

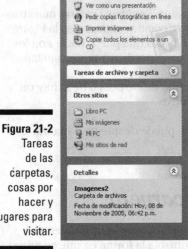

Figura 21-2
Tareas
de las
carpetas,
cosas por
hacer y
lugares para
visitar.

Deje que haya carpetas

No puedo terminar el capítulo de las carpetas sin unas palabras clave para crearlas. Espero que ésta sea una tarea que hará rutinariamente conforme organiza su información en el disco duro de su PC.

Crear una carpeta es algo sencillo. Recuerde que usar la carpeta es la parte difícil. Los siguientes pasos permiten crear una carpeta llamada Cosas en la carpeta Mis documentos, en la unidad C:

1. **Haga doble clic en el ícono Mis documentos (My Documents) en el escritorio de Windows.**

   Si la carpeta se ve desordenada, elija Ver (View)➪Organizar íconos (Arrange Icons)➪Por nombre (From Name) del menú. Este paso coloca en orden alfabético los contenidos de la carpeta.

2. **Elija Archivo (File)➪Nuevo (New)➪Carpeta (Folder).**

   La carpeta nueva aparece. Su nombre es Nueva carpeta (New Folder), pero note que el nombre está *seleccionado*. Esto quiere decir que usted puede digitar un nombre nuevo de inmediato.

3. **Digite Cosas.**

   La carpeta se llama Cosas, que es lo que usted digita en el teclado. Ese nombre reemplaza el insípido nombre Nueva carpeta.

4. **Presione Enter para fijar el nombre.**

   La carpeta nueva está lista para usarse.

Puede hacer doble clic en el ícono de la carpeta nueva para abrirla. Aparece una ventana en blanco porque es una carpeta nueva y no tiene contenidos.

Vea el Capítulo 22 para obtener información sobre copiar o mover archivos dentro de la carpeta.

✔ ¡Sea creativo con el nombre! Recuerde que esta carpeta tendrá archivos y quizás otras carpetas que deben relacionarse en alguna medida con el nombre.

✔ En términos generales, las carpetas se manipulan como archivos. Después de crear una carpeta, puede cambiarle el nombre, moverla, copiarla, borrarla o crear un acceso directo hacia ella. Vea el Capítulo 22 para obtener más detalles.

✔ Un tipo especial de carpeta es la *comprimida*, también conocida como archivo zip. Para obtener más información sobre ese tipo de carpeta, utilice su buscador preferido.

Usar el cuadro de diálogo Abrir

A menudo se encontrará excavando en las carpetas con el comando Abrir (Open), para buscar un archivo en algún lugar del disco. Por ejemplo, usted quiere abrir ese documento en el que trabajó ayer, el que tiene los ingredientes secretos para crear un postre que lo hará famoso.

Para recuperar un archivo que se ha guardado de manera formal en el disco, use el comando Abrir, ubicado en el menú Archivo; puede también hacer clic en un botón de comando Abrir en una barra de herramientas (si ese botón se encuentra disponible). El acceso directo en el teclado es Ctrl+A (la A viene de Abrir). Este comando muestra el cuadro de diálogo Abrir, usado para buscar archivos que se han guardado de manera formal en el disco.

La Figura 21-3 muestra un cuadro de diálogo Abrir típico, que usan la mayoría de los programas en Windows. Los siguientes pasos explican cómo se usa este cuadro de diálogo:

Figura 21-3
El típico cuadro de diálogo Abrir (Open).

La parte principal del cuadro de diálogo Abrir tiene una lista de archivos, como una ventana de Windows Explorer. De hecho, usted incluso puede cambiar la vista (vea la sección "Ver los archivos en una carpeta", más atrás en este capítulo).

Si ve el archivo que quiere en la parte principal del cuadro de diálogo Abrir, hágale clic. Eso lo selecciona y lo resalta en el cuadro de diálogo. Luego, haga clic en el botón Abrir. Windows obedece su comando al traer el archivo que usted seleccionó del disco y abrirlo en una ventana de la pantalla. En ese momento usted puede hacer lo que quiera con los contenidos del archivo: verlos, editarlos, modificarlos, imprimirlos o cualquier cosa.

Cuando no ve el archivo que quiere, puede usar varios aparatos en el cuadro de diálogo para explorar otras unidades de disco y carpetas. Recomiendo hacer lo siguiente como ayuda para encontrar el archivo caprichoso:

- ✔ Haga clic en el botón Mis documentos (My Documents), en el extremo izquierdo del cuadro de diálogo Abrir (Open), el cual muestra los contenidos de la carpeta Mis documentos.

- ✔ Haga doble clic para abrir cualquier carpeta que aparezca en la lista de archivos.

- ✔ Si quiere regresar a la carpeta anterior, haga clic en el botón Subir un nivel (Up One Level), como se muestra al margen.

- ✔ Elija otra carpeta de la lista desplegable Buscar en (Look In), en la parte superior del cuadro de diálogo.

- ✔ Elija otra unidad de disco desde la lista desplegable Buscar en (Look In) y comience a explorar por las carpetas de esa unidad.

Cuando encuentra su archivo, ¡ábralo!

Espero que ahora pueda apreciar la idea de ponerle nombres apropiados a los archivos y carpetas, y de usar esas carpetas para organizar su información. No sufra si le ha puesto nombres inadecuados a las cosas. Es fácil cambiarle el nombre a los archivos y a las carpetas, como se muestra en el Capítulo 22.

✔ En la parte inferior del cuadro de diálogo se encuentra una lista desplegable, llamada Tipo de archivo (Files of Type). Le permite limitar los tipos de archivos que aparecen en la lista del cuadro de diálogo Abrir (Open). Por ejemplo, en la Figura 21-3, la opción Todos los archivos de imagen (All Picture Files) está seleccionada, por lo tanto, cualquier archivo gráfico aparece en la lista. Para limitar la lista, se puede elegir un tipo de archivo específico.

✔ Tome en cuenta que no todos los programas pueden abrir todos los tipos de archivos. Los programas funcionan mejor en los archivos que ellos mismos crean.

✔ El cuadro de diálogo Examinar (Browse) es similar al cuadro de diálogo Abrir (Open). Aparece cada vez que usted hace clic en un botón Examinar (Browse) para rastrear un archivo en Windows.

✔ Cuando realmente no logra encontrar un archivo, use el comando Buscar (Search). Vea el Capítulo 22.

Capítulo 22

Control de archivos

Sus archivos representan los documentos que usted crea en su PC. Por lo tanto, son de mucha importancia. Es por eso que el sistema operativo le proporciona algunas herramientas para controlar, manipular y mantener sus archivos. ¡El control es la clave! Al igual que el combustible nuclear o un cuarto lleno de niños, sus archivos no deben dejarse escapar. Este capítulo describe las herramientas que debe usar para controlar sus archivos.

Trabajar con grupos de archivos

Antes de que pueda manipular algún archivo, debe seleccionarlo. Puede seleccionar los archivos de manera individual o en grupos.

Para seleccionar un solo archivo, haga clic en su ícono una vez con el ⌐. Este paso selecciona el archivo, el cual aparece resaltado en pantalla, de modo similar a lo que aparece en la Figura 22-1. Ahora el archivo está listo para la acción.

Figura 22-1
El ícono
(archivo) a
la derecha
está
seleccio-
nado.

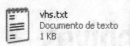
vhs.txt
Documento de texto
1 KB

carro 15-10-05.jpg
Imagen JPEG
400 x 812

✔ Hacer clic en un archivo con el 🖱 *selecciona* ese archivo.

✔ Los archivos seleccionados aparecen resaltados en la ventana de la carpeta.

✔ Los comandos de manipulación de archivos, como por ejemplo copiar, mover, cambiar nombre y eliminar, sólo afectan a los archivos seleccionados.

Seleccionar todos los archivos en una carpeta

Para seleccionar todos los archivos en una carpeta, elija Editar (Edit)⇨Seleccionar todo (Select All) del menú. Este comando resalta todos los archivos en la ventana, incluyendo cualquier carpeta (y todos sus contenidos) e indica que están listos para la acción.

También puede usar la combinación de teclas de acceso directo Ctrl+A para seleccionar todos los archivos en una carpeta.

Seleccionar un grupo aleatorio de archivos

Suponga que necesita seleccionar cuatro íconos dentro de una carpeta de una sola vez, algo parecido a lo que se muestra en la Figura 22-2. Ésta es la forma de hacerlo:

1. **Haga clic para seleccionar el primer archivo.**

   Ponga el 🖱 sobre el ícono del archivo y haga clic una vez.

2. **Presione y sostenga la tecla Ctrl en el teclado.**

   Cualquier tecla Ctrl (control) funciona; presiónela y sosténgala.

Figura 22-2
Un grupo
aleatorio de
archivos se
selecciona.

3. **Haga clic para seleccionar el siguiente archivo.**

   Al sostener la tecla Ctrl, usted puede seleccionar tantos archivos como lo deseen sus dedos. (De lo contrario, al hacer clic en un archivo, usted eliminaría la selección de lo que esté seleccionado.)

4. **Repita el Paso 3 hasta que haya seleccionado todos los archivos que quiere.**

   (O hasta que le duela su dedo.)

5. **Suelte la tecla Ctrl cuando termine de seleccionar los archivos.**

Ahora está listo para manipular los archivos seleccionados en grupo.

Para eliminar la selección de un archivo en un grupo, sólo hágale Ctrl+clic de nuevo.

Seleccionar una franja de archivos en una fila

Para seleccionar una fila de archivos, como los que ve en la Figura 22-3, siga estos pasos:

1. **Elija Ver (View)⇨Lista (List) del menú.**

2. **Haga clic para seleccionar la primera fila en su grupo.**

3. **Presione y sostenga la tecla Shift.**

   Cualquier tecla Shift en el teclado funciona.

Figura 22-3
Un grupo de archivos en una fila está seleccionado.

Nombre ▲	Tamaño
Pearl Jam - Rearviewmirror (Greatest Hits 1991-2003) - Alive.mp3	10,028 KB
Pearl Jam - Rearviewmirror (Greatest Hits 1991-2003) - Animal.mp3	5,432 KB
Pearl Jam - Rearviewmirror (Greatest Hits 1991-2003) - Better Man.mp3	7,328 KB
Pearl Jam - Rearviewmirror (Greatest Hits 1991-2003) - Black.mp3	8,450 KB
Pearl Jam - Rearviewmirror (Greatest Hits 1991-2003) - Breath.mp3	9,098 KB
Pearl Jam - Rearviewmirror (Greatest Hits 1991-2003) - Corduroy.mp3	8,156 KB
Pearl Jam - Rearviewmirror (Greatest Hits 1991-2003) - Daughter.mp3	6,244 KB
Pearl Jam - Rearviewmirror (Greatest Hits 1991-2003) - Dissident.mp3	6,260 KB
Pearl Jam - Rearviewmirror (Greatest Hits 1991-2003) - Do The Evolution.mp3	6,208 KB
Pearl Jam - Rearviewmirror (Greatest Hits 1991-2003) - Elderly Woman Behind T...	5,256 KB
Pearl Jam - Rearviewmirror (Greatest Hits 1991-2003) - Even Flow.mp3	8,978 KB
Pearl Jam - Rearviewmirror (Greatest Hits 1991-2003) - Given To Fly.mp3	6,490 KB
Pearl Jam - Rearviewmirror (Greatest Hits 1991-2003) - Go.mp3	5,364 KB
Pearl Jam - Rearviewmirror (Greatest Hits 1991-2003) - Hail- Hail.mp3	6,480 KB
Pearl Jam - Rearviewmirror (Greatest Hits 1991-2003) - I Am Mine.mp3	6,352 KB
Pearl Jam - Rearviewmirror (Greatest Hits 1991-2003) - I Got Shit.mp3	7,518 KB
Pearl Jam - Rearviewmirror (Greatest Hits 1991-2003) - Immortality.mp3	8,508 KB
Pearl Jam - Rearviewmirror (Greatest Hits 1991-2003) - Jeremy.mp3	9,188 KB
Pearl Jam - Rearviewmirror (Greatest Hits 1991-2003) - Last Kiss.mp3	5,006 KB
Pearl Jam - Rearviewmirror (Greatest Hits 1991-2003) - Light Years.mp3	8,056 KB
Pearl Jam - Rearviewmirror (Greatest Hits 1991-2003) - Man Of The Hour.mp3	5,158 KB
Pearl Jam - Rearviewmirror (Greatest Hits 1991-2003) - Not For You.mp3	9,870 KB

Name ▲	Size	Type	Artist
Bach's Brandenburg Concerto...	142 KB	MIDI Sequence	
Back to the Future.mid	39 KB	MIDI Sequence	
Beethoven's 5th Symphony.rmi	91 KB	MIDI Sequence	
Beethoven's Fur Elise.rmi	21 KB	MIDI Sequence	
bewitched.mid	9 KB	MIDI Sequence	
bigtop.mid	30 KB	MIDI Sequence	
bjs-mmg.mid	6 KB	MIDI Sequence	
bohemian rhapsody.mid	51 KB	MIDI Sequence	
brunes.mid	47 KB	MIDI Sequence	
Bumble Bee.mid	14 KB	MIDI Sequence	
bumble.mid	21 KB	MIDI Sequence	
bwv530f.mid	25 KB	MIDI Sequence	
bwv536t.mid	36 KB	MIDI Sequence	
bwv948.mid	14 KB	MIDI Sequence	
Can't do that sum.mid	11 KB	MIDI Sequence	
CANYON.MID	21 KB	MIDI Sequence	
cartoons.mid	5 KB	MIDI Sequence	
Classical Gas.mid	8 KB	MIDI Sequence	
Dance of the Sugar-Plum Fair...	21 KB	MIDI Sequence	
Debussy's Claire de Lune.rmi	28 KB	MIDI Sequence	
doom1.mid	18 KB	MIDI Sequence	
elvis.mid	16 KB	MIDI Sequence	
EURYDICE.MID	90 KB	MIDI Sequence	
figaro.mid	38 KB	MIDI Sequence	

4. **Haga clic para seleccionar el último archivo en su grupo.**

   Al sostener la tecla Shift, usted selecciona todos los archivos entre el primer y el segundo clic, como se muestra en la Figura 22-3.

5. **Suelte la tecla Shift.**

Ahora los archivos están listos para la acción.

Esta técnica para seleccionar archivos funciona mejor en la vista Lista. También funciona en otras vistas de archivos, pero no es tan predecible.

Puede aprovechar varios comandos para la organización de archivos en la lista. Use el submenú Ver (View)➪Organizar íconos (Arrange Icons) para elegir la forma de alinear los archivos. Por ejemplo, puede organizarlos en orden alfabético, por tamaño, por fecha o por sabor.

Enlazar un grupo de archivos

Otra forma de seleccionar archivos como grupo es enlazarlos. La Figura 22-4 ilustra cómo hacerlo arrastrando los archivos con el ⌖.

DSC00435... DSC00436... DSC00437... DSC00438...

DSC00439... DSC00440... DSC00441... DSC00444...

DSC00445... DSC00446... DSC00447... DSC00448...

Figura 22-4
Enlazar un grupo de archivos con el ⌖.

DSC00449... DSC00450... DSC00451... DSC00452...

DSC00453... DSC00454... DSC00455... DSC00457...

Para enlazar los archivos, comience por apuntar el ⌖ sobre y hacia la izquierda de la horda de íconos que quiere enlazar. Con el botón del ⌖ presionado, arrastre hacia abajo y hacia la derecha para crear un rectángulo que rodee (enlace) los íconos de los archivos, como se muestra en la Figura 22-4. Suelte el botón del ⌖ y todos los archivos que ha enlazado quedan seleccionados como un grupo. En estas circunstancias es apropiado que grite "¡bravo!".

Seleccionar todos los archivos con excepción de uno

Este útil truco es uno que uso todo el tiempo. Por ejemplo, si quiere seleccionar todos los archivos en una carpeta con excepción de uno, siga estos pasos:

1. **Haga clic o Ctrl+clic para seleccionar el archivo o los archivos que *no* quiere seleccionar.**

2. **Elija Editar (Edit)⇨Invertir selección (Invert Selection) del menú.**

    Ahora, todos los archivos seleccionados están sin seleccionar, y todos los archivos sin seleccionar están seleccionados, ¡y listos para la acción!

Este truco evita seleccionar todos los archivos y luego buscar los que no quería seleccionar desde el principio.

Mezclar técnicas de selección

Trabajar con grupos de archivos es algo que usted hace a menudo, así que una de las técnicas en las subsecciones anteriores espero que pueda ayudarle a seleccionar archivos con rapidez y facilidad. Si no es así, tenga en cuenta que usted puede mezclar y asociar las técnicas.

Suponga que necesita enlazar dos grupos de archivos. Si es así, enlace el primer grupo y luego presione y sostenga la tecla Ctrl e incluya el segundo grupo.

Puede hacer Shift+clic para seleccionar una secuencia de archivos en una fila y luego regresar y hacer Ctrl+clic para eliminar archivos específicos de esa lista.

También puede enlazar un grupo de archivos que no quiere seleccionar y luego elegir Editar (Edit)⇨Invertir selección (Invert Selection) para eliminar la selección de esos archivos y seleccionar todo lo demás.

Cuando usted selecciona una carpeta, está seleccionando todos los archivos y subcarpetas que contenga. ¡Tenga cuidado!

Eliminar la selección de algunas cosas

Para eliminar la selección de un archivo, tan sólo haga clic en cualquier lugar dentro de la carpeta (pero no sobre un ícono). Esa acción elimina la selección de cualquiera y de todos los archivos dentro de la carpeta. También, puede cerrar la ventana de la carpeta y, en tal caso, Windows de inmediato se olvida de cualquier archivo seleccionado.

Archivos de aquí para allá

Los archivos no permanecen estáticos. Usted los mueve, los copia y los mata. Si no lo hace, su disco duro se llena de basura y, por vergüenza, debe apagar la PC cuando llegan sus amigos.

Mover o copiar archivos hacia otra carpeta

Los archivos se mueven y se copian todo el tiempo. *Mover* un archivo ocurre cuando usted lo traslada de una carpeta hacia otra. *Copiarlo* sucede cuando lo duplica, al dejar el original en su lugar y hacer una copia exacta en algún otro lugar.

Windows tiene cerca de doce formas diferentes de copiar y mover archivos. Podría tener más, pero he perdido la cuenta. En lugar de aburrirlo con todas las alternativas posibles, aquí está la forma que prefiero para mover o copiar un archivo o grupo de archivos seleccionados:

1. **Seleccione los archivos o carpetas que quiere mover o copiar.**

2a. **Para moverlos, elija Editar (Edit)⇨Mover a la carpeta (Move to Folder) del menú.**

2b. **Para copiarlos, elija Editar (Edit)⇨Copiar a la carpeta (Copy to Folder) del menú.**

El cuadro de diálogo Mover elementos o Copiar elementos aparece. Ambos funcionan de manera similar, aunque sólo el cuadro de diálogo Mover elementos se muestra como ejemplo en la Figura 22-5.

Figura 22-5
El cuadro de diálogo Mover elementos (Move Items).

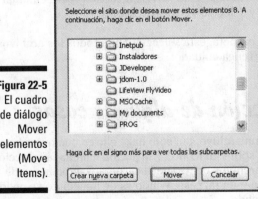
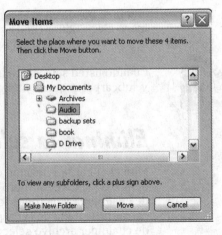

3. **Elija la carpeta de destino de la lista que se desplaza.**

   La lista desplazadora funciona como la estructura del árbol que se describe en el Capítulo 21.

4. **Haga clic en el botón Mover (Move) o Copiar (Copy).**

   Los archivos se mueven o se copian de su ubicación actual hacia la carpeta que usted seleccionó.

El comando Copiar (Copy) hace duplicados del archivo mientras que el comando Mover (Move) los cambia de lugar.

✔ Si la carpeta de destino no existe, usted la puede crear: haga clic para seleccionar la carpeta padre y luego en el botón Crear nueva carpeta (Create New Folder). Póngale un nombre a la carpeta nueva y luego elíjala como destino.

✔ Para mover o copiar archivos hacia otra unidad de disco, tan sólo elija la letra de esa unidad de la lista.

✔ Cuando se mueven carpetas, se mueven todos los archivos y subcarpetas dentro de ella. Tenga cuidado cuando hace esto, Windows puede perder el seguimiento de los documentos que anteriormente se abrieron ahí.

✔ La carpeta popular Mis documentos se encuentra en la parte superior de la lista de carpetas en el cuadro de diálogo.

✔ En lugar de copiar un archivo, piense más bien en crear un acceso directo. Vea la sección "Crear accesos directos", más adelante en este capítulo.

Mover y copiar archivos con cortar y pegar

En Windows, donde todo es como en un jardín de infantes, usted corta y copia archivos.

Mover un archivo es una operación de cortar y pegar.

Copiar un archivo es una operación de copiar y pegar.

Ésta es la forma de hacerlo:

1. **Seleccione los archivos que quiere mover o copiar.**

2a. **Para mover los archivos, elija Editar (Edit)⇨Cortar (Cut).**

2b. **Para copiar los archivos, elija Editar (Edit)⇨Copiar (Paste).**

Si corta, los archivos aparecen sombreados en la ventana, lo cual quiere decir que se han elegido para cortarlos. No hay nada malo; avance hacia el siguiente paso.

3. **Abra la carpeta hacia donde quiere mover o copiar los archivos.**

4. **Elija Editar (Edit)➪Pegar (Paste).**

Los archivos se mueven o se copian.

Windows recuerda los archivos que se cortaron o se copiaron hasta que usted corta o copia algo más; por lo tanto, es importante que sea metódico en esta parte. ¡No posponga pegar las cosas!

✔ También puede usar las combinaciones de teclas de acceso directo: Ctrl+C para copiar, Ctrl+X para cortar y Ctrl+V para pegar.

✔ Para cancelar la operación, tan sólo presione la tecla Esc antes de pegar los archivos. Esta acción vuelve a colocar los archivos cortados sin sombreado.

Mover o copiar archivos puede ser cuestión de un solo arrastre

Quizás la forma más sencilla de mover o copiar un archivo es tener tanto la ventana del archivo como la ventana de destino abiertas en el escritorio al mismo tiempo. Para moverlo, sólo arrastre un ícono de una ventana hacia otra. Para mover un grupo, seleccione los íconos y luego arrástrelos de una ventana hacia la otra.

Copiar archivos incluye arrastrar sus íconos, pero cuando lo hace, presione y sostenga la tecla Ctrl en el teclado. Usted nota un pequeño + (signo más) que aparece junto al puntero del 🖰 mientras arrastra los íconos. Ésa es la clave de que los archivos se han copiado (duplicado).

Cuando está haciendo arrastres entre carpetas en unidades de discos distintas, Windows siempre elige copiar en lugar de mover los archivos. Para invalidar esto, presione la tecla Shift mientras arrastra los archivos; la tecla Shift pone en acción la operación de movimiento y mueve los archivos en lugar de copiarlos.

Duplicar un archivo

Para hacer un duplicado, tan sólo copie un archivo hacia su misma carpeta. Use cualquiera de las técnicas para copiar archivos que menciono más atrás en este capítulo.

El duplicado se crea con el prefijo `Copia de` y luego el resto del nombre del archivo. Ésa es la clave de que el archivo es un duplicado del original almacenado en la misma carpeta.

Copiar un archivo a un disco removible

Por alguna razón, la gente suele copiar archivos hacia un disco floppy o hacia cualquier disco removible. Es muy fácil de hacer. Siga estos pasos:

1. **Asegúrese de que haya un disco en la unidad listo para aceptar el archivo.**

   En el caso de una tarjeta de memoria digital, asegúrese de que la unidad esté montada en el lector de la tarjeta.

2. **Seleccione los archivos por copiar.**

3. **Elija Archivo (File)⇨Enviar a (Send To), y seleccione el disco removible del submenú.**

   El submenú Enviar a (Send To) tiene una lista de todas las unidades de disco removibles disponibles hacia donde puede enviar el archivo, incluso un CD o DVD grabable, si su PC lo tiene.

   Los archivos se copian hacia la unidad en cuanto usted elije el comando.

Asegúrese siempre de que haya un disco en la unidad y de que el disco esté listo para aceptar archivos antes de que realice la copia.

 ✔ ¡No quite el disco hasta que todos los archivos se hayan copiado!

 ✔ Tome en cuenta que las opciones en el submenú Enviar a pueden ser un poco distintas en su PC; revise con cuidado el menú de su unidad de disco removible.

 ✔ Para copiar archivos hacia otro disco duro, use los comandos Mover o Copiar, que se cubren más atrás en este capítulo.

 ✔ Asegúrese de desmontar apropiadamente una tarjeta de medios digital antes de quitarla de la unidad. Vea la sección "Quitar un dispositivo USB", en el Capítulo 7.

 ✔ Vea el Capítulo 24 para obtener más información sobre escribir discos en un CD-R.

Crear accesos directos

Un *acceso directo* a un archivo es una copia de un archivo 99 por ciento libre de grasa. Le permite acceder al archivo original desde cualquier lugar del sistema de disco de una PC , pero sin el exceso de equipaje necesario para copiar el archivo después de todo el proceso. Por ejemplo, usted puede crear un acceso directo hacia Microsoft Word en el escritorio, desde donde siempre puede accederlo mucho más rápido que con el panel Inicio.

Un acceso directo se hace de la misma forma que copiar y pegar un archivo, como se menciona en la sección "Mover o copiar archivos con cortar y pegar", más atrás en este capítulo. La diferencia es que, en lugar de usar el comando Pegar, usted elige Editar (Edit)➪Pegar acceso directo (Paste Shortcut).

✔ Si el comando Editar➪Pegar acceso directo no está disponible, haga clic derecho con el 🖰 en el destino. Cuando un objeto Pegar acceso directo aparece en el menú dinámico, úselo.

✔ Para crear un acceso directo con rapidez en el escritorio, haga clic derecho en el ícono y elija Enviar a (Send to)➪Escritorio (Desktop) (Crear acceso directo) en el menú dinámico.

✔ Un ícono de acceso directo tiene una flecha pequeña dentro de una caja blanca en su esquina inferior izquierda (vea el margen). Este ícono le indica que el archivo es un acceso directo y no el verdadero personaje.

✔ Los accesos directos por lo general se llaman `Acceso directo a` y están seguidos por el nombre del archivo original. Puede editar la parte `Acceso directo a`, si lo desea. Vea la sección "Cambiarle el nombre a los archivos", más adelante en este capítulo.

✔ No tenga miedo de borrar accesos directos: eliminarlos no elimina el archivo original.

Eliminar archivos

Parte del mantenimiento del armario de la unidad del disco es la limpieza ocasional que debe realizar. Esta tarea incluye no sólo la organización de los archivos y carpetas al moverlos y copiarlos, sino también limpiar a fondo todos los rincones, es decir, eliminar los archivos que ya no necesita.

Para deshacerse de un archivo, selecciónelo y elija Archivo (File)➪Borrar (Delete). También puede presionar la tecla Supr (Suprimir) en su teclado para borrar los archivos seleccionados. Por otro lado, si puede ver el ícono de la Papelera de reciclaje en el escritorio, arrastre los archivos con el 🖰 y suéltelos en el ícono de la Papelera de reciclaje. ¡Puf! El archivo se ha ido.

✔ Windows puede enviarle una advertencia cuando borra un archivo. ¿Está *realmente* seguro? Usted quizás lo está, por lo tanto haga clic en Sí para eliminar el archivo. (Windows está actuando con precaución.)

✔ Puede eliminar carpetas al igual que los archivos, pero tenga en cuenta que también borra los contenidos de la carpeta, que pueden ser docenas de íconos, archivos, carpetas, joyas o lo que se le ocurra. Es mejor que tenga cuidado en ese caso.

✔ Nunca borre un archivo o una carpeta a menos que usted haya sido su creador.

✔ Los programas no se borran en Windows, se desinstalan. Vea el Capítulo 23.

Deshacer la eliminación de archivos

Si usted eliminó el archivo (y quiero decir que *sólo lo eliminó*) puede elegir el comando Editar (Edit)➪Deshacer (Undo) (Ctrl+Z). Eso lo trae de vuelta.

Si Editar (Edit)➪Deshacer (Undo) no lo hace, o deshace (o cualquier otra cosa), siga estos pasos:

1. **Abra la Papelera de reciclaje en el escritorio.**
2. **Seleccione el archivo que quiere recuperar.**
3. **Elija Archivo (File)➪Restaurar (Restore) del menú.**

   El archivo se elimina mágicamente de la Papelera de reciclaje y se restablece en la carpeta y en el disco de donde se eliminó.

4. **Cierre la ventana de la Papelera de reciclaje.**

Windows no tiene un límite de tiempo definido para que pueda recuperar archivos; pueden estar disponibles en la Papelera de reciclaje durante meses o incluso años. Aun así, no deje que esa ventaja de la Papelera de reciclaje lo deje caer en un falso sentido de seguridad. Nunca elimine un archivo a menos que esté seguro de que quiere que desaparezca.

✔ Elija Ver (View)➪Organizar íconos (Arrange Icons)➪Fecha de eliminación Date Deleted) del menú de la Papelera de reciclaje para mostrar los archivos en el orden que partieron (por fecha). De esa forma, es pan comido encontrar cualquier archivo eliminado.

✔ Los archivos que se borran al presionar Shift+Suprimir en el teclado se borran de manera permanente. No se almacenan en la Papelera de reciclaje y no se pueden recuperar. Es por eso que sólo debería usar el comando Shift+Suprimir para realmente eliminar los archivos que ya no quiere.

Cambiarle el nombre a los archivos

Windows le permite cambiarle el nombre a cualquier archivo o carpeta en cualquier momento. Usted quizás quiera hacer esto para ponerle a la carpeta un nombre que sea más descriptivo, o puede ser que tenga un sin número de razones para ponerle a un ícono un nombre nuevo. Ésta es la forma de hacerlo:

1. **Haga clic en el ícono una vez para seleccionarlo.**
2. **Elija Archivo (File)➪Renombrar (Rename) del menú.**

   El nombre actual del archivo aparece resaltado o seleccionado, igual que el texto seleccionado en un procesador de palabras.

3. Digite un nombre nuevo o edite el nombre actual.

4. Presione la tecla Enter para ingresar el nombre nuevo.

Tenga en cuenta que todos los archivos *deben* tener un nombre. Si no le pone un nombre al archivo (trata de dejarlo en blanco), Windows se queja. Además de eso, hay algunos puntos sobre cambiarle el nombre a los archivos que debe considerar.

✔ Antes de presionar la tecla Enter (vea el Paso 4), puede presionar la tecla Esc para deshacer el daño y volver al nombre original del archivo.

✔ Windows no le permite cambiarle el nombre a un archivo con el nombre de un archivo existente; dos objetos en la misma carpeta no pueden compartir el mismo nombre.

✔ Si usted ocultó las extensiones de los nombres de archivos, puede parecer que dos archivos comparten el mismo nombre. Sin embargo, note que esos archivos son de dos tipos diferentes y tienen dos íconos diferentes.

✔ Puede deshacer el cambio del nombre al presionar la combinación de teclas Ctrl+Z o el elegir Editar (Edit)⇨Deshacer (Undo) del menú. Debe hacerlo justo después de la acción para que esto funcione.

✔ El acceso directo del teclado para cambiarle el nombre a los archivos es F2. Prefiero usar esta tecla que elegir el objeto del menú porque en todo caso mis manos necesitan estar en el teclado para digitar el nuevo nombre del archivo.

Windows le permite cambiarle el nombre a un grupo de íconos de una sola vez. Funciona igual que cambiarle el nombre a un solo ícono, aunque cuando se completa la operación, todos los íconos seleccionados tienen nombres nuevos además de un número como sufijo. Por ejemplo, usted selecciona un grupo de íconos y elige el comando Archivo (File)⇨Renombrar (Rename) o presiona la tecla F2. Digite **Foto** como el nombre de archivo del grupo. Cada archivo dentro del grupo recibe el nombre Foto (1), Foto (2) y así sucesivamente, hasta el último archivo en el grupo, Foto (24), por ejemplo.

Encontrar archivos caprichosos

Perderle la pista a sus archivos en Windows no es un gran problema. Contrario a cuando pierde sus lentes o las llaves de su automóvil, Windows cuenta con un excelente Asistente para búsqueda. Los archivos perdidos se encuentran casi al instante. ¡Ni el mentalista Astyaro Delstrego podría encontrar algo más rápido!

Para encontrar un archivo en Windows, use el Asistente para búsqueda, que forma parte de cualquier ventana Windows Explorer. Para usarlo, siga estos pasos:

1. En cualquier ventana de carpeta, haga clic en el botón Búsqueda (Search).

También, elija Ver (View)⇨Barra del Explorador (Explorer Bar)⇨Búsqueda (Search). El Asistente para búsqueda (Search Companion) aparece en el extremo izquierdo de la ventana.

2. **Haga clic para seleccionar el objeto llamado Todos los archivos y carpetas (All Files and Folders).**

   Las otras opciones suenan bien, pero esta opción le proporciona la mayor flexibilidad, como se muestra en la Figura 22-6.

3. **Digite todo o parte del nombre del archivo.**

4. **Digite una palabra o frase en el archivo.**

   No se preocupe por completar el cuadro Palabra o frase (Word or Phrase) si está buscando un archivo gráfico, un archivo de audio o de MP3, un archivo de video o un programa.

5. **Seleccione la carpeta para inspeccionarla.**

   Para buscar en todos los discos duros de su PC, elija de la lista Discos duros locales (Local Hard Drives).

   Para buscar sólo en un disco duro, selecciónelo de la lista.

   Para buscar en una carpeta específica, como la carpeta Windows o Mis documentos, selecciónela de la lista.

   El resto de las definiciones, ocultas en la Figura 22-6, son opcionales. Ahora está listo para realizar la búsqueda.

Figura 22-6
Asistente para búsqueda (Search Companion).

6. **Haga clic en el botón Búsqueda (Search).**

Esta acción envía a Windows hacia una búsqueda del archivo que usted ha solicitado. Una de dos cosas sucede cuando termina:

No hay suerte: un mensaje le indica que no hay resultados que mostrar. Muy bien. Inténtelo de nuevo: haga clic en el botón Atrás (Back).

¡Maravilla! Cualquier archivo que coincida con sus especificaciones aparece en una lista en el extremo derecho de la ventana.

Los archivos encontrados aparecen en una lista. Puede hacer doble clic en un archivo encontrado para abrirlo. También, si quiere saber en cuál carpeta se estaba ocultando el archivo, haga clic derecho en su ícono y elija Abrir carpeta contenedora (Open Containing Folder) del menú dinámico.

Asegúrese de cerrar la ventana Resultado de la búsqueda (Search Results) cuando haya terminado.

✔ Si su teclado tiene una tecla Windows, puede presionar Win+F, donde la F significa Find (Buscar). Con esta acción aparece la ventana Asistente de búsqueda.

✔ En cualquier ventana de carpeta, puede presionar Ctrl+E para que aparezca Asistente de búsqueda.

✔ El libro *Troubleshooting Your PC For Dummies* (Wiley Publishing, Inc.) tiene muchas otras opciones de Asistente de búsqueda así como variaciones para encontrar casi cualquier archivo según su tipo, tamaño o fecha.

Capítulo 23

Software, programas, aplicaciones

· ·

En este capítulo

▶ Instalar programas nuevos

▶ Iniciar programas

▶ Ejecutar con rapidez programas recientes

▶ Acceder a programas populares

▶ Crear accesos directos de escritorio

▶ Eliminar software

▶ Actualizar sus programas

▶ Mantener Windows actualizado

· ·

*E*l hardware de la PC puede ser un poco tonto y el sistema operativo puede estar a cargo, pero para realizar cualquier trabajo en su PC, usted necesita software. Específicamente, usted necesita esas aplicaciones que son como bestias de carga que transforman sus reflexiones banales en algo sustancial. Usan el poder del robusto I/O de la PC para convertir sus combinaciones de teclas y los movimientos del ⁰ en algo fácil y divertido, o aburrido y complicado, según si ama su trabajo o no.

Me parece que el principal problema del software es la terminología. ¿Cuántas palabras existen para un programa informático? *Software* es el gran término. *Programa de cómputo* es técnico, aunque un término más técnico es *ejecutable*. Luego están las aplicaciones y las colecciones de software. Sin importar la jerga, este capítulo cubre el trabajo de configurar y usar esos programas en su PC.

Labores de instalación de software

El software es el que hace que su PC haga el trabajo. Pero el programa en sí no salta de manera automática de la caja hasta su PC. Necesita algo de trabajo de su parte. Esto no es nada técnico. De hecho, es tan fácil que pocas cajas de software incluyen las instrucciones. Cuando ése es el caso, puede comenzar a leer esta parte.

1. **Abra la caja del software.**

   Necesita un cuchillo o unas tijeras para quitar la cinta y el sello transparente sobre la tapa de la caja.

   Trate de no romper la caja. Es importante que la mantenga intacta, ya sea para almacenar algo a largo plazo o por si la tienda le permite devolver su compra. La mayoría de las tiendas no lo permiten. Cuando no lo hacen, puede tratar de revenderlo en eBay.

2. **Disfrute el olor del plástico industrial dentro de la caja.**

3. **Ubique el disco o los discos de instalación.**

   Si tiene más de uno, revise el orden en que se usan; los discos deberían estar numerados. Es importante que comience con el primer disco, que además debe estar etiquetado con la palabra INSTALL.

   En algunas ocasiones se incluye un DVD, lo cual quiere decir que si su PC tiene una unidad de DVD, puede usar sólo ese DVD, en lugar de varios CD, para instalar el programa.

   Además del disco de instalación, puede ser que haya otros discos, programas de bonificación, suplementos y bibliotecas de imágenes prediseñadas. No necesita instalarlo todo, pero debería encontrar el disco de instalación.

4. **Busque información impresa dentro de la caja.**

   Específicamente, lo que debe buscar es una hoja *Léame* o un folleto de *Inicio*.

   Quizás encuentre un manual dentro de la caja. No, es una broma. Atrás quedaron los días en que el software venía con manuales. Ahora el manual está "en el disco", en forma de archivo de ayuda, lo cual no es de mucha utilidad.

   Si las instrucciones de instalación están en la caja, sígalas.

5. **Inserte el disco de instalación en la unidad.**

6. **Inicie el programa de instalación.**

   Si tiene suerte, el programa de instalación se ejecuta de manera automática cuando usted inserta el CD dentro de la unidad de CD-ROM.

   Si el programa de instalación no inicia de manera automática, necesita ejecutarlo usted mismo. Puede hacer esto al abrir el ícono Agregar/Quitar programas (Add/Remove Programs) en el Panel de control. Use el cuadro de diálogo que aparece para ayudarle a buscar el programa.

7. **Obedezca las instrucciones en pantalla.**

   Lea la información con cuidado; en algunas ocasiones hay algo importante en ella. Mi amigo Jerry (su nombre real) siguió haciendo clic en el botón Siguiente en lugar de leer la pantalla. No se dio cuenta de un aviso importante que decía que una versión anterior del programa se borraría. ¡Así es! El pobre Jerry nunca pudo recuperar su programa antiguo.

¿Cómo salgo de todos los otros programas?

Muchos programas de instalación le piden que "salga de todos los otros programas" antes de instalar el software nuevo. La razón es que la instalación se monitorea para que la desinstalación sea más fácil. Al tener otros programas ejecutándose "en el fondo" este proceso se puede ver interrumpido. Además, como algunos programas requieren que la PC se reinicie después de la instalación, si no ha guardado su información, está de mala suerte.

Para asegurarse de que ningún otro programa se está ejecutando, presione la tecla Alt+Tab. Si Windows lo cambia a otro programa o ventana, ciérrelo. Siga presionando Alt+Tab hasta que el único programa que ve sea el de instalación. De esa forma se asegura de que todos los otros programas que se estaban ejecutando se cerraron. (Así no hay necesidad de cerrar ninguna aplicación en el fondo o cualquier otro proceso.)

8. Elija varias opciones.

El software le pregunta su nombre y el nombre de la compañía y quizás un número de serie. Digite toda la información.

No se moleste si el programa ya sabe quién es usted. Windows es un poco clarividente.

Cuando se le pide que tome una decisión, la opción que se encuentra seleccionada (la *predeterminada*) es por lo general la mejor. Sólo debería cambiar de opción si tiene certeza de lo que está sucediendo y en *realidad le importa*.

Puede encontrar el nombre serial dentro del manual, en la caja del CD-ROM, en el primer disco o en una tarjeta por aparte que usted quizás tiró a la basura a pesar de que le dije que le dejara todo en la caja. ¡No pierda ese número! Por lo general anoto el nombre serial dentro del manual o encima de la caja del software.

9. Los archivos se copian.

En algún momento, el programa de instalación copia los archivos del disco de instalación a su disco duro para residir ahí a tiempo completo.

Si se le solicita, reemplace un CD con otro. Este proceso puede continuar por algún tiempo.

10. Listo.

El programa de instalación finaliza. La PC podría reiniciarse en este punto. En ocasiones, eso es un requisito cuando instala programas especiales que Windows necesita conocer. (Windows es muy tonto después de iniciar.)

¡Comience a utilizar el programa!

De acuerdo, los pasos anteriores son vagos y generales. Espero que su programa venga con instrucciones más específicas. Vea los recuadros cercanos donde encontrará información importante acerca de algunas preguntas frecuentes del proceso de instalación.

¿Cómo deshabilito mi software antivirus?

Los mejores programas antivirus siempre monitorean su PC para buscar virus nuevos. Por lo tanto, cuando instala software nuevo, el antivirus podría levantarse y decir "¡Espere!" y evitar la instalación. La única forma de solucionar este problema es deshabilitar de manera temporal el software antivirus.

La forma más sencilla de deshabilitarlo es ubicar el pequeño ícono del programa en la bandeja del sistema. Hágale clic derecho a ese icono y elija el comando Deshabilitar (Disable) del menú dinámico. Después de hacerlo, puede continuar con la instalación. Recuerde, sin embargo, volver a habilitar el software antivirus después de instalar el programa nuevo. Una forma de hacerlo es reiniciar Windows, lo cual es un requisito de la mayoría de programas nuevos después de la instalación.

Debe contar con los privilegios de administrador para instalar software nuevo en su PC. Esto es algo bueno; en todo caso la mayoría de los usuarios se definen como administradores. Además, si más de una persona usa su PC, asegúrese de instalar el software para que todos la usen.

Ejecutar un programa

Luego de que el software ingresa a su PC, el siguiente paso es ejecutar el programa. Así como con otras cosas en Windows, hay muchas posibles formas útiles, diferentes y extrañas de ejecutar sus programas. Esta sección describe algunos de los métodos más populares.

Encontrar un programa en el menú Inicio

Todo el software nuevo que usted instala debería iniciarse por sí solo en el menú Inicio, en el submenú Todos los programas. De hecho, si el software hizo bien las cosas, Windows muestra una burbuja dinámica en el botón Inicio que dice "Software nuevo instalado" (o algo parecido) y resalta la ubicación del programa nuevo.

Para ejecutar su programa, siga estos pasos:

1. **Haga clic en el botón Inicio (Start).**

2. **Elija Todos los programas (All Programs) para que aparezca el menú Todos los programas.**

3. **Haga clic en el ícono de su programa en el menú.**

    Este paso ejecuta el programa; el menú Inicio desaparece y la ventana de su programa aparece en la pantalla.

4. **Si el programa no se puede encontrar, ubique su submenú y luego vuelva al Paso 3.**

Algunos programas pueden estar ocultos en submenús y más submenús. Todo depende de cómo esté organizado el menú Todos los programas.

Así es, ¡el menú Todos los programas puede ser un desorden! Usted puede organizarlo, pero en realidad ése es tema para otro libro.

Tenga cuidado cuando usa el ⏱ para navegar por los diversos submenús; pueden ser "resbaladizos".

Es posible mover de manera accidental un submenú o un ícono de programa del menú Todos los programas. Cuando esto sucede, presione de *inmediato* Ctrl+Z en el teclado. Ése es el acceso directo en el teclado del comando Deshacer, y debería restablecer cualquier daño que haya hecho.

El programa por sí solo no está instalado en el menú Todos los programas. Lo que usted observa ahí es tan sólo un ícono de *acceso directo* o una pequeña copia del programa. El programa en sí es más probable que se encuentre en su propia sub-carpeta en la carpeta Archivos de programas (Program Files) en la unidad C. (Vea el Capítulo 22 para obtener más información sobre los accesos directos de archivos.)

Acceder a programas recientes

Cada vez que usted ejecuta un programa en Windows, éste aparece en el menú del botón Inicio, a la izquierda, en un área a la que llamo lista Programas recientemente usados (Recently Used Programs List). La Figura 23-1 le muestra dónde se encuentra la lista, pero tenga en cuenta que ésta es la PC de mis hijos, lo cual explica por qué la lista está llena de juegos.

Lista inamovible · Pin-on area

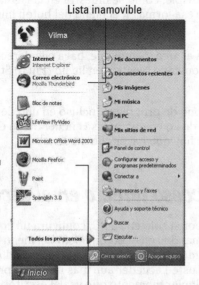

Figura 23-1
Programas que se encuentran en el menú del botón Inicio (Start).

Lista de Programas recientemente utilizados · · · · · · · · Recently Used Programs list

Elija cualquier programa en la lista para ejecutarlo de nuevo inmediatamente, ¡no es necesario buscar en el menú Todos los programas! Tome en cuenta que los programas llegan a esa lista cuando usted ejecuta programas nuevos.

Para definir la cantidad de programas recientemente ejecutados que aparece en el menú Inicio, siga estos pasos:

1. **Haga clic derecho en el menú Inicio (Start).**

2. **Elija el comando Propiedades (Properties) del menú dinámico.**

   El cuadro de diálogo Propiedades de la barra de tares y del menú de inicio toma vida.

3. **Haga clic en el botón Personalizar (Customize).**

   Asumo que usted eligió la opción Inicio, no el menú Inicio clásico, el cual casi nadie usa.

   Aparece el cuadro de diálogo Personalizar el menú de inicio.

4. **Introduzca la cantidad de programas recientemente usados que quiere que aparezca en la lista (en el centro del cuadro de diálogo).**

   Si coloca el número cero, se elimina la lista.

5. **Haga clic en Aceptar (OK) y luego de nuevo clic en Aceptar para cerrar el otro cuadro de diálogo.**

Colocar su programa en el área inamovible

Si prefiere que su programa aparezca en el menú Inicio (donde es más útil) piense en agregarlo al área inamovible, como se muestra en la Figura 23-1. Cuando coloca los programas de esa forma en el menú del botón Inicio, permanecen ahí pase lo que pase.

Para agregar cualquier programa al área inamovible, haga clic derecho en el ícono del programa y elija el comando Mostrar en Inicio (Pin to Start) del menú dinámico.

Puede hacer clic en cualquier ícono de programa, incluso en uno de la lista de Programas recientemente usados o en uno que se encuentra en el menú Todos los programas. *Recuerde:* hay que hacer clic derecho.

Crear un ícono de acceso directo en el escritorio

Cuando un programa se instala por sí solo en su PC, configura un comando o incluso un submenú lleno de comandos en el botón Inicio del menú Todos los programas. El programa podría además crear un ícono de acceso directo en el escritorio, lo cual le permite a usted acceder aun más rápido al programa. Bueno, le permite acceso en cualquier momento que vea el escritorio.

Si disfruta tener íconos de acceso directo en el escritorio, puede agregarle cualquier programa (o carpeta o archivo) como un acceso directo. Aquí está la forma de hacerlo:

1. **Ubique el archivo que quiere colocar en el escritorio.**

   Puede ser un ícono de acceso directo o el archivo, programa o carpeta original. Incluso puede ser un programa en el menú Todos los programas.

2. **Haga clic derecho en el ícono del archivo para desplegar el menú de acceso directo dinámico.**

3. **Elija Enviar a (Send To)⇨Escritorio (Desktop), Crear acceso directo (Create Shortcut).**

   El archivo de acceso directo se crea y su ícono aparece en el escritorio.

Colocar un ícono en la barra Inicio rápido

Otro lugar útil para colocar los programas usados con frecuencia es la barra Inicio rápido (Quick Launch).

La forma más sencilla de colocar un ícono de programa en la barra Inicio rápido es arrastrarlo del escritorio hacia la barra. Vea la subsección anterior para obtener información sobre cómo crear un ícono de acceso directo.

Desinstalar software

Para quitar cualquier programa recién instalado, debe usar un programa desinstalador. Este programa no es una característica de Windows. Cada programa de software viene con su propia característica de desinstalación o, al menos, eso es lo que usted esperaría.

Los programas de desinstalación por lo general se encuentran en el menú Todos los programas del botón Inicio, junto al ícono que se usa para iniciarlo. Por ejemplo, en la Figura 23-2, usted observa un trío de íconos instalado en un submenú cuando yo le agregué el programa editor IconCool a mi PC. El comando para quitarlo se llama Desinstalar (Uninstall). Este tipo de configuración es común en la mayoría de los programas.

Figura 23-2
Un programa de desinstalación en el submenú Todos los programas.

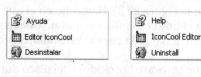

Si su software carece de un programa de desinstalación preciso, puede tratar de usar Windows para deshacerse de él. Abra el ícono Agregar o quitar programas (Add or Remove Programs) del Panel de Control (Control Panel) para que sea testigo de la maravilla de ese cuadro de diálogo, que se muestra con orgullo en la Figura 23-3.

Figura 23-3
El cuadro de diálogo Agregar o quitar programas (Add or Remove Programs).

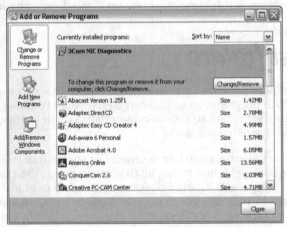

La lista de programas que Windows conoce y que puede instalar se encuentra en el cuadro de diálogo (vea la Figura 23-3). Haga clic en el que quiere desinstalar y luego haga clic en el botón Cambiar o quitar (Change/Remove). Siga leyendo las instrucciones en la pantalla para desinstalar el programa.

✔ No intente desinstalar ningún software borrándolo del disco duro. Nunca debería borrar ningún archivo que usted no haya creado. (Sin embargo, puede eliminar cualquier acceso directo creado por usted.)

✔ Algunos programas testarudos no se eliminan por sí solos. Si lo ha intentado todo, siéntase con toda libertad para eliminar el programa borrando su ícono o carpeta. Sin embargo, no elimine ningún programa o archivo instalado en la carpeta de Windows ni tampoco sus subcarpetas.

Actualizar su software

Cuando se termina de escribir una novela, ya está lista. En las siguientes reimpresiones se corrigen algunos errores ortográficos, pero eso es casi todo. Por el contrario, el software, *nunca* se termina. Cambia con mucha facilidad. La mayoría de los paquetes de software se actualizan una vez al año y, a veces, con más frecuencia.

La razón por la cual el software se actualizaba era arreglarle problemas o agregarle características nuevas. Pero honestamente la razón principal para que ahora aparezcan nuevas versiones de los programas es que los desarrolladores del software ganen más dinero. Actualizar significa que todos los que tengan el software deberían comprar una versión nueva y generarle ganancias a la compañía. Así es, pura codicia.

Éste es mi consejo: pida la actualización a menos que tenga características o modificaciones que usted necesita con urgencia o si la actualización es por razones de seguridad. De lo contrario, si la versión actual hace bien el trabajo, ni se preocupe por obtener una nueva.

✔ Revise cada actualización de manera individual. ¿Alguna vez usará las características nuevas? ¿Necesita un procesador de palabras que puede imprimir títulos al revés y gráficos de barras con conteo de palabras? ¿Puede obtener algún millaje de la versión de intranet cuando en su casa usted es el único usuario?

✔ Éste es otro detalle que puede tener en mente: si todavía usa DoodleWriter 4.2 y todas las demás personas usan la versión 6.1, puede tener dificultades para intercambiar documentos. Después de un tiempo, las versiones más nuevas de los programas se vuelven incompatibles con sus modelos más antiguos. Si es así, usted necesita actualizarse.

✔ En una oficina, todos deberían usar la misma versión de software. (No es necesario que todos usen la *última* versión, tan sólo debe ser la *misma* versión.)

¿Puedo mejorar Windows?

Mejorar Windows es un tema de cuidado. ¿Por qué? Porque todo lo demás en su PC depende de él. Por lo tanto, es un cambio muy serio en el que debe pensar con seriedad.

A menudo, la versión más nueva de Windows tiene muchas más características que la versión antigua. ¿Usted necesita esas características? Si no las necesita, no se preocupe por cambiar de versión.

Después de un tiempo, puede notar que aparecen paquetes de software más nuevos en la última versión de Windows. Esas características nuevas son mejores que lo que tiene en este momento, entonces necesita cambiar de versión si quiere aprovecharlas.

¿Hacia dónde lo lleva esto? *¡No se preocupe por actualizar Windows!* Mejor espere hasta que compre una PC nueva ya que ésa tendrá la última versión preinstalada y bien configurada.

¿Qué hay de los parches o de las actualizaciones de Windows?

En ocasiones, Microsoft aparece con parches, actualizaciones de seguridad u otros arreglos para Windows que pone a su disposición en Internet. También puede optar por seleccionar de manera manual una actualización por medio del programa Windows Update.

En algún momento, estuve en contra de aplicar las actualizaciones de Windows, principalmente porque eran riesgosas y podían hacer que su PC dejara de trabajar. Sin embargo, en los últimos tiempos, Microsoft ha mejorado sus actualizaciones. Ahora recomiendo que se apliquen todas las actualizaciones para Windows cuando aparecen. Puede configurar Windows XP para que lo haga de manera automática:

Control Panel

1. **Abra el Panel de control (Control Panel).**

2. **Abra el ícono Actualizaciones Automáticas (Automatic Updates).**

3. **Elija la opción Automático (Automatic) en el cuadro de diálogo Actualizaciones automáticas (Automatic Updates).**

4. **Haga clic en Aceptar (OK) y, de manera opcional, cierre la ventana del Panel de control.**

Tome en cuenta que si su PC está en una conexión de módem de banda ancha, puede descargar las actualizaciones en cualquier momento del día, siempre y cuando la PC esté encendida todo el tiempo. De lo contrario, las actualizaciones se hacen cuando su PC esté conectada a Internet.

También puede hacer las actualizaciones de forma manual al ejecutar el programa Windows Update: haga clic en el botón Inicio (Start) y elija Todos los programas (All Programs)➪Windows Update. Este comando lo conecta a Internet, donde puede elegir las actualizaciones que quiere aplicarle a su PC.

Capítulo 24

Hacer sus propios CD

. . . .

En este capítulo

▶ Crear un CD-R de datos

▶ Copiar archivos en un CD-R

▶ Quemar un disco CD-R

▶ Rotular discos CD-R

▶ Modificar un disco de datos CD-R

▶ Desechar un CD

▶ Usar Windows Media Player para recopilar y administrar música

▶ Quemar un CD de música

. . . .

Cuando la unidad de CD se convirtió en una opción en la PC, hubo una pregunta universal: "¿Cómo puedo escribir en ese aparato? ¡Quiero hacer mis propios CD!" En ese momento, los usuarios de PC estaban familiarizados con los discos floppy, medios removibles en los que se podía escribir. Pero se decía que en los CD sólo se podía escribir con máquinas enormes, complejas y costosas. De hecho, sólo había tres de esas máquinas en todo el planeta. ¿Escribir en un CD? ¡Jamás! Eso era un sueño.

Bueno, ¡cómo han cambiado las cosas!

Hoy, cualquier adolescente que tenga una PC bien equipada puede producir más CD en un día que los que vende una tienda de música local en una semana. Las PC con facilidad pueden crear CD para almacenar datos o música. Es algo sencillo. Este capítulo le dice cómo se hace.

Hacer su propio CD de datos

Así es, usted puede hacer un CD, lo cual no requiere cristales, energía nuclear o un asistente de laboratorio loco. Usted necesita sólo tres cosas:

✔ un disco CD-R diseñado específicamente para almacenar datos informáticos.

✔ una unidad de CD capaz de escribir en un disco CD-R.

✔ software para lograr que todo suceda.

CONSEJO

¿Qué poner en el CD-R?

La gran pregunta es "¿qué tipo de datos debería colocar usted en un CD-R?". Obviamente, usted no quiere usar un CD-R como si fuera un disco duro removible. Eso se debe a que el disco sólo se puede usar una vez. Cuando está lleno, ¡se acabó! No se puede borrar. Por lo tanto, recomiendo el uso de discos de datos CD-R para *archivar*.

Por ejemplo, cuando termino de escribir un libro, archivo todos los documentos de texto, figuras, imágenes e incluso el contrato en un disco CD-R. Aunque los archivos quizás no igualen la capa-cidad total del disco de 600MB, está bien; es un archivo. Con los archivos bien guardados en el CD-R, puedo borrarlos de mi disco duro y dejar ese espacio disponible para otra cosa. Además, si en algún momento necesito los archivos de nuevo, estarán a mano en el CD de archivo.

También uso CD-R para enviar archivos por correo que son muy grandes para enviarlos por correo electrónico. (¿Qué tan grandes? Lo que sea mayor a 10MB es muy grande para el correo electrónico.)

Los discos CD-R debe comprarlos. La unidad de CD debe venir con su PC, aunque las unidades de CD-R externas son adecuadas y baratas. El software también viene con Windows, aunque existe mejor software en Internet o en las tiendas.

¿Ya tiene todo el equipo? ¡Está listo para quemar!

✔ Los discos CD-R son baratos. Puede compralos por centenas.

✔ Algunos discos CD-R son mejores que otros. Aunque uno de mis amigos dice que cualquier CD-R viejo funciona, yo me quedo con las marcas que conozco y uso los discos especiales de alta velocidad. Mi información es algo importante para mí, por lo que no me importa pagar más.

✔ Las unidades CD-R por lo general son capaces de usar discos CD-RW. Se les llama unidades CD-R/RW.

✔ Para obtener más información sobre crear discos CD-RW, vea la sección "Unas cuántas palabras acerca del CD-RW", más adelante en este capítulo.

Montar el CD-R

Así como los discos floppy deben formatearse, las calles deben pavimentarse y los bebés deben envolverse en mantillas, los discos CD-R deben prepararse antes de ser usados. Windows lleva a cabo esta tarea de manera automática. Se conoce como *montar* el disco. Ésta es la información:

1. Coloque un disco CD-R en blanco en la unidad.

Windows XP es lo bastante inteligente para reconocer el disco y pregun-tarle qué hacer con él, como se muestra en la Figura 24-1.

 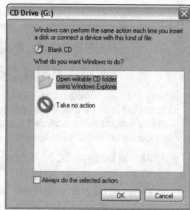

Figura 24-1
El disco detecta un CD-R en blanco.

2. **Seleccione la opción Abrir carpeta de escritura de CD, usar Explorador de Windows (Open Writable CD Folder Using WIndows Explorer).**

3. **Haga clic en Aceptar (OK).**

   Windows monta el CD-R.

Ahora puede usar el CD-R de la misma forma que puede usar el disco duro.

✔ Puede ser que su PC reconozca al CD-R de manera automática y lo monte sin interrupción. Genial.

✔ Si la unidad CD-R no lo reconoce, el disco podría estar defectuoso. Use otro.

✔ Si ejecuta otro software para quemar el CD-R, éste toma el control y hace cosas desconocidas, pero quizá se parezca a lo que hace Windows XP.

✔ Si usa software que no sea Windows, asegúrese de crear un CD estándar, uno que se pueda leer en cualquier PC.

✔ Algunos discos CD-R pueden almacenar hasta 700MB de datos o 80 minutos de música. Por lo general, esta información se encuentra en el estuche del CD-R, así que revíselo cuando lo compra.

Copiar archivos al CD-R

Después de montar el CD-R, puede usarlo tal como usa el disco duro: copie archivos hacia la ventana de la unidad de CD-R. Cree carpetas, incluso sub-carpetas. Cámbiele el nombre a los archivos y adminístrelos como lo haría normalmente.

Asegurarse de que la unidad de CD-R esté lista para escribir en un disco

Si tiene problemas para montar un CD-R, revise para asegurarse de que Windows está configurado de manera apropiada para grabar un disco con la unidad CD-R. Siga estos pasos:

1. Abra el ícono Mi PC (My Computer) en el escritorio.

2. Haga clic derecho en el ícono de la unidad del CD-R en la ventana Mi PC.

3. Elija Propiedades (Properties) del menú dinámico.

4. En el cuadro de diálogo Propiedades de la unidad del CD, haga clic en la pestaña Grabación (Recording).

Si no observa la pestaña Grabación, es posible que no tenga una unidad CD-R o que ésta esté defectuosa. Devuélvasela al vendedor. Tome en cuenta que algunas unidades DVD/CD-RW quizás no tengan la pestaña Grabación, pero aun así pueden grabar.

5. Coloque una marca junto a Habilitar grabación de CD en esta unidad de disco (Enable CD Recording On This Drive).

6. Haga clic en el botón Aceptar (OK).

7. Cierre la ventana Mi PC (My Computer).

El truco aquí es que nada se puede escribir en el CD-R hasta que usted le indique a Windows que queme información en el disco. Así que, de manera técnica, usted tan sólo está manipulando una imagen de la forma en que lucirá el CD-R en algún momento; nada se ha quemado todavía.

✔ Evite guardar archivos directamente en el CD-R. Más bien, guarde el archivo primero en el disco duro, de preferencia en la carpeta adecuada. Después de eso, puede guardar una copia del archivo en el CD-R. Sólo cuando ha logrado escribir en el CD-R con total éxito, debería pensar en borrar los archivos originales del disco duro, si es algo que del todo se deba tomar en cuenta.

✔ Entre menos veces escriba en el disco CD-R, más datos puede albergar el disco. Escribir un poco a la vez en el disco ocupa más espacio adicional debido al gasto indirecto en que se incurre para darle seguimiento a la información del archivo.

✔ Tome en cuenta que Windows actualiza Archivo (File)➪ "Enviar a" (Send To) en el submenú para incluir la unidad de CD-R, lo cual permite copiar rápido con el clic derecho de archivos y carpetas.

Quemar el CD-R

En cuanto los archivos están preparados para el disco CD-R, Windows muestra un mensaje en la bandeja del sistema, como ve en la Figura 24-2. Éste es su recordatorio de que los archivos están esperando ser quemados.

Figura 24-2
Los archivos
están
esperando
las llamas.

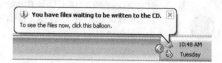

Al hacer clic en la burbuja (vea la Figura 24-2), usted puede ver la ventana de la unidad CD-R. También, puede abrir el ícono de la unidad CD-R en la ventana Mi PC.

La ventana de la unidad CD-R muestra una lista de íconos preparados para quemarse. Cada uno tiene una flecha que va directo al infierno, como se muestra al margen.

Para quemar los archivos en espera en el disco CD-R, elija Archivo (File)➪Grabar estos archivos en un CD (Write these Files to CD). Esta acción inicia el Asistente de grabación de CD.

Trabaje con el asistente y responda como mejor pueda; no tema, no es nada difícil. En realidad, la mayoría del tiempo se va en esperar que los archivos se quemen, así que vaya por una taza de café o póngase a revisar el correo.

Cuando todos los archivos se han quemado, el disco sale de manera automática de la unidad. Ya está listo para que lo use y para que se lea en cualquier PC, como cualquier otro CD.

✔ La velocidad a la que se escribe la información en el CD-R se basa en la velocidad de la unidad (hardware). El primer valor es la velocidad a la que se escriben los datos en el disco.

✔ Tome en cuenta que una opción disponible cuando el Asistente de Escritura del CD ha terminado le permite crear otro CD con la misma información. Ésta es una característica muy útil para hacer duplicados de sus respaldos.

Rotular el CD-R (o no)

Recomiendo que se rotulen todos los discos removibles, incluso las tarjetas de medios digitales. Aunque sólo ponga A o B, es bueno porque le ayuda a darle seguimiento a la información.

Rotule su CD-R _luego_ de haber escrito algo en él. De esa forma, no desperdicia tiempo rotulando lo que podría ser un disco dañado (uno que botará). Yo uso un marcador permanente para escribir en el disco. Escriba en el lado de la etiqueta, el otro tiene su información importante. No querrá escribir ahí.

No use una etiqueta en su CD-R. Sólo si la etiqueta dice que sus químicos son seguros para un CD-R debería usarla. De lo contrario, los químicos del tipo estándar con goma pueden dañar el disco y la información sólo se podrá leer durante unos meses.

Manipular los archivos en un CD-R quemado

Algunos programas para quemar CD podrían terminar la tarea después de sacar el disco. Pero, con Windows, puede seguir quemando archivos en un CD-R hasta que esté totalmente lleno. (En otras palabras, no ocurre un "quemado final", como en el caso de cierto software para escribir en CD.)

Por ejemplo, si quiere agregarle más archivos al CD-R, puede hacerlo, si el disco tiene espacio. Los archivos aparecen en la ventana del CD-R; los archivos existentes en el CD-R aparecen como de costumbre y los archivos en espera de ser quemados aparecen con la pequeña flecha encima, como se muestra en la Figura 24-3.

Tome en cuenta la lista Detalles (Details) en la esquina inferior izquierda de la ventana del disco CD-R. Ésta le muestra la cantidad de espacio disponible (Free Space) en el disco. La Figura 24-3 muestra 237MB, ¡suficiente espacio!

Usted también puede manipular los archivos que ya se encuentran en el CD. Puede cambiarles el nombre e incluso borrarlos. Tome en cuenta, sin embargo, que manipular esos archivos consume espacio del disco.

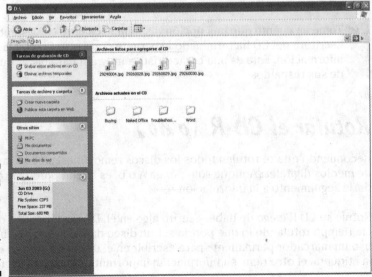

Figura 24-3
Archivos
en el CD
en espera
de ser
quemados.

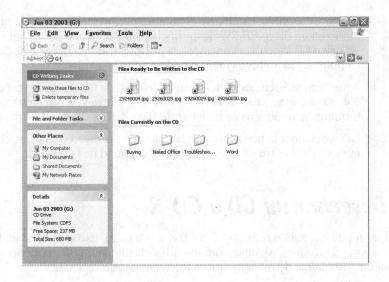

A diferencia de una unidad de disco regular, la información nunca se borra de un CD-R. Entonces, cuando le cambia el nombre a un archivo, Windows tan sólo cubre el nombre antiguo y crea uno nuevo, lo cual ocupa espacio del disco. De manera similar, cuando borra un archivo de un CD-R, el espacio que usaba ese archivo no se recupera. Tenga esto presente si cambia algo que ya se ha quemado en el disco.

Unas cuántas palabras acerca del CD-RW

Los discos CD-RW funcionan como los discos de datos CD-R. Toda la información de las secciones anteriores se aplica a los discos CD-RW así como a los CD-R. La diferencia principal es el comando adicional que se usa para reformatear el disco CD-RW y comenzar de nuevo.

Para reformatear el CD-RW, abra su ventana (desde la ventana Mi PC) y luego elija Archivo (File)↦Borrar este CD-RW (Erase this CD-RW). Este comando inicia el Asistente de grabación de CD (CD Writing Wizard).

Después de reformatear el disco CD-RW, puede volver a usarlo. Ésa es la ventaja del CD-RW con respecto al CD-R (que no se puede reformatear).

✔ La mayoría de unidades CD-R se duplican como unidades CD-RW.

✔ Los discos CD-RW son diferentes a los discos CD-R. En la etiqueta dice CD-RW y el disco es más caro. La diferencia es muy obvia cuando lo prueba.

✔ Los discos CD-RW quizás no puedan leerse en todas las unidades de CD. Si quiere crear un CD para ser muy usado, queme un CD-R en lugar de un disco CD-RW.

✔ Borrar un archivo, cambiarle el nombre o moverlo después de quemarlo en un disco CD-RW desperdicia espacio en el disco, y hacerlo en un disco CD-R ocupa espacio. Si es posible, trate de hacerle cualquier cambio en los archivos *antes* de quemarlos en el disco.

✔ A menudo se dice que es mejor usar los discos CD-RW para respaldar datos porque se pueden volver a usar una y otra vez. Sin embargo, en términos económicos es más barato usar discos CD-R.

✔ La velocidad a la que reescribe la unidad en el disco CD-RW es el número del centro en el asunto de la velocidad de la unidad.

Desechar un CD o CD-R

Por supuesto, puede tirar un CD o CD-R a la basura. Eso está bien, en la mayoría de lugares. Algunas comunidades clasifican un CD como peligroso y debe desecharse de manera apropiada o enviarse a reciclaje.

Si no quiere que nadie más lea el CD-R, quizás no quiera botarlo intacto. La mejor solución es destruirlo con una trituradora de papel que también funcione con los CD.

Algunas personas dicen que un CD-R se puede borrar por completo si lo coloca en un horno microondas durante unos segundos. No sé si confiar en ese método o recomendarlo. Además, no queme un CD-R con fuego; los gases son tóxicos.

¿Qué hay de los DVD-R/RW y el otro millón de formatos de DVD?

Por desgracia, Windows no puede quemar DVD como lo hace con los CD. La razón principal es que existe cerca de media docena de estándares para grabar DVD, y Microsoft preferiría sentarse a ver la batalla de lejos para ver quién gana. Aun así, la mayoría de las PC que vienen con unidades de DVD para grabar también vienen con software especial que le permite a usted hacer sus propios DVD.

Ahora existen dos estándares para grabar DVD populares: DVD-R y DVD+R, que se conocen como estándares *menos* y *más*. También existen estándares DVD-RW y DVD+RW similares. Aparte de pequeñas diferencias técnicas, usted en realidad sólo necesita saber que el DVD-R es más compatible con los reproductores de DVD de películas caseras, pero el formato DVD+R es más rápido.

Las ediciones futuras de este libro documentarán el proceso para crear sus propios DVD cuando esta tecnología madure y se pueda usar en su totalidad en Windows.

Quemar un CD de música

Crear un CD de música requiere tres pasos:

1. Recopilar la música o los archivos de sonido de sus fuentes.

2. Administrar los archivos dentro del software de medios.

3. Escribir archivos seleccionados en un CD de música.

El primer paso es usar su software de medios para recolectar la música que quiere quemar en un CD. La música se puede descargar desde Internet, copiar desde un CD existente o ingresar con el uso de la entrada de sonido de la PC desde cualquier dispositivo de audio. Los archivos de música se guardan en el disco y se administran en su software de medios.

Luego, usted crea *listas de reproducción* o colecciones de las canciones que ha almacenado en el disco. Por ejemplo, puede recopilar un grupo de tonadas para el camino y crear una lista de reproducción de esas canciones, como armar su propio álbum en su PC.

Por último, usted sólo copia una de sus listas de reproducción en el disco CD-R. El software de medios luego convierte los archivos de música.

Esta sección detalla estos pasos en el reproductor de Windows Media. Tome en cuenta que su versión del reproductor puede tener opciones un poco diferentes de las que menciono.

✔ En particular me gusta el programa MUSICMATCH Jukebox como una excelente alternativa del reproductor de Windows Media. Búsquelo en www.musicmatch.com.

✔ Para grabar música se usan discos CD-R específicos, los cuales por lo general son más baratos que los CD-R para datos informáticos. Si planea crear sólo música, piense en comprar unos cuántos de estos discos más baratos.

✔ Se asume que la música que copia es suya y que es para uso personal. Hacer una copia de un CD comercial o de música con derechos de autor y distribuirla sin pagar es un robo.

Recopilar tonadas

Copiar música de un CD a su PC es pan comido con el reproductor de Windows Media. Siga estos pasos:

1. Inserte un CD de música en su unidad de CD-ROM.

Este paso de manera automática ejecuta el reproductor de Windows Media. Si no es así, desde el panel Inicio elija Programas (Programs)➪Reproductor de Windows Media (Windows Media Player).

En unos momentos aparece información acerca del CD en la ventana del reproductor de Windows Media. (Incluso podría llamar a Internet; esto no es necesario, así que cancele la operación. Sin embargo, tenga en cuenta que es una llamada persistente, así que considere ingresar.)

2. **Haga clic en el botón Copiar del CD (Copy from CD).**

   Se encuentra en el extremo izquierdo de la ventana Media Player, como se muestra en la Figura 24-4.

3. **Haga clic para seleccionar las pistas que quiere copiar desde el CD.**

4. **Haga clic en el botón Copiar música (Copy Music).**

   Se encuentra en la parte superior de la ventana del reproductor de Windows Media, justo sobre la columna Género (Composer). (Aparece como Detener copia (Stop Copy) en la Figura 24-4.)

Tome en cuenta que copiar las pistas al disco duro requiere algo de tiempo. Eso se debe a que el CD-ROM puede leer de un disco mucho más rápido de lo que reproduce la música; ésa es la última X en la velocidad de una unidad de CD-ROM.

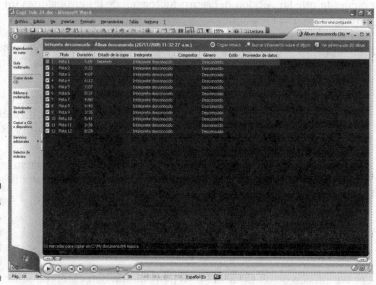

Figura 24-4
Un archivo se copia de un CD al disco duro.

Luego de que se copian las canciones, aparecen en la Biblioteca de multimedia. Haga clic en el botón Biblioteca de multimedia (Media Library). Luego, en la estructura de árbol, usted encuentra el álbum y sus pistas copiadas en Audio\Álbum (Audio/Album). Haga clic para seleccionar el título del álbum y encontrará las pistas grabadas en el extremo derecho de la ventana.

Crear una lista de reproducción

Antes de que pueda quemar el CD de música, debe crear una lista en el reproductor de Windows Media. La lista de reproducción es una recopilación de tonadas, que no necesariamente se tiene que copiar en un CD. Por ejemplo, si lo desea, puede crear una lista de reproducción de todas sus canciones favoritas para la tarde o de tonadas para el camino o de música para limpiar la casa. Una *lista de reproducción* es tan sólo una recopilación de canciones que el reproductor de Windows Media puede reproducir.

Para crear un CD de música, sin embargo, usted tal vez piensa organizar varias docenas de canciones específicas para el tipo de CD que quiere quemar. Por ejemplo, yo puedo crear mi lista de tonadas de espectáculos para poder cantar en el automóvil e imaginar que estoy en un teatro.

Para crear una lista de reproducción en reproductor de Windows Media, siga estos simples pasos de muestra:

1. **Haga clic en el botón Biblioteca de multimedia (Media Library) en el extremo izquierdo de la ventana del reproductor de Windows Media.**

2. **Haga clic en el botón Crear nueva lista de reproducción (New Playlist).**

3. **Digite un nombre descriptivo para la lista de reproducción.**

4. **Haga clic en Aceptar (OK).**

   La lista de reproducción nueva se encuentra en la parte Mis listas de reproducción del árbol Biblioteca de multimedia, en el extremo izquierdo de la ventana del reproductor.

   El siguiente paso es agregar pistas de música a la lista de reproducción. Las pistas de música se pueden encontrar en la rama Audio del árbol Biblioteca de multimedia. Se encuentran en las ramas todo el Audio, Álbum, Artista y Género (All Audio, Album, Artist, Genre).

5. **Haga clic en una fuente de audio en el árbol Biblioteca de multimedia.**

   Por ejemplo, yo hice clic en uno de mis álbumes de tonadas de espectáculos. La lista de canciones que copié de ese CD aparece en el extremo derecho de la ventana del reproductor Windows Media.

6. **Haga clic para seleccionar una canción o Ctrl+clic para seleccionar varias.**

7. **Haga clic en el botón Agregar a lista de reproducción (Add to Playlist).**

8. **Elija su lista de reproducción del menú desplegable.**

   Si no aparece, elija el comando Lista de reproducción adicional; elija su lista de reproducción en el cuadro de diálogo y haga clic en el botón Aceptar (OK).

9. **Repita los pasos del 6 al 8 para recopilar las canciones que usted quiere en su lista de reproducción.**

10. **Haga clic para resaltar su lista de reproducción en el árbol Biblioteca de multimedia.**

    En el extremo derecho de la ventana del reproductor de Windows Media, usted encuentra todas las canciones que copió en la lista de reproducción.

Luego de crear la lista de reproducción, escuche las canciones. Confirme que son lo que usted quiere.

 Para eliminar una canción de la lista de reproducción, haga clic para resaltarla y luego clic en el botón Eliminar elemento de la lista de Reproducción o Multimedia; elija Eliminar en lista de reproducción en el menú del botón Eliminar.

¿Cómo calza un reproductor MP3 en este contexto?

Más allá de hacer sus propios CD, puede ser el momento de invertir en un reproductor de música digital portátil, conocido también como un *reproductor MP3*. (También se usa el término *iPod*, aunque se refiere específicamente al reproductor de música portátil hecho por Apple.)

El reproductor MP3 puede venir con su propio software o puede funcionar directamente con el reproductor de Windows Media. De cualquier forma, la idea es conectar el reproductor a la PC y luego usar el software de música para actualizar el reproductor portátil. Esto funciona como crear un CD de música, pero el reproductor portátil tiene capacidad para almacenar miles de canciones.

Las canciones se reproducen y se graban en un CD en el orden en el que aparecen en la lista de reproducción. Para volver a ordenarlas, use los botones con las flechas hacia arriba y hacia abajo justo sobre la lista.

 Una lista de reproducción puede tener muchas más canciones de las que usted finalmente copia en un CD; el CD no necesita tener todas las canciones en la lista de reproducción.

Quemar un CD de música

Quemar un CD de música es facilísimo después de haber creado una lista de reproducción en el reproductor de Windows Media. Éstos son los pasos que debe seguir para quemarlo:

1. **Inserte el CD-R en la unidad.**

   Si Windows trata de abrirlo o si muestra el cuadro de diálogo "¿Cómo puedo saberlo?", cancele la operación.

2. **Haga clic en el botón Copiar en CD o dispositivo (Copy to CD or Device) en el extremo izquierdo de la ventana del reproductor.**

3. **Asegúrese de tener su lista de reproducción seleccionada en el extremo izquierdo de la ventana.**

   En la Figura 24-5 se encuentra el Ejemplo de lista de reproducción de PC para Dummies.

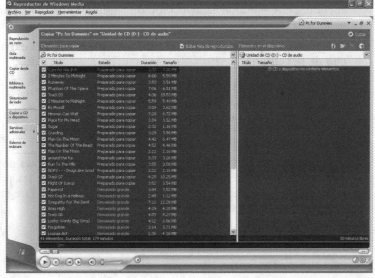

Figura 24-5
Una lista de reproducción se está preparando para quemarse en un CD.

4. **Asegúrese de que cada título que quiere copiar tenga una marca junto a su nombre.**

Si no quiere copiar una pista determinada, quítele la marca. Recuerde que no tiene que copiarlas todas.

Observe la cantidad de tiempo que las canciones que ha seleccionado requieren para ser copiadas. El reproductor de Windows Media le informa si tiene demasiados archivos para copiar. Cuando eso sucede, debe eliminar la selección de algunas canciones para darles espacio a otras.

5. **Asegúrese de que la unidad del CD-R esté elegida en el extremo derecho de la ventana.**

Dice `CD Drive (G:)` en la Figura 24-5.

6. **Haga clic en el botón Copiar música (Copy Music).**

Se encuentra en la esquina superior derecha de la ventana del reproductor de Windows Media.

Luego de hacer clic en el botón Copiar música, Windows copia las pistas que ha seleccionado en el disco CD-R. Primero, las pistas se convierten al formato apropiado del CD, una a la vez. Luego, los archivos se copian en el CD-R.

Cuando la operación se completa, el disco se puede sacar y está listo para reproducirse en cualquier reproductor de CD. El nombre del disco es el mismo de la lista de reproducción que usted copió.

- Algunos reproductores de CD más antiguos quizás no puedan leer el disco de música CD-R.

- La velocidad a la que puede escribir en una unidad de CD-R es la *velocidad de escritura*. Ése sería el primer número en el rango de velocidad de la unidad. De tal manera, si tiene una unidad 40X–16X–48X, crea un CD de música de 40 minutos en sólo un minuto.

- A diferencia de los CD-R de datos, usted no puede agregar más música en un CD-R luego de haberlo quemado una vez.

- No todos los archivos de sonido se pueden copiar en un CD de audio. Los archivos MIDI, por ejemplo, deben convertirse en archivos WAV para grabarse en un CD-ROM. Necesita un software especial para realizar esta conversión. Además, algunos archivos WAV se podrían grabar en un formato de baja calidad que los hace incompatibles con un CD de audio. De nuevo, los archivos se deben convertir con un software especial.

Capítulo 25

Introducción básica a Internet

• •

En este capítulo

▶ Comprender Internet

▶ Conseguir un PSI

▶ Configurar Windows para Internet

▶ Conectarse a Internet

▶ Usar el software de Internet

▶ Despedirse de Internet

• •

¡Es información! ¡Es comunicación! ¡Es entretenimiento! ¡Es ir de compras! ¡Es investigación! ¡Es el futuro! ¡Es una gigantesca pérdida de tiempo! Así es. Además, ¡es software!

Es Internet y prácticamente es indescriptible. Lo que comenzó como un método para que los científicos y los investigadores intercambiaran información desde lugares alejados se ha convertido en una forma para que los adolescentes intercambien mensajes de texto aunque vivan al lado. En realidad, Internet es uno de los inventos más excepcionales que ha desarrollado el ser humano.

Este capítulo proporciona una introducción al concepto informático que casi no necesita una introducción: Internet. Aunque crea que ya lo sabe todo, piense en darle un vistazo a este capítulo. Internet cambia constantemente y existe la posibilidad de que siempre aprenda algo nuevo.

¿Qué es Internet?

Internet está compuesto por miles de equipos de cómputo alrededor del mundo. Esos equipos envían, reciben y, lo más importante, almacenan información. Eso es Internet.

Algunos conceptos erróneos sobre Internet

Internet es un tipo de software o programa que usted compra. Aunque se usa un software para acceder a Internet y necesita un software para enviar o almacenar información, Internet en sí no es un programa de software.

Internet es una sola PC. Internet se compone de todos los equipos de cómputo conectados a Internet. En el momento en que su PC está en Internet, se convierte en parte de Internet.

Bill Gates, AOL, el gobierno, algo o alguien es el dueño de Internet. Internet comenzó como un proyecto militar administrado por el gobierno de Estados Unidos. Ahora las corporaciones grandes y las compañías de comunicaciones proporcionan la mayoría de los recursos para Internet. Una única persona no puede ser la dueña de Internet, así como una única persona no puede ser la dueña de los océanos.

Internet se puede apagar. Aunque su conexión a Internet se puede "caer" y algunas partes de Internet fallan de vez en cuando, debido a su organización descentralizada, Internet nunca se puede apagar ni puede dejar de existir. Después de todo, el ejército originalmente diseñó Internet para sobrevivir a un ataque nuclear. No se va a desplomar.

Obtener información de Internet

La información en Internet es inútil a menos que usted la pueda acceder. De manera tal que la idea principal es acceder a toda esa información y sacarle provecho a las habilidades de comunicación de Internet.

Para usar Internet, usted debe conectar su PC a algún otro equipo de cómputo que ya se encuentre en Internet. Eso por lo general se logra con un PSI o Proveedor de servicios de Internet, el cual se cubre más adelante en este capítulo. Pero sólo conectarse a Internet no le permite a usted acceder a la información. Para eso necesita un software específico, como un explorador web. También puede intercambiar información por medio del correo electrónico, algo que la gente usa más que la web misma.

- ✔ El Capítulo 26 trata sobre la World Wide Web y el uso de un explorador web.
- ✔ El Capítulo 27 trata sobre el correo electrónico.

¿Cómo acceder a Internet?

Ingresar a Internet no es una prueba difícil. Sin embargo, al igual que muchos ritos de iniciación, toma algo de tiempo y organización. La buena noticia es que es difícil sólo la primera vez. Después de eso, todo este asunto es pan comido. La mala noticia, por supuesto, es que la primera vez *es* difícil.

Cinco cosas que usted necesita para ingresar a Internet

Usted necesita cinco cosas para ingresar a Internet. Es posible que ya tenga cuatro de ellas; debe salir a buscar la otra:

✔ **Una PC.**

✔ **Un módem.**

Una PC sin módem es algo muy extraño. Si el suyo es uno de esos casos, revise las opciones de módem que se mencionan en el Capítulo 13.

✔ **Software para Internet.**

Windows viene casi con todo el software que usted necesita.

✔ **Dinero.**

Quizás éste es el punto más difícil de obtener. El acceso a Internet tiene un costo: usted se suscribe al servicio, al igual que con la televisión por cable. Puede pagar desde US$ 5 hasta más de US$ 100 por mes por ingresar a Internet, eso depende del tipo de servicio y de las diversas opciones que necesita. El costo promedio suele ser menor a US$ 20 al mes, por lo menos en Estados Unidos.

✔ **Un proveedor de servicios de Internet o PSI.**

Esto es lo que necesita para ingresar. Así como la compañía de cable lo proporciona la televisión por cable, un *PSI* es quien le proporciona el acceso a Internet. Obtener uno es algo muy importante, por lo que se cubre en la siguiente subsección.

En algunas situaciones, quizás no necesite ninguna de estas cosas. Por ejemplo, si trabaja para una compañía grande, quizás ésta le proporcione acceso a Internet por medio de la red en su oficina. Esto también sucede con las universidades y algunas instalaciones gubernamentales. Además, en algunas bibliotecas públicas puede encontrar acceso gratuito.

✔ Aunque detesto usar siglas, *PSI* se ha hecho tan popular que me parece necesario usarlo. Además de que es más fácil de digitar, muchas personas dicen "PSI" sin saber lo que quiere decir.

✔ Aunque nadie es dueño de Internet, un PSI es necesario para proporcionarle el acceso. Por supuesto, podrían darle el acceso gratuito, pero eso sería un mal negocio.

✔ Puede encontrar PSI en las páginas amarillas, en la sección *Internet*. Si usted se encuentra en Estados Unidos, recomiendo usar un PSI local porque el soporte técnico de los nacionales por lo general no es bueno.

✔ La S de PSI quiere decir *servicio*. Usted les paga una cuota y ellos le proporcionan acceso a Internet *y* servicio. Eso quiere decir soporte técnico: alguien a quien puede llamar por teléfono para pedirle ayuda, clases, software o lo que necesite. Entre más soporte, mejor es el PSI.

✔ Aunque Internet no es un programa, usted necesita software especial para acceder a Internet y para enviar o almacenar información.

Configurar Windows para Internet

Configurar su PC para acceder a Internet no es tan difícil. Lo único que necesita es algo de información de su PSI y el Asistente para nueva conexión hace el resto.

Si eligió un PSI decente, tiene muchas probabilidades de que le proporcionen un folleto o CD con toda la información que necesita para configurar Windows para el uso de Internet. Ésa es su primera y mejor opción. De lo contrario, necesita la siguiente información específica de su PSI:

✔ Para un módem de discado, el número de teléfono al que debe llamar.

✔ Para un módem de banda ancha, la dirección IP del módem, la dirección DNS y quizás una dirección de puerta de enlace.

✔ El nombre del dominio de su PSI, algo como `blorf.com` o `yaddi.org`.

✔ Su identificación y contraseña para ingresar a Internet.

✔ El nombre de su correo electrónico de Internet, la dirección y la contraseña (si es diferente a su identificación y contraseña de ingreso).

✔ El nombre del servidor de correo electrónico de su PSI, el cual incluye las siglas POP3 o SMTP.

Esta información es necesaria para ejecutar el Asistente de nueva conexión en Windows. Quizás haya más información. ¡Guárdela para usarla en el futuro!

Para ejecutar el Asistente para nueva conexión, siga los siguientes pasos:

1. **Desde el menú del botón Inicio (Start), elija Todos los programas (All Programs)➪Accesorios (Accesories)➪Comunicaciones (Communications)➪ Asistente para nueva conexión (New Connection Wizard).**

2. **Lea. Obedezca. Responda las preguntas del asistente con la información que le proporciona su PSI.**

3. **Haga clic en el botón Siguiente (Next) para seguir trabajando con el asistente.**

4. **Haga clic en el botón Finalizar (Finish) cuando haya terminado.**

 Cuando el asistente completa su interrogatorio y usted hace clic en el botón Finalizar, la información de su conexión a Internet se guarda como un ícono en la carpeta Conexiones de red (como se muestra al margen). Esto significa que todo está listo.

 ✔ Vea el Capítulo 18 para obtener más información acerca de la carpeta Conexiones de red, de las redes y de Internet.

✔ Usted necesita ejecutar el Asistente para nueva conexión sólo una vez.

✔ Le mentí: si cambia o agrega el PSI o cambia de una conexión de discado a una de banda ancha, necesita ejecutar el Asistente para nueva conexión de nuevo.

✔ ¡Nunca tire el folleto o la hoja de información que le proporciona su PSI! Usted necesita esos números.

✔ Su identificación y contraseña para ingresar a Internet son diferentes a la identificación de usuario y a la contraseña que usted usa para ingresar a Windows. Necesita una identificación y contraseña distintas para cada sistema al que accede.

✔ $111,111,111 \times 111,111,111 = 12,345,678,987,654,321$.

Conectarse a Internet

Conectarse a Internet es algo sencillo: tan sólo ejecute cualquier programa de Internet en su PC. Windows es bastante inteligente para conectarse de manera automática. Si usted tiene una conexión de banda ancha, Windows sólo empieza a usar esa conexión. De lo contrario, Windows hace que el módem disque para ir al PSI y hacer la conexión manualmente.

Hola, Internet

Ésta es la forma en que usted se conecta a Internet la mayoría del tiempo:

1. **Inicie su explorador web.**

 El software explorador que viene con Windows es *Internet Explorer*. Haga doble clic en el ícono Internet Explorer en su escritorio o elija Todos los programas (All Programs)➪ Internet Explorer del menú del botón Inicio.

En el caso de una conexión de banda ancha o que siempre está activada, como por arte de magia, usted está en Internet. Así es. Eso es todo lo que necesita. Como dice cuando se termina una película: *¡Fin!*

En el caso de un módem de discado, la locura continúa:

2. Complete el cuadro de diálogo de la conexión (si aparece).

Si usted observa un cuadro de diálogo Conectarse (Connect), como se muestra en la Figura 25-1, complételo. Use la información que le proporcionó su PSI, aunque la mayoría de la información quizás ya esté ahí. Haga clic en el botón Discar (Dial) para conectarse.

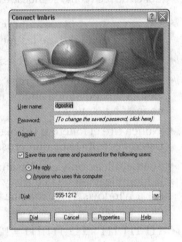

Figura 25-1
Discar para
conectarse
a Internet.

3. Espere mientras el módem disca el número.

Du- di- du.

4. ¡Está conectado!

 Cuando una conexión de discado se establece, verá un pequeño ícono nuevo en la bandeja del sistema, que se parece al gráfico al margen. Ése es su ícono indicador de que está conectado a algo que le dice que está en línea y listo para ejecutar su software de Internet.

✔ Por diversas razones es probable que siempre tenga que ingresar su contraseña de forma manual. La primera es que ésta usa un equipo portátil, el cual no guarda su contraseña de Internet, por razones de seguridad. La segunda es que no ingresó de manera apropiada a Windows con una cuenta protegida con contraseña. La tercera es que, por alguna razón, Windows olvida su contraseña y lo obliga a ingresarla de nuevo (quizás por razones de seguridad).

✔ Si tiene otros problemas con la conexión a Internet, aflicciones y preocupaciones, vea mi libro *Troubleshooting Your PC For Dummies* (Wiley Publishing, Inc.).

No conectarse a Internet

No siempre tiene que conectarse a Internet. En el caso de una conexión de banda ancha, usted está en línea todo el tiempo, por lo que no es mayor problema. Pero en el caso de los módems de discado, no se sienta obligado a conectarse sólo porque la conexión lo hace de manera automática, en especial cuando inicia la PC.

✔ Para cancelar la conexión, haga clic en el botón Cancelar (Cancel) cuando observa que está discando.

✔ ¿Por qué su PC se está conectando a Internet? Es muy probable que algún programa o Windows esté solicitando alguna información. Cancelar esa solicitud no es ningún problema, ni tampoco causa daño alguno. Los programas pueden esperar hasta que *usted* quiera conectarse a Internet para hacer sus negocios. ¡Usted está al mando!

Hacer algo en Internet (con su software)

Luego de hacer la conexión a su PSI, está listo para ejecutar cualquiera o todo su software de Internet. Active su explorador web, el paquete de correo electrónico, el cuarto de chat o cualquier cantidad de aplicaciones diseñadas para el entretenimiento y la diversión en Internet.

✔ Mientras tenga una conexión a Internet, usted puede ejecutar cualquier programa que acceda a la información.

✔ Así es, usted puede ejecutar más de un programa de Internet a la vez. Yo por lo general tengo tres o cuatro funcionando. (Como Internet es lento, puede leer una ventana mientras espera que algo aparezca en otra.)

✔ También puede permanecer en Internet mientras usa un programa de aplicación, como Word o Excel. Tan sólo recuerde que está en línea.

✔ Cierre sus programas de Internet cuando haya terminado con ellos.

¡Adiós, Internet!

Para decirle adiós a Internet, tan sólo cierre todos sus programas. ¡Eso es todo!

En el caso de una conexión de banda ancha, no tiene que hacer nada. De hecho, ni siquiera tiene que cerrar sus programas de Internet porque la conexión está activa todo el tiempo. En el caso de una conexión de discado, usted debe desconectarse. Después de cerrar la última ventana del programa de Internet, usted observa un cuadro de diálogo Desconectar (Disconnect). Haga clic en el botón Desconectar o Desconectar ahora (Disconnect Now).

Si no observa el cuadro de diálogo Desconectar, haga doble clic para ver el ícono Conexión en la bandeja del sistema. De esta forma aparece el cuadro de diálogo Estado de la conexión; haga clic en el botón Desconectar.

✔ Las conexiones de discado siempre se deben desconectar de Internet. ¡No lo olvide!

✔ En algunas ocasiones, la conexión se puede desactivar automáticamente, en especial si no ha hecho nada con Internet durante un rato.

✔ Es posible que su PSI tenga un valor de tiempo de desconexión. Después de una cierta cantidad de tiempo, el PSI cuelga si cree que usted no está vivo.

✔ Para darle seguimiento a la cantidad de tiempo que pasa en línea vea el cuadro de diálogo Estado (Status); haga doble clic en el ícono de la conexión en la bandeja del sistema. Esta información es importante cuando usted eventualmente pasa más horas en Internet de lo que había planeado. Vea la hora. Diga "¡Cielos, eso es mucho tiempo!" y luego haga clic en Cerrar.

Si acaba de empezar a usar Internet, debería conocer y usar dos conceptos básicos: la World Wide Web y el correo electrónico.

La World Wide Web o "la web" es la responsable de que Internet sea tan popular en la actualidad. La web introdujo imágenes gráficas bonitas y texto formateado a Internet, lo cual mejoró su aburrido pasado de sólo texto. Por otro lado, el correo electrónico es la razón más importante para usar Internet. Hay algo en la naturaleza instantánea de las comunicaciones electrónicas que hace que algunas personas vivan por medio del correo electrónico.

Los capítulos 26 y 27 cubren la web y el correo electrónico. Son las dos cosas en las que desperdicia, digo, invierte más tiempo en Internet.

¡Programas desagradables!

Internet puede ser una comunidad próspera y llena de información, pero no es exactamente el lugar más seguro que se puede encontrar. Como casi cualquier persona puede ingresar a Internet y debido a que ésta es un sistema abierto, muchos chicos malos andan merodeando por ahí: crean programas feos y pueden hacerle cosas horribles a su PC si usted no tiene cuidado.

Es probable que haya escuchado las palabras spam, spyware, virus, gusanos o pop-ups.

Éstas son cosas desagradables y molestas que pueden hacer menos divertido el uso de Internet. Por suerte, hay formas de prevenir el desastre y de frustrar a los chicos malos. Su PSI debería ser la mayor fuente de ayuda en esta área. También puede revisar mi libro *Troubleshooting Your PC For Dummies* (Wiley Publishing) para obtener más información sobre cómo lidiar con las cosas desagradables en Internet.

Capítulo 26

El mundo de la World Wide Web

Internet existió muchos años antes de que toda la gente a su alrededor se uniera a la fiesta. La razón principal para que esta oleada de gente pudiera usar Internet fue la World Wide Web. Antes de la web, la información estaba disponible en Internet, pero su acceso no era tan fácil. Lo que hizo la web fue presentar la información en Internet en formato de revista, con imágenes, texto llamativo, ¡y mucha publicidad! Debido a que la web está en una PC y no en un medio impreso, tiene animaciones, juegos y todo tipo de diversión y frivolidades.

Honestamente, la web no es tan difícil de usar; casi cualquiera puede descifrar la información y, en realidad, usted no necesita un libro de ayuda. Aun así, estoy obligado a escribir este capítulo, el cual contiene un repaso rápido de las operaciones básicas en la web y luego se concentra en algunos asuntos que quizá sean nuevos para usted. También tiene muchos consejos.

Bienvenido a la web

La parte principal del software que se usa para ingresar a la información en Internet es un *explorador* web. Se usa para ver la información almacenada en sitios web por todo Internet.

El explorador web más popular es Internet Explorer o IE. Viene con Windows y es la clave para ver la World Wide Web. Hay otros exploradores disponibles, algunos que se vanaglorian de tener más características que IE. Todos ellos funcionan de forma muy similar.

Iniciar Internet Explorer

Abra el ícono Internet Explorer en el escritorio para iniciar su explorador web. (Tome en cuenta que el ícono también se encuentra en muchos otros lugares de Windows; es omnipresente.)

Si todavía no está conectado a Internet, luego de iniciar Internet Explorer, lo estará (vea el Capítulo 25). Pronto la ventana principal de Internet Explorer se llena con información de la World Wide Web, como la *página web* que aparece en la Figura 26-1.

Barra de herramientas   Barra de direcciones   Ventana activa

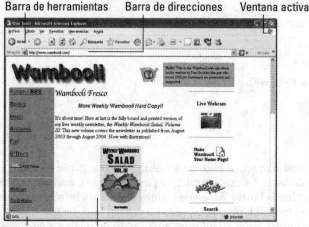

Figura 26-1
El programa
explorador
Internet
Explorer.

Barra de estatus   Página web

Toolbar   Address bar   Links bar (Barra de vínculos)   Busy thing

Status bar   Web page

La primera página web que usted observa en la ventana del explorador web es la *página principal*. Es apenas su punto de inicio en la web y se puede cambiar. (Vea la sección "No hay un lugar como la página principal", más adelante en este capítulo.)

Una visita por la ventana Internet Explorer

Debería notar algunas cosas en la ventana del explorador web:

Barra de herramientas: debajo de la barra de menú, usted encuentra una serie de botones. Esos botones se usan para visitar varios lugares en la web y hacer cosas básicas con su explorador. Si no ve esta barra, elija Ver (View)⇨Barra de Herramientas (Toolbars)⇨Botones Estándar (Standard Buttons) del menú.

La cosa trabajadora: el extremo derecho de la barra de botones tiene lo que yo llamo la *ventana activa (Busy Thing)*. Esta cosa se vuelve animada cuando su explorador web está haciendo algo, lo cual por lo general quiere decir que está esperando a que se envíe información de las partes lejanas de Internet. Ésa es su señal para que se siente, espere y tenga paciencia; la web está ocupada.

Barra de dirección: este recuadro alberga la dirección de las páginas que usted visita y también es un recuadro de entrada donde puede digitar direcciones de páginas web así como otros comandos. Si no ve este recuadro, elija Ver (View)⇨Barra de Herramientas (Toolbars)⇨Barra de Direcciones (Address Bar) del menú.

Barra de vínculos: esta útil barra de herramientas tiene una lista de los lugares populares que a usted le gusta visitar en la web. Vea la sección "Usar la carpeta Vínculos y la Barra de Herramientas de Vínculos", más adelante en este capítulo, para obtener detalles sobre el uso de esta útil barra de herramientas.

Página web: el explorador web muestra una página de información en la web, la página misma. En la Figura 26-1, observa la página Wambooli, que es mi propia página (`http://www.wambooli.com`).

Barra de estado: este último lugar con información en la ventana del explorador suele indicar aspectos importantes o muestra información útil. Para verla, elija Ver (View)⇨Barra de Estado (Status Bar).

El explorador web le enseña lo sencillo que es ver información en Internet. En su ventana, usted observa gráficos y texto, casi como leer una revista; siga leyendo.

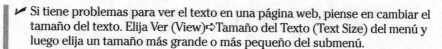 Si tiene problemas para ver el texto en una página web, piense en cambiar el tamaño del texto. Elija Ver (View)⇨Tamaño del Texto (Text Size) del menú y luego elija un tamaño más grande o más pequeño del submenú.

 Las páginas web pueden ser más anchas y más largas de lo que observa en la ventana del explorador. ¡No olvide usar las barras de desplazamiento! Mejor aun, maximice la ventana del explorador para obtener el efecto de pantalla completa.

✔ Lo que usted digita dentro del cuadro de direcciones se conoce oficialmente como *URL*. Es la sigla de Uniform Resource Locator (Localizador uniforme de recursos). En esencia, es un comando que usted le da al explorador web para que salga y busque información en Internet.

Cerrar Internet Explorer

Cuando haya terminado de explorar la World Wide Web, esto quiere decir que son las 4 a.m. y usted necesita levantarse dentro de 90 minutos para ir al trabajo; debería cerrar Internet Explorer. Esa tarea es sencilla: elija Archivo (File)➪Cerrar (Close) del menú.

Cerrar Internet Explorer no lo desconecta de Internet. Si usa una conexión de módem, debe desconectarse de forma manual si Windows no lo hace automáticamente. Vea el Capítulo 25 para obtener más información con respecto a desconectarse de Internet.

Visitar una página web

La web está divida en miles de millones de ubicaciones llamadas *sitios web*. Estos sitios son fuentes de información creados por compañías, comunidades, individuos, viajeros en el tiempo y otros. El sitio web suele estar divido en páginas web, como las páginas en una revista. Usar la web se trata justo de ver esas páginas con el explorador de su PC.

No hay un lugar como la página principal

Existen dos tipos de páginas principales en Internet. El primero es la página que usted ve cuando inicia su explorador web. Puede regresar a esta página con rapidez si hace clic en el botón Inicio en la barra de herramientas del explorador.

La belleza de una página principal es que usted puede cambiarla. Puede ser cualquier página web en Internet o incluso puede ser una página en blanco, si así lo prefiere.

Para definir una página principal, siga los siguientes pasos:

1. **Visite la página que le interesa poner como principal.**

   Por ejemplo, mi página web se encuentra en `www.wambooli.com`. Digite eso en el cuadro Dirección (Address) para visitarla.

2. **Elija Herramientas (Tools)⇨Opciones de Internet (Internet Options).**

   El cuadro de diálogo Opciones de Internet aparece; haga clic en la pestaña General, si es necesario, para que se vea como en la Figura 26-2.

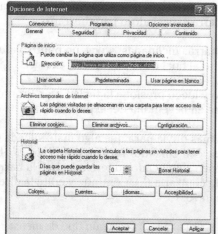
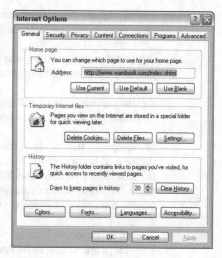

Figura 26-2
El cuadro de diálogo Opciones de Internet (Internet Options).

3. **En el área Página de inicio (Home Page) (en la parte superior del cuadro de diálogo), haga clic en el botón Usar actual (Use Current).**

4. **Haga clic en Aceptar.**

La página principal nueva se encuentra definida y puede cambiarla en cualquier momento. Después de todo ¡es *su* página principal!

Tome en cuenta que también puede definir que la página principal esté en blanco, si lo que desea.

¿Y la otra página principal? Ésa es una página personal que usted crea, su hogar electrónico en Internet. Muchos PSI le ofrecen un lugar para crear esta página principal. Hable con el suyo para obtener más información. Así es, su página principal personal también puede ser la página principal del explorador web.

Digitar una dirección nueva de página web

La forma más común de visitar una de las miles de millones de páginas de información en la World Wide Web es digitar la dirección de esa página en la barra Dirección (Address) del explorador web. Suponga que quiere visitar el popular portal Yahoo! Su dirección se escribe así:

```
http://www.yahoo.es
```

Use el para seleccionar cualquier texto que ya se encuentre en la barra de dirección; presione la tecla barra espaciadora para borrarlo.

Digite **http**, dos puntos, dos barras inclinadas, **www**, un punto, **yahoo**, otro punto y **es**. (No digite un punto al final de la dirección.)

Revise de nuevo lo que digitó y luego presione la tecla Enter. Pronto, la página web de Yahoo! aparece en la ventana del explorador.

Si algo malo sucede: la razón más obvia para que algo malo suceda es que digite mal la dirección. ¡Revise con cuidado! Todo debe ser *exacto*. Las letras mayúsculas y minúsculas tienen significados diferentes. Use la barra inclinada (/), no la barra inclinada contraria (\). Continúe y edite la dirección si puede hacerlo o digítala de nuevo.

- ✔ Si la página web no se descarga, quizás vea algún tipo de mensaje de error. Lo primero que debe hacer es ¡intentarlo de nuevo! La web puede estar ocupada y, a menudo, cuando lo está, a usted le aparece un mensaje de error.

- ✔ Si le aparece un error 404, quizás no digitó la dirección de la página web de forma apropiada. Inténtelo de nuevo: sólo haga clic en la flecha verde junto a la palabra *IR* en el extremo derecho de la barra de dirección.

- ✔ Las direcciones de la página web a menudo aparecen sin la parte http://.

- ✔ Técnicamente hablando, la parte http:// se requiere si la dirección de la página no comienza con www (y muy pocas son así).

- ✔ Si la URL comienza con ftp:// o gopher://, debe digitar esos comandos.

Hacer clic en un vínculo de página web

La forma automática de visitar una página web es hacer clic en el vínculo de una página, el cual aparece como texto subrayado, a menudo de color azul (aunque no es una regla inquebrantable). El signo claro de que ha encontrado un vínculo es que cuando lo apunta, el puntero del cambia a una mano, como se muestra al margen.

Para usar el vínculo, hágale clic una vez con el 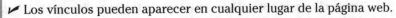. El explorador web de inmediato entra en acción y se dirige a mostrar esa página, como si usted hubiera digitado la dirección de forma manual.

- ✔ Se llama *web* porque casi todas las páginas tienen un vínculo hacia otras páginas. Por ejemplo, una página web sobre el fin del mundo podría tener vínculos hacia otras páginas acerca de Nostradamus o de alguna otra persona que hable del tema.

- ✔ No todos los vínculos son texto. Muy pocos vínculos son gráficos. La única forma de estar seguro es colocar el puntero del 🖑 en lo que usted cree que es un vínculo. Si el puntero cambia a una mano, sabe que es un vínculo en el que puede hacer clic para ver algo más.

- ✔ Los vínculos pueden aparecer en cualquier lugar de la página web.

- ✔ *Vínculo* es la forma corta de decir *hipervínculo,* un poco más de información para poner a trabajar a una docena de neuronas.

Navegar en la web

Usar la web a menudo es tan absorbente como cuando lee una enciclopedia o lo distraen los diversos artículos en un periódico. La gente que hace software para explorar la web comprende esta distracción, por lo que han creado una cantidad de formas para que usted no se pierda o para volver sobre sus pasos conforme navega. Aquí hay algunas herramientas útiles que puede usar:

Para volver a la página web que recién estaba mirando, use el botón Atrás (Back) de su explorador. Puede seguir haciendo clic en el botón Atrás para volver a visitar cada página por la que ha pasado, hasta llegar a la primera página que vio hace 18 horas.

Si quiere profundizar más, haga clic en la flecha hacia abajo junto al botón Atrás. Una lista con las últimas páginas web que usted ha visitado aparece.

Si necesita regresar al lugar donde estaba antes de devolverse, use el botón Adelante (Forward).

Si accidentalmente hace clic en un vínculo y cambia de opinión, haga clic en el botón Detener (Stop). Internet deja de enviar información. (Quizás tenga que hacer clic en el botón Atrás para regresar al lugar donde estaba.)

El botón Actualizar (Refresh) tiene un noble propósito en el mundo cambiante de la información. Actualizar le indica a Internet que actualice la página web que usted está viendo.

Aquí están las razones para hacer clic en el botón Actualizar:

Página web no encontrada. ¡No se rinda tan fácil! Internet puede mentir; haga clic en el botón Actualizar e inténtelo de nuevo con esa página.

Cambiar información. Algunas páginas web tienen información actualizada encima de ellas. Si hace clic en el botón Actualizar siempre va a la última versión.

Imágenes faltantes. En ocasiones, una imagen gráfica tal vez no aparezca. En ese caso, verá un ícono en *blanco* para decirle que la imagen hace falta. Por lo general, si hace clic en el botón Actualizar sucede algo mágico que hace que la imagen vuelva a aparecer.

Hacer clic en el botón Detener (Stop) de forma accidental. ¡Cielos! Haga clic en Actualizar para evitar que el explorador se detenga y vuelva a cargar la página.

Encontrar cosas en la web

La web es como una biblioteca sin bibliotecario. Tampoco tiene un catálogo de fichas. Además, olvídese de encontrar algo en las repisas: las páginas web no están organizadas de ninguna forma, ni se garantiza que la información que tengan esté completa o sea precisa. Esto se debe a que cualquiera puede colocar cualquier cosa en la web y todo el mundo lo hace.

Motores para realizar búsquedas

Para buscar algo en la web usted usa un *motor de búsqueda.* Es una página web con un enorme catálogo de otras páginas web. Usted puede buscar lo que quiera en el catálogo. Los resultados aparecen y puede hacer clic en los vínculos para ir a la página que quiere. Es muy ingenioso.

Mi motor de búsqueda principal en este momento es Google, en `www.google.com`. Lo admiro por su sencillez y meticulosidad. Tan sólo digite lo que anda buscando en el cuadro de texto. Haga clic en el botón Google Búsqueda (Search). Después de unos momentos, Google muestra una página nueva llena de hallazgos, páginas web en Internet que más o menos coinciden con lo que usted anda buscando.

Cuando el motor de búsqueda encuentra más de una página de información, usted observa un vínculo Siguientes 20 (Next 20 matches), o algo parecido, en la parte inferior de la página. Haga clic en ese vínculo para ver la siguiente lista de páginas web que se encontraron.

Google no es el único motor de búsqueda, aunque creo que quizás sea el mejor. Incluyo una lista de otros motores de búsqueda en el Cuadro 26-1.

Cuadro 26-1	Unos cuantos motores de búsqueda
Sitio	*Dirección*
Ask Jeeves	`www.ask.com`
Dogpile	`www.dogpile.com`
CINET Search.com	`www.search.com`
KartOO	`www.kartoo.com`
Teoma	`www.teoma.com`
Vivísimo	`www.vivisimo.com`
WebCrawler	`www.webcrawler.com`

Consejos para una búsqueda exitosa

Entre más información incluya en el cuadro de texto Búsqueda, los resultados de la página web serán más precisos. Evite el uso de palabras pequeñas (tales como *el, la, de, y, pero, con* y *para*) y coloque las palabras más importantes de primero.

Suponga que quiere encontrar un archivo MIDI del tema de la antigua serie de televisión "Heidi". Digite esta línea:

```
Heidi tema MIDI
```

Si las palabras se *tienen* que encontrar juntas, enciérrelas en comillas, como

```
"Isla de Gilligan" tema MIDI
```

o

```
"cortadora de césped Toro" reparar
```

Esta búsqueda sólo encuentra páginas web con las palabras *cortadora de césped Toro* juntas en ese orden.

Si los resultados, la información que coincide o las páginas web encontradas son demasiados, haga clic en el vínculo (cerca de la parte inferior de la página) que dice `Buscar en los resultados`. De esa forma, puede delimitar su búsqueda aun más. Por ejemplo, si encontró centenares de páginas acerca de Walt Disney World pero específicamente está buscando un mapa del Reino Animal, puede buscar "mapa Reino Animal" dentro de los resultados que encontró para Walt Disney World.

Todos tenemos nuestros preferidos

Con frecuencia, usted encuentra algún lugar que le encanta y quiere volver a visitar. Si es así, coloque un *marcador* en esa página. De esa forma, puede visitarla en cualquier momento con sólo seleccionar el marcador de una lista.

Para colocar un marcador, use el comando Ctrl+D, la D quiere decir dejar caer.

Este comando coloca el marcador en el menú Favoritos en Internet Explorer. De esa forma, puede volver a visitar la página web con sólo tomarla del menú Favoritos. Es como un paseo por el parque, pero sin dolor de pies.

- ✔ ¡Nunca tema agregar una página web en sus Favoritos! Es mejor agregarla ahora y borrarla después que arrepentirse por no haberla agregado desde el principio.

- ✔ Si se le olvida colocar un marcador, use la lista desplegable en el botón Atrás de la barra de direcciones para ubicar un sitio web que ha visitado recientemente. También puede usar la lista Historial; vea la sección "Historia 1", más adelante en este capítulo.

- ✔ En realidad desearía que Microsoft llamara a los *favoritos* por su nombre apropiado: marcadores. Todos los otros exploradores usan ese término que es mucho más descriptivo que *favoritos*.

Organizar sus favoritos

El menú Favoritos se puede desordenar muy rápido. La solución para eso o para cualquier desorden en la PC, es *organizarse*. Puede organizar su menú Favoritos si borra marcadores no deseados o si crea submenús y sub submenús de páginas web que haya visitado. Es bastante sencillo.

Para organizar el menú Favoritos en Internet Explorer, elija Favoritos (Favorites)⇨Organizar Favoritos (Organize Favorites). El cuadro de diálogo Organizar Favoritos aparece, como se muestra en la Figura 26-3.

Figura 26-3
El cuadro de diálogo Organizar Favoritos (Organize Favorites).

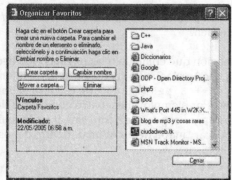

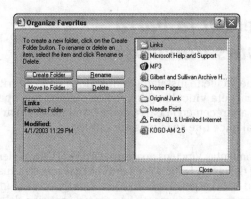

Para pasar un marcador seleccionado a una carpeta, puede arrastrar y soltar el marcador con el ⟨ꮁ⟩ o usar el botón Mover a carpeta (Move to Folder).

Para crear una carpeta nueva, haga clic en el botón Crear carpeta (Create Folder). La nueva carpeta aparece, llamada Nueva carpeta (New Folder), aunque usted puede ponerle un nombre nuevo en ese momento.

Para cambiarle el nombre a un marcador, selecciónelo y luego haga clic en el botón Cambiar nombre (Rename). Ésta es una buena idea, especialmente cuando se trata de nombres muy largos, lo cual hace que el menú Favoritos sea muy ancho. Por ejemplo, yo le cambié el nombre de 235 caracteres a la página web del clima local y le puse sólo "Clima", que es todo lo que necesito saber cuando elijo ese sitio del menú Favoritos.

Por supuesto, para borrar los marcadores no deseados, selecciónelos con el ⟨ꮁ⟩ y haga clic en el botón Eliminar (Delete).

✔ Trato de mantener en el menú Favoritos sólo los marcadores que encajan en la pantalla. Si abro el menú Favoritos y comienza a salirse de la pantalla, sé que necesito organizar las cosas un poco.

✔ Haga carpetas para categorías específicas de marcadores: noticias, tiempo, deportes, música, películas, diversión, referencias informáticas o cualquier tema de su interés.

✔ Puede usar submenús para organizar aun más sus temas.

✔ Tiene total libertad de borrar cualquier favorito que Microsoft haya instalado en el menú Favoritos. Esos marcadores son de compañías que han pagado para que sus productos se anuncien ahí.

Usar la carpeta y la barra de herramientas Vínculos

Una carpeta especial que ya viene instalada dentro del menú Favoritos de Internet Explorer es la carpeta Vínculos (Links). Los objetos que aparecen en esa carpeta también aparecen en la barra de herramientas Vínculos en Internet Explorer, lo cual hace que sean más accesibles.

Para que la barra de herramientas Vínculos aparezca, elija Ver (View)⇨Herramientas (Tools)⇨Vínculos (Links) del menú. La barra de herramientas muestra cualquier vínculo que está guardado en la carpeta Favoritos\Vínculos (Favorites/Links). Ahí es donde coloco la mayoría de mis páginas web favoritas: de noticias, del clima, Wambooli y de compras, por ejemplo. Aparecen justo en la barra de herramientas Vínculos, como se muestra en la Figura 26-1.

Las subcarpetas en la carpeta Vínculos aparecen como menús en la barra de herramientas Vínculos.

El Historial

Internet Explorer recuerda cada página web que usted haya visitado hoy, ayer y en algunos otros momentos de las últimas semanas. A mucha gente le gusta esta característica; les permite revisar dónde han estado y volver a visitar esos lugares. Muchas otras personas la desprecian porque le permite a cualquier persona husmear los lugares que han visitado en Internet.

Ver la lista del Historial

Para ver la lista del Historial, haga clic en el botón Historial (History) en la barra de herramientas de Internet Explorer. El panel Historial aparece en el extremo izquierdo de la ventana Internet Explorer. El panel está dividido en áreas por: hoy, la semana pasada, hace 2 semanas y hace 3 semanas, similar a lo que aparece en la Figura 26-4.

Figura 26-4
El panel
Historial
(History)
de Internet
Explorer.

Debajo de cada fecha hay carpetas que representan los sitios web que usted ha visitado. Abra una carpeta para ver la lista de las páginas individuales.

Cierre la lista Historial cuando haya terminado de usarla: haga clic en el botón con la X (cerrar) en el panel Historial o sólo haga clic en el botón Historial en la barra de herramientas.

✔ Para volver a visitar una página, tan sólo elíjala de la lista Historial. Por ejemplo, abra el objeto La semana pasada, elija el sitio web Cultura Latinoamericana y elija una página individual del sitio que visitó la semana pasada.

✔ El acceso directo con combinación de teclas para ir a la lista Historial es Ctrl+H.

Borrar la lista Historial

A menudo, el historial no es un buen reflejo suyo. Por suerte, Internet Explorer ofrece muchas formas de borrar su historial:

✔ Para quitar una página o sitio web de la lista, haga clic derecho en ese objeto. Elija Borrar (Delete) del menú de acceso directo que aparece.

✔ Para eliminar todos los objetos de la lista Historial, elija Herramientas (Tools)➪Opciones de Internet (Internet Options). En el cuadro de diálogo Opciones de Internet, en la pestaña General, haga clic en el botón Borrar Historial (Clear History). Haga clic en Aceptar.

✔ Para desactivar la lista Historial, elija Herramientas (Tools)⇨Opciones de Internet (Internet Options) para mostrar el cuadro de diálogo Opciones de Internet. En la pestaña General, ubique el área Historial. Defina los Días que puede guardar las paginas el Historial (Reset the Days to keep Pages in History) en la opción Historial en cero, lo cual desactiva la característica Historial de Internet Explorer. Haga clic en Aceptar (OK).

Imprimir páginas web

Para imprimir cualquier página web, elija Archivo (File)⇨Imprimir (Print) del menú. No hay ningún truco.

Algunas páginas web, por desgracia, no se imprimen bien. Algunas son muy anchas. Algunas tienen texto blanco en un fondo negro, lo cual no se imprime bien. Mi consejo es que siempre use el comando Vista Preliminar (Print Preview) para ver lo que se está imprimiendo antes de lo que imprima. Si todavía tiene problemas, tenga en cuenta estas soluciones:

✔ Puede guardar la página web en un disco; elija Archivo (File)⇨Salvar como (Save As). Asegúrese de que elige de la lista desplegable Guardar como tipo (Save As Type) la opción llamada Página web, completa (Web Page, Complete). Luego puede abrir el archivo de la página web en Microsoft Word o Excel o en cualquier programa de edición de página web y editarla o imprimirla desde ahí.

✔ Use el programa Archivo (File)⇨Configurar página (Setup) para seleccionar la orientación horizontal para imprimir páginas web que son más anchas de lo normal.

✔ Use el botón Propiedades (Properties) en el cuadro de diálogo Impresora (Print) para ajustar la impresora. Estas configuraciones dependen de la impresora en sí, pero he visto impresoras que pueden reducir la salida entre un 75 y un 50 por ciento, lo cual asegura que toda la página web se imprima en una sola hoja de papel. Otras opciones le permiten imprimir en tonos de gris o en blanco y negro.

Capítulo 27

Aspectos básicos del correo electrónico

· ·

En este capítulo

▶ Usar Outlook Express

▶ Crear un mensaje de correo electrónico nuevo

▶ Recibir correo electrónico

▶ Responder correo electrónico

▶ Comprender la Libreta de direcciones

▶ Crear entradas en la Libreta de direcciones

▶ Usar sobrenombres

▶ Hacer grupos de correo

· ·

¡*Llegó el correo!*

Nada anima más su día en Internet que recibir correo electrónico. *¡Ah, le importo tanto a la gente que me escriben! ¡Me quieren!*

Este capítulo está dedicado al correo electrónico, lo cual puede ser una obsesión para algunas personas. De hecho, si usted es como la mayoría de la gente, es posible que ejecute su explorador web y el programa del correo electrónico al mismo tiempo. De esa forma, no "se pierde nada" mientras está en Internet.

✔ Este libro asume que usted tiene Outlook Express (Versión 6), el paquete de correo electrónico que viene gratis con Windows.

✔ Outlook Express *no* es el mismo programa que Outlook, el cual es otro programa de correo electrónico que distribuye Microsoft Office. Outlook Express tampoco es el único programa de correo electrónico disponible. Una alternativa popular, que es una de mis favoritas es Eudora: www.eudora.com.

✔ Si todavía no ha configurado cuentas de correo electrónico en su PC, la primera vez que ejecuta Outlook Express aparece un asistente que lo guía por los pasos necesarios.

Iniciar Outlook Express

Para iniciarlo, abra el ícono Outlook Express en el escritorio (como se muestra al margen). También puede encontrar el ícono en la barra Acceso Rápido (Quick Launch).

Si todavía no está conectado a Internet, cuando inicia Outlook Express, éste lo conecta. Si no es así, vea el Capítulo 25 para obtener más información sobre cómo conectarse a Internet.

No puede enviar ni recibir correos electrónicos a menos que su PC esté conectada a Internet.

La pantalla principal

Lo primero que hace Outlook es buscar si hay correo nuevo. Vea la sección "Leer el correo electrónico", más adelante en este capítulo, si de verdad no puede esperar para comenzar. Outlook también envía cualquier correo que tenga en espera.

La Figura 27-1 detalla la pantalla de Outlook Express. Se compone de tres partes:

Lista de carpetas

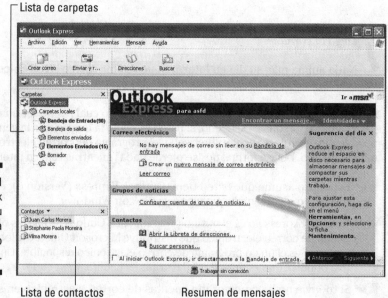

Figura 27-1
Outlook Express, su programa de correo electrónico.

Lista de contactos   Resumen de mensajes

Folders list

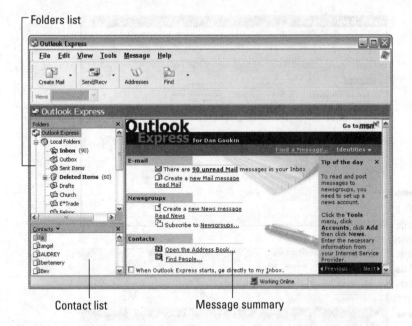

Contact list   Message summary

Lista de carpetas. En el área superior izquierda de la ventana está la lista de carpetas donde usted envía, recibe, bota y archiva el correo.

Lista de contactos. En el área inferior izquierda está una lista de *contactos,* las personas con las que usted normalmente se comunica.

Resumen de mensajes. A la derecha hay una página principal con clases de mensajes, grupos de noticias y otras cosas. Puede ser que no vea esta pantalla. En su lugar, puede configurar Outlook Express para mostrar su Bandeja de entrada en cualquier momento que lo active: haga clic para colocar una marca en el recuadro junto a la opción Cuando Inicie (When Starting), vaya directamente a Carpeta Bandeja de Entrada (Go Directly to My Inbox Folder).

La bandeja de entrada

La pantalla de inicio de Outlook Express es algo que en realidad usted no quiere ver. No, ¡lo que quiere es ver el correo! Haga clic en el vínculo Bandeja de entrada para ver cualquier mensaje nuevo o antiguo que haya recibido.

Cuando se dirige a la Bandeja de entrada (vea la Figura 27-2), el lado derecho de la pantalla se divide en dos partes. La parte superior derecha muestra la cola de correos electrónicos en la Bandeja de entrada. El texto en negrita indica que el correo no se ha leído; el texto normal indica que el correo ya se leyó (y el ícono del sobre abierto o cerrado confirma esta información).

Figura 27-2
La vista de la Bandeja de entrada (Inbox) de Outlook Express.

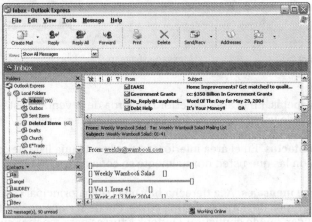

La parte inferior derecha de la ventana muestra una vista previa de los contenidos del mensaje.

Entre los extremos izquierdo y derecho de la ventana hay una barra separadora. Puede arrastrar esa barra con el ⌐☝, para agrandar cualquiera de los lados. Mi consejo es arrastrar la barra separadora hacia la izquierda, para agrandar las ventanas de la Bandeja de entrada y de la vista previa.

Cerrar Outlook Express

Para cerrar Outlook Express cuando termina de usarlo, cierre la ventana del programa. También puede elegir Archivo (File)➪Salir (Exit) del menú.

Si Outlook Express es el último programa de Internet que usted cierra, las conexiones de discado muestran un mensaje para desconectarse. Si ya terminó, ¡desconéctese!

Redactar y contestar correos electrónicos

La razón por la que usted usa un programa de correo electrónico como Outlook Express es redactar correos y, con suerte, recibirlos. ***Recuerde:*** para recibir correos electrónicos, primero debe enviar algunos.

Esta sección asume que usted está usando Outlook Express como su programa de correo electrónico. Otros programas se comportan de manera similar.

Enviar correos electrónicos

Create Mail

Para crear un mensaje nuevo en Outlook Express, haga clic en el botón Crear correo (Create Mail). La ventana Mensaje nuevo (New Message) aparece, como se muestra en la Figura 27-3. Su trabajo es completar los espacios, los cuatro en este caso.

Para: ¿a quién le está enviando el mensaje? Digite la dirección del correo electrónico de la persona en el campo Para. Aspectos importantes que debe tener en cuenta:

- ✔ No coloque espacios en una dirección de correo electrónico. Si cree que algo es un espacio, quizá sea un guión largo o un punto.

- ✔ Debe ingresar toda la dirección del correo electrónico: zorgon@wambooli.com. Tome en cuenta la única excepción: si tiene sobrenombres configurados para el correo electrónico, puede digitar el sobrenombre en lugar de la dirección completa en el campo Para (To). Vea la sección "La valiosa Libreta de direcciones" más adelante en este capítulo, para obtener más información.

- ✔ Usted puede digitar más de una dirección en el campo Para. En ese caso, sepárelas con un punto y coma o una coma, como en este caso:

  presidente@gobierno.org, primera.dama@gobierno.org

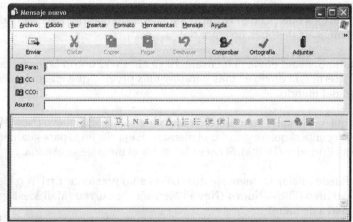

Figura 27-3
La ventana
Mensaje
nuevo (New
Message).

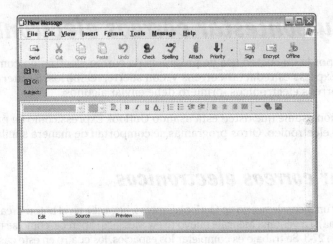

Cc: el campo *copia al carbón* se usa para enviarle una copia del correo electrónico a otra persona, algo así como Para su información. Las personas cuyas direcciones se colocan en el campo Cc reciben el mensaje, pero saben que el mensaje no se les envió directamente a ellos.

Asunto: escriba el asunto del mensaje. ¿De qué se trata? Es de ayuda si el asunto se relaciona de alguna manera con el mensaje (porque los receptores ven el asunto en su Bandeja de entrada, al igual que usted).

El mensaje: lo único que debe completar es el contenido. ¡Escriba el mensaje!

 Cuando termina de redactar su correo, revise su ortografía con un clic en el botón Ortografía (Spelling). Su mensaje se escanea y las palabras que parecen mal escritas se resaltan. Seleccione la forma apropiada de escribir la palabra en el cuadro de diálogo, el mismo proceso que sigue con esta característica en el procesador de palabras.

 ¡Revise su mensaje! El revisor ortográfico no busca los errores gramaticales o los mensajes que pueden resultar ofensivos. ¡Recuerde que no puede recuperar el mensaje después de enviarlo!

 Por último, usted envía el mensaje. Haga clic en el botón Enviar (Send) y se irá a Internet. El envío es más barato y más preciso que en cualquier oficina postal del mundo.

Si no quiere enviar el mensaje, cierre la ventana Mensaje nuevo (New Message). Se le pregunta si quiere guardar el mensaje. Haga clic en Si para guardarlo en la carpeta Borrador (Drafts). Si hace clic en No, el mensaje se elimina.

✔ Puede iniciar un mensaje nuevo con sólo presionar Ctrl+N o elegir Archivo (File)⇨Nuevo (New)⇨Mensaje de Correo (Mail Message) de la barra de menú.

- Si digita una dirección de correo electrónico equivocada, el mensaje se le *devuelve*. No es nada malo, inténtelo de nuevo con la dirección correcta.

- Un mensaje de correo electrónico se envía de inmediato. Si le envío un mensaje a un lector en Australia en la noche, puedo recibir su respuesta en menos de 10 minutos.

- Por favor no digite todo en MAYÚSCULA. Para la mayoría de las personas, poner todo en mayúscula es como si les GRITARA.

- La revisión ortográfica en Outlook Express sólo trabaja si usted tiene Microsoft Word o todo el paquete de Microsoft Office instalado. De lo contrario, no puede hacer esa revisión en Outlook Express.

- Tenga cuidado con lo que escribe. Los mensajes de correo electrónico por lo general se escriben de forma casual y se pueden interpretar de manera errónea. Trate de que no sean muy fuertes.

- No espere una respuesta rápida por correo, en especial de las personas en la industria de la informática (lo cual es irónico).

- Para enviar un mensaje que ha colocado en la carpeta Borrador (Drafts), abra la carpeta Borrador. Luego haga doble clic en el mensaje para abrirlo. La ventana Mensaje nuevo (New Message) original vuelve a aparecer. Desde ahí, usted puede editar el mensaje y hacer clic en el botón Enviar (Send) para enviarlo.

- También vea el Capítulo 28, el cual trata sobre los archivos adjuntos en un correo electrónico.

Leer el correo electrónico

Para leer un mensaje, selecciónelo de la lista en la Bandeja de entrada. El texto del mensaje aparece en la parte inferior de la ventana Outlook Express, como se mostró antes en la Figura 27-2. Puede leer cualquier mensaje en la lista de esta forma, en cualquier orden. Cuando se selecciona un mensaje nuevo, sus contenidos aparecen en la parte inferior de la ventana.

Por supuesto que no está atrapado viendo el mensaje en el infierno lleno de ventanas de Outlook Express. Claro que no, si lo desea, puede abrir una ventana de mensaje con un doble clic en el mensaje de la Bandeja de entrada. Una ventana especial para leer el mensaje se abre, similar a la que se muestra en la Figura 27-4.

Como el mensaje tiene su propia ventana, puede cambiar el tamaño del mensaje o pasear por él en cualquier lugar de la pantalla. Además, puede abrir más de una ventana de lectura de mensaje a la vez, esto es de ayuda si necesita referirse a más de un mensaje al mismo tiempo.

La ventana para leer el mensaje también tiene dos botones útiles: Anterior (Previous) y Siguiente (Next).

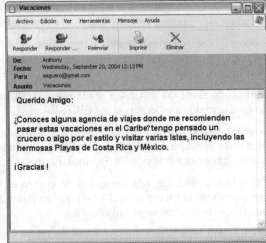

Figura 27-4
Un mensaje
de correo
individual
en su propia
ventana.

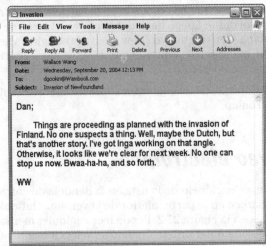

Haga clic en el botón Anterior (Previous) para leer el mensaje anterior en la Bandeja de entrada, el que se encuentra antes del mensaje actual.

Haga clic en el botón Siguiente (Next) para leer el siguiente mensaje en su Bandeja de entrada. Si está leyendo el último mensaje en la Bandeja de entrada, cuando hace clic el botón Siguiente escuchará un sonido molesto.

Al igual que con una página web, si tiene problemas para ver el texto en un mensaje de correo electrónico, elija Ver (View)➪Tamaño de texto (Text Size) del menú y elija un tamaño más grande o más pequeño del submenú.

Después de leer el correo electrónico

Después de leer un mensaje, puede hacer muchas cosas con él.

 Para imprimir un mensaje de correo electrónico, elija Archivo (File)⇨Imprimir (Print) del menú. El cuadro de diálogo Imprimir aparece; haga clic en OK para imprimir. También puede imprimir un mensaje con un clic en el botón Imprimir en la barra de herramientas.

 Para enviar una respuesta o darle seguimiento a un mensaje, haga clic en el botón Responder (Reply).

Tome en cuenta que Outlook Express hace varias cosas por usted de manera automática:

- ✔ El nombre del remitente se coloca de manera automática en el campo Para. Su respuesta se dirige directamente al remitente sin que usted vuelva a digitar una dirección.

- ✔ Se hace referencia al asunto original (Re) en la línea Asunto (Subject).

- ✔ Por último, el mensaje original se *cita* por usted. Esta característica es importante porque algunas personas reciben muchos correos electrónicos y quizás no recuerden el curso de la conversación.

Escriba su respuesta y luego haga clic en el botón Enviar (Send) para enviarlo.

 Reenviar un mensaje es lo mismo que volver a enviarle un correo a otra persona. Para reenviar un mensaje, haga clic en el botón Reenviar. El mensaje reenviado aparece *citado* en el cuerpo del mensaje nuevo. Escriba cualquier comentario opcional. Complete el campo Para con la dirección de la persona a la que le está reenviando el mensaje. Por último, haga clic en el botón Enviar.

 Para borrar el mensaje que está leyendo, haga clic en el botón Borrar (Delete). ¡Puf! Se ha ido. Para ser exacto, el mensaje se pasó a la carpeta Elementos elilminados (Deleted Items) en el extremo izquierdo de la ventana Outlook Express.

- ✔ No tiene que hacer nada con un mensaje después de leerlo; puede dejarlo en su Bandeja de entrada. No hay un castigo por eso.

- ✔ Puede editar el texto citado cuando responde o reenvía un mensaje. El texto citado no tiene un seguro ni nada por el estilo. Por lo general, yo expando el texto citado cuando respondo un mensaje, incluso borro partes, para poder referirme a los temas de manera individual.

 ✔ Use el botón Responder todos (Reply All) cuando responde un mensaje del cual se le han enviado copias a otras personas. Al hacer clic en Responder todos, usted crea una respuesta que se dirige a todas las personas a quienes se les envió el mensaje original, de esta forma *todos* pueden leer la respuesta.

✔ Puede usar el botón Reenviar (Forward) para volver a enviar mensajes que se han devuelto a las direcciones apropiadas. El comando de teclado para reenviar es Ctrl+F. Sólo digite la dirección apropiada y quizás una explicación de su error o lo que quiera y haga clic en el botón Enviar para enviarlo.

✔ El correo borrado se coloca en la carpeta Elementos eliminados (Deleted Items) hasta que usted vacíe esa carpeta. Para eso, elija Editar (Edit)➪Vaciar la carpeta elementos eliminados (Empty Deleted Items Folder) del menú.

La valiosa Libreta de direcciones

Cada vez que recibe un correo electrónico de alguien nuevo o cuando se entera de la dirección alternativa de un amigo, debería anotarla en la Libreta de direcciones de Outlook Express. La Libreta de direcciones no sólo le permite mantener las direcciones en un único lugar, sino que también le ayuda a recordar una dirección para enviar un correo más adelante.

Agregarle un nombre a la Libreta de direcciones

Puede agregarle un nombre de correo electrónico a su Libreta de direcciones en una de estas dos formas: manual o automática.

Agregar nombres de forma manual. Para agregar un nombre manualmente a su Libreta de direcciones, elija Archivo (File)➪Nuevo (New)➪Contacto (Contact) del menú. Outlook crea una nueva entrada en la Libreta de direcciones (como se muestra en la Figura 27-5), la cual usted completa.

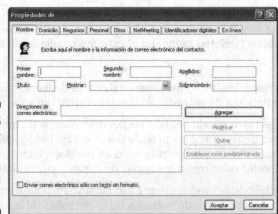

Figura 27-5
Completar una entrada nueva en la Libreta de direcciones.

El cuadro de diálogo tiene muchas pestañas y aparatitos para que usted trabaje, pero sólo necesita completar cuatro espacios en la pestaña Nombre: Nombre (First), Apellido (Last), Sobrenombre (Nickname) y Dirección de correo electrónico (E-Mail Address).

El objeto Sobrenombre es opcional, aunque puede resultar útil. Por ejemplo, usted puede digitar **chico** en lugar de la dirección completa de su hermano en el campo Para de un mensaje nuevo. Outlook Express reconoce esa forma corta y la reemplaza con la dirección apropiada completa.

Luego de completar los cuatro campos (o más, si está demasiado aburrido), haga clic en el botón Agregar (Add) y luego haga clic en Aceptar (OK).

Agregar nombres de forma automática. Para agregar un nombre de forma automática a la Libreta de direcciones, abra un mensaje de la persona cuyo nombre quiere agregar. Elija Herramientas (Tools)➪Agregar remitente a libreta de direcciones (Add to Address Book) del menú. Outlook de inmediato agrega el nombre en la Libreta de direcciones.

Haga clic en el botón Direcciones en la barra de herramientas para desplegar la ventana Libreta de direcciones. Desde ahí, puede editar o administrar las entradas en su Libreta de direcciones.

Usar la Libreta de direcciones cuando envía un mensaje

La Libreta de direcciones es muy útil cuando crea un mensaje nuevo. Con la ventana Mensaje nuevo (New Message) en la pantalla, haga clic en el botón del campo Para (To), como se muestra al margen. Una ventana Libreta de direcciones especial aparece, como en la Figura 27-6.

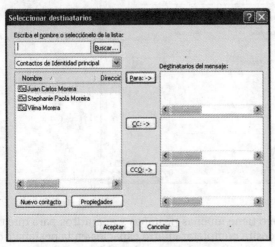

Para agregar una persona en el campo Para (To), seleccione el nombre de esa persona y haga clic en el botón Para; funciona de la misma forma para los campos Cc o Cco (Bcc). Para seleccionar más de una dirección de correo electrónico a la vez, presione y sostenga la tecla Ctrl y luego presione Ctrl+clic para seleccionar los nombres. (Suelte la tecla Ctrl cuando termina de seleccionar los nombres.)

Cuando termina, haga clic en Aceptar (OK) y los campos del mensaje Para, Cc y Cco estarán completos.

Crear un grupo

A menudo, usted quiere enviarle un correo electrónico a más de una persona, por ejemplo, a todos sus amigos en Chistes, Historias sorprendentes, Familia o cualquier otra lista. Con un grupo, puede ahorrarse algo de tiempo al no tener que digitar todas esas direcciones una y otra vez.

Para crear un grupo, siga estos pasos:

1. **Elija Herramientas (Tools)⇨Libreta de direcciones (Address Book) para abrir la Libreta de direcciones (Address Book).**

2. **Elija Archivo (File)⇨Nuevo grupo (New Group).**

   Un cuadro de diálogo aparece, donde puede crear el grupo.

3. **Digite un nombre para el grupo.**

   Sea ingenioso y descriptivo. Al grupo de personas divertidas le puede llamar Chistes. A la gente que le envía mensajes sobre creaciones caseras le puede poner Manualidades.

4. **Agréguele miembros al grupo.**

   Use el botón Seleccionar miembros (Select Members) para elegir a quienes quiere en el grupo. Aparece otro cuadro de diálogo, donde puede seleccionar su lista de contactos de correo electrónico y agregarlos al grupo: seleccione los nombres y direcciones del lado izquierdo de la ventana y use el botón Seleccionar (Select) para agregarlos al grupo del lado derecho.

5. **Haga clic en Aceptar (OK) cuando termina de agregar miembros.**

6. **Haga clic en Aceptar (OK) para cerrar la ventana Propiedades (Properties) del grupo.**

7. **Cierre la ventana Libreta de direcciones (Address Book).**

   Está listo para usar el grupo.

Para enviarle un mensaje al grupo, digite el nombre del grupo en el campo Para, Cc o Cco. El mensaje se le envía a ese grupo de personas de forma automática.

También puede hacer clic en el botón Para, como se describe en la sección anterior, y así elegir un grupo de la lista en su Libreta de direcciones (Address Book).

Poner a trabajar la opción Cco

El solapado campo Cco se usa para enviar un mensaje como *copia ciega oculta*. Esto quiere decir enviarle una copia de un mensaje a alguien pero *sin* que su nombre aparezca en ninguna copia del correo electrónico. De esa forma, puede advertirles a otras personas del mensaje sin que los receptores verdaderos conozcan los nombres de todas las demás personas que recibieron el mensaje.

Para ingresar al campo Cco, elija Ver (View)⇔Todos los encabezados (All Headers) del menú de la ventana Mensaje nuevo (New Message). Las personas en el campo Cco reciben una copia del mensaje de correo electrónico al igual que todos los demás; sin embargo, las personas en los campos Para o Cc no ven los nombres en el campo Cco.

Recuerde que siempre debe haber un nombre en el campo Para; si no quiere poner a nadie específico ahí, use su propia dirección de correo electrónico.

Por cierto, colocar el grupo en el campo Cco es una idea maravillosa; vea el recuadro cercano "Poner a trabajar la opción Cco" para obtener más información.

Una excelente forma de usar el campo Cco es cuando les envía un mensaje a varias personas. Por ejemplo, cuando envía el último chiste, coloque los nombres de todas las personas en el campo Cco y ponga el suyo en el campo Para. De esa forma, todos reciben el mensaje (o no, según el caso) y no ven la enorme lista de nombres al inicio del mensaje.

Capítulo 28

¡Archivos de allá para acá!

En este capítulo

▶ Guardar una página web

▶ Tomar texto o gráficos de la web

▶ Encontrar archivos y programas en Internet

▶ Descargar programas

▶ Instalar software descargado

▶ Recibir un archivo con su correo electrónico

▶ Enviar un archivo con su correo electrónico

Internet nació de la necesidad de compartir archivos entre las antiguas PC de vapor del siglo pasado. Dichosamente, hoy todo es mucho más fácil. Usted puede enviarle un archivo a cualquier persona al agregarle un documento adjunto a su correo. Puede obtener archivos por medio de mensajes de correo electrónico o tomándolos de las páginas web. También, puede aventurarse en las misteriosas aguas del FTP. Este capítulo le proporciona los detalles.

Tomar información de una página web

Internet está hasta el borde de archivos y programas que están esperando a que usted se apodere de una copia. Con algo de magia, el archivo se coloca en su PC como si lo hubiera copiado de un CD-ROM (aunque no es tan rápido). Usted puede tomar archivos, programas, fuentes, gráficos y cualquier cosa que quiera. Además, es tan fácil como hacer clic con su 🖱.

▶ Copiar un archivo en su PC se conoce como *descargarlo*. Cuando alguien le envía un archivo por Internet, usted lo *descarga*. (Piense que la otra PC estuviera en la cumbre de una montaña; quizás no lo está, pero le sirve imaginarlo.)

▶ Enviar un archivo a otra PC se conoce como *cargar*.

Guardar una página web completa en el disco

Para guardar una página web completa en el disco, elija Archivo (File)⇨Guardar como (Save As) en Internet Explorer. Aparece el cuadro de diálogo Guardar Página Web, similar al cuadro Guardar como (Save As) de cualquier otra aplicación. Úselo para guardar la página web en el disco.

✔ Guardar una página web guarda un *archivo HTML* en el disco. Ese archivo tiene las instrucciones de formato para la página web. (Básicamente es un archivo de texto, aunque no tan legible.)

✔ Puede ver la página sin conexión si usa Internet Explorer; la página web guardada se abre y aparece como si usted estuviera conectado a Internet.

✔ También puede ver páginas guardadas si usa un editor de páginas web, como FrontPage. Las aplicaciones de negocios, como Microsoft Word y Excel, también se pueden usar para ver páginas web.

✔ Conozco muchas personas que guardan páginas para leerlas después, sin conexión. De hecho, guardar una página web divertida para leerla durante un largo viaje en avión es una excelente forma de invertir su tiempo.

Guardar una imagen de una página web

Para guardar una imagen de una página web en el disco duro de su PC, haga clic derecho en la imagen y elija Guardar imagen como (Save Image As) del menú dinámico. Use el cuadro de diálogo Guardar como para encontrar un hogar feliz para la imagen en su disco duro.

✔ Casi todas las imágenes en la web tienen derechos de autor. Aunque puede guardar una copia en su disco duro, no puede duplicar, vender o distribuir la imagen sin el consentimiento del dueño de los derechos de autor.

✔ Para colocar la imagen como papel tapiz de su escritorio, elija Establecer como fondo (Set As Background) del menú dinámico que aparece luego de hacerle clic derecho a la imagen.

✔ Si apunta una imagen con el ⌐ durante mucho rato, aparece una barra de herramientas de imagen. Los botones, de izquierda a derecha, son Guardar imagen a disco (Save the Image to Disk), Imprimir imagen (Print Image), Enviar imagen como adjunto a un correo (Send the Image as an E-Mail Attachment) y Abrir la carpeta de Imágenes (Open My Pictures Folder).

Guardar texto de una página web en el disco

En la mayoría de las páginas web aparece texto sencillo. Usted puede copiar ese texto y guardarlo en el disco de la misma forma en que copiaría texto de una aplicación y lo pegaría en otra. Presento la forma de hacerlo:

1. **Seleccione el texto que quiere copiar.**

   Arrastre el ⌐ᵈ sobre el texto, lo cual lo resalta en la pantalla. Ahora el texto está seleccionado.

2. **Elija Editar (Edit)⇨Copiar (Copy).**

3. **Inicie cualquier procesador de palabras.**

   Puede iniciar Notepad, WordPad o un procesador de palabras como Microsoft Word.

4. **Pegue el texto en su procesador de palabras.**

   Ctrl+V o Editar (Edit)⇨Pegar (Paste).

5. **Imprímalo. Guárdelo. Haga lo que sea.**

   Use los comandos del menú apropiados para guardar, imprimir o editar el texto copiado de la página.

Obtener software de Internet

Internet es un gran depósito de software. Hay varios programas gratuitos o casi gratuitos que puede descargar en su PC para usarlos, probarlos o sólo porque sí. Esta sección le muestra cómo descargar software de Internet.

Buscar programas

El primer paso para conseguir software de Internet es encontrarlo. Muchas compañías de software tienen una presencia directa en Internet, de manera que con sólo encontrar sus páginas web, puede visitar el área de descargas y ver cuáles archivos tiene disponibles.

También puede usar un motor de búsqueda para ubicar archivos o, específicamente, puede usar motores buscadores de archivos para encontrar lo que necesita. Dos ejemplos son los sitios C|NET Shareware.com (`www.shareware.com`) e IT Pro Downloads (`http://itprodownloads.co`). Use estos sitios como si fueran motores de búsqueda: puede buscar archivos de un tipo específico o puede explorar por categoría para ver lo que hay disponible.

Crear una carpeta de descargas

Como las descargas se deben guardar en algún lugar de su PC, le recomiendo crear una carpeta especial con el nombre Descargas para ubicarlas ahí. De esa forma, siempre puede mantener juntos los programas y los archivos y ubicar con rapidez un archivo descargado si en algún momento necesita volver a instalarlo.

Siga estos pasos para crear una carpeta especial de descargas:

1. **Abra el ícono Mis Documentos (My Documents) en el escritorio.**

2. **Elija Archivo (File)⇨Nuevo (New)⇨Carpeta (Folder).**

3. **Llame a la carpeta** Mis Descargas (My Downloads)**.**

   También puede llamarle sólo **Descargas** si el asunto del prefijo Mi le resulta incómodo.

Cada vez que descargue un archivo, use el cuadro de diálogo Guardar como (Save as) para explorar la carpeta Mis Descargas y guardar ahí su archivo descargado.

✔ Guarde una copia del número de registro del programa en la carpeta Descargas, por si en algún momento decide comprar el software. La mayoría de los números de registro se envían por correo electrónico. Cuando recibe ese correo, elija el comando Archivo (File)⇨Guardar como (Save As) para guardar una copia del mensaje en la carpeta Descargas.

✔ No hay problema con borrar un archivo de la carpeta Mis Descargas después de haber instalado el programa del archivo. Sin embargo, yo no lo hago, porque me gusta guardarlo todo por si necesito volver a instalarlo.

✔ Otra carpeta que se encuentra en Windows se llama Downloaded Program Files. Esta carpeta se usa para actualizaciones de Internet Explorer; no debe jugar con sus contenidos.

Descargar un archivo de Internet

Para descargar un archivo, tan sólo haga clic en el vínculo apropiado o espere a que la descarga comience de forma automática. Esta instrucción es evidente ya sea que use un motor de búsqueda de archivos o que descargue un programa desde el sitio web de un desarrollador; hacerle clic al vínculo inicia el proceso de descarga.

Después de que la descarga comienza, usted observa un cuadro de diálogo Archivo Descargado (File Download), como se muestra en la Figura 28-1. Haga clic en el botón Guardar. ¡No haga clic en el botón Abrir! El botón Guardar (Save) le permite guardar el archivo en su disco duro, que es el lugar donde lo quiere. Si hace clic en Abrir, Internet Explorer trata de ejecutar el programa en Internet, que quizás no sea lo que usted quiere, sin mencionar que es un proceso lento que además representa un alto riesgo de seguridad. *¡Recuerde hacer clic en Guardar!*

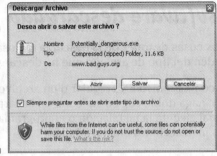

Figura 28-1
El cuadro
de diálogo
Archivo
descar-
gado (File
Download).

Hacer clic en el botón Guardar le muestra el cuadro de diálogo Guardar como (Save As). Úselo para explorar la carpeta Descargas (Downloads) (la cual creó en la subsección anterior).

Cámbiele el nombre al archivo. En el cuadro Nombre de Archivo del cuadro de diálogo Guardar como, digite un nombre nuevo más descriptivo para el archivo. Asegúrese de no cambiarle el nombre a las extensiones EXE o ZIP (si están visibles).

Por ejemplo, cambie el nombre del archivo DSLTV45.ZIP a DSL Test de Velocidad 45.ZIP. Es un nombre mucho más fácil de recordar que el original. No hay nada de malo con cambiarle el nombre a un archivo que guarda en su PC.

Haga clic en el botón Guardar (Save) para que la otra PC en Internet comience a enviarle el archivo.

Mientras el archivo se está descargando, puede realizar cualquier otra acti-vidad en la web; no tiene que sentarse a ver cómo se descarga, pero debe seguir conectado a Internet. Si la conexión falla, tiene que comenzar de nuevo y repetir todo el proceso.

Para averiguar lo que debe hacer después de descargar el archivo, vea la siguiente sección.

¿Cuánto tarda descargar el archivo?

Para ser honesto, el medidor del progreso que usted observa cuando se está des-cargando un archivo es sólo para entrete-nimiento, nadie sabe en realidad cuánto tiempo se demora en descargar un archivo.

Si Internet está ocupado, puede tomar más tiempo del estimado, incluso si cuenta con un módem rápido. Considere el tiempo que se muestra sólo como un estimado.

Instalar y usar software descargado

Es necesario que sucedan dos cosas después de la descarga exitosa de un archivo. Ambas cosas dependen del tipo de archivo que ha descargado.

Si acaba de guardar en el disco un archivo EXE regular o un archivo de programa, debería ejecutarlo: haga doble clic en su ícono en la carpeta Descargas (Downloads), lo cual ejecuta la instalación o el programa Setup para que quede listo. Siga las instrucciones en la pantalla.

Si el archivo es un archivo comprimido, tiene más trabajo que hacer. Los archivos comprimidos se abren como carpetas comprimidas en Windows XP, de manera que su primer paso es abrir la carpeta comprimida y ver lo que hay en su interior. Es muy probable que vea un documento con el nombre README o LÉAME el cual puede abrir y ver para averiguar lo que debe hacer luego.

Si no ve un documento README o LÉAME, su trabajo es extraer todos los archivos de la carpeta comprimida para copiarlos en su propia carpeta en el disco duro. Haga clic derecho en el ícono Carpeta comprimida (Compressed Folder) y elija Extraer todo (Extract All) del menú dinámico. Luego, use el Asistente de extracción (Extraction Wizard) para determinar la carpeta hacia la cual se extraerán los archivos.

Por ejemplo, puede crear una carpeta nueva en la carpeta C:\Archivos de programa para un programa o utilidad que acaba de descargar.

Después de extraer los archivos de Carpeta comprimida, revise si tiene un programa Setup, Install o Instalar que usted luego tiene que ejecutar para completar la instalación.

✔ Descargar el archivo es gratuito. Sin embargo, si el archivo es shareware, se espera que usted pague por él si lo usa.

✔ Aunque el archivo se haya descargado, si no lo quiere, tiene que desinstalarlo de la misma forma que desinstalaría cualquier programa (vea el Capítulo 23).

¡Mire! ¡Es un documento adjunto en un correo!

Los documentos adjuntos de un correo electrónico son divertidos de enviar y recibir. Son una forma cómoda y popular de enviar y recibir archivos por medio de Internet.

Esta sección cubre la forma de enviar y recibir archivos adjuntos en un correo electrónico si usa Outlook Express (OE) que viene con Windows. Los pasos que se describen son similares para otros programas de correo electrónico. (Vea el Capítulo 27 para obtener información básica sobre el correo electrónico.)

Tomar un documento adjunto con Outlook Express

El secreto de los documentos adjuntos en Outlook Express es el ícono del sujetapapeles. Cuando ve ese ícono junto al asunto del mensaje en la Bandeja de entrada, indica que el mensaje tiene uno o más archivos adjuntos. ¡Genial!

Cuando usted lee el mensaje, puede observar que aparece una línea Cabecera adjunta (Attached Header) en la lista regular en De, Fecha, Para y Asunto. Ese encabezado aparece junto al archivo o archivos adjuntos al mensaje.

Los archivos adjuntos no son nada hasta que usted los abre. Para abrirlo, haga doble clic en su ícono junto al encabezado Adjunto (Attach). Puede ser que aparezca un cuadro de diálogo de advertencia; mi consejo es que siempre guarde el archivo en el disco, elija esa opción y haga clic en Aceptar. Luego, use el cuadro de diálogo Guardar adjunto como (Save Attachment As) para salvar el archivo en un lugar fácil de recordar en el disco duro de su PC.

Una excepción en el caso de los archivos adjuntos es el archivo gráfico. Éste aparece como imágenes debajo del cuerpo del mensaje. No tiene que hacer nada; las imágenes nada más aparecen. (Si no es así, las imágenes que le enviaron no son archivos gráficos de Internet apropiados, como JPEG o PNG.)

Una vez que ha guardado el archivo adjunto, puede responder el mensaje o borrarlo como lo haría normalmente.

- ✔ Yo guardo mis archivos adjuntos en la carpeta Mis documentos (My Documents). Después de verlos y de examinar sus contenidos, los paso a la carpeta apropiada.

- ✔ Para guardar documentos adjuntos múltiples de una sola vez, elija Archivo➪ Guardar datos adjuntos. Luego puede utilizar el cuadro de diálogo Guardar datos adjuntos (Save Attachments) para guardarlos de una sola vez en una carpeta en el disco duro.

- ✔ Incluso si Outlook Express muestra archivos gráficos directamente en su mensaje, es probable que usted quiera elegir Archivo➪Guardar datos adjuntos (Save Attachments) para guardarlos en el disco.

- ✔ No abra archivos adjuntos que no estaba esperando, en especial archivos de programas, incluso si provienen de personas conocidas. Tan sólo borre el mensaje. Por otro lado, si usa un software antivirus (lo cual recomiendo), éste quizás le advierta de la presencia del programa indeseable incluso antes de que abra el mensaje.

- ✔ Para obtener más información sobre la lucha contra los programas indeseables en Internet, vea mi libro *Troubleshooting Your PC For Dummies* (Wiley Publishing, Inc.).

- ✔ En algún momento, podría recibir un archivo que su PC no puede digerir, un archivo de un formato desconocido. Si es así, el aterrador cuadro de diálogo Abrir con (Open With) aparece. ¡De una vez, ignórelo! Elija

Detalles que no necesita conocer sobre FTP

FTP es una de esas siglas omnipresentes en la jerga informática. Quiere decir Protocolo de Transferencia de Archivos (File Transfer Protocol) y significa "enviar archivos de aquí para allá en Internet". Por ejemplo, cuando usted toma un archivo de la web (como se describe en este capítulo) su PC en realidad está usando FTP para tomar el archivo.

También puede usar programas FTP si todo lo que quiere es obtener archivos. Así como existen servidores web en Internet y equipos de cómputo que ofrecen páginas web, también existen *servidores FTP*, o equipos de cómputo que mencionan un servidor de archivos. Usted puede usar su explorador web para acceder a un servidor FTP o puede usar un software FTP específico, como el SmartFTP, de `www.smartftp.com`.

En teoría, usar FTP es como trabajar con archivos en Windows. La diferencia es que en lugar de copiar archivos entre una unidad de disco y otra, usted los copia de una PC a otra por medio de Internet. Además, algunos servidores FTP requieren una contraseña para ingresar; para algunas personas eso es desconcertante.

La única razón para travesear FTP un poco más es cuando planea crear su propia página web. En ese caso, necesita un programa FTP o usarlo como parte de su programa de creación de páginas web, para pasar la página de su PC a Internet. Eso implicaría un libro completo, por lo tanto, creo que no voy a escribir más acerca de FTP.

Cancelar (Cancel). Luego responda el correo electrónico y dígale a la persona que no puede abrir el archivo y necesita que se lo vuelva a enviar en otro formato.

Enviar un archivo adjunto en Outlook Express

Usted adjunta un archivo en Outlook Express, ¿adivine cómo?, con un clic en el botón Adjunto (Attach) en la ventana Mensaje nuevo (New Message). Es así de fácil.

Comience por crear un mensaje nuevo o por contestar uno existente. (Vea el Capítulo 27 para obtener detalles al respecto.) Cuando está listo para adjuntar un archivo, haga clic en el botón Adjuntar o elija Insertar (Insert)➪Archivo adjunto (Attached File) del menú.

Use el cuadro de diálogo Insertar datos adjuntos (Insert Attachment) para encontrar el archivo que quiere adjuntar. Funciona justo como el cuadro de diálogo Abrir (Open) o Seleccionar (Select). Luego de encontrar y seleccionar el archivo, haga clic en el botón Adjuntar (Attach).

El archivo que usted adjunta aparece en una línea nueva en la ventana Mensaje nuevo (New Message), justo debajo de la línea Asunto (Subject).

Para enviar el mensaje y el archivo, haga clic en el botón Enviar (Send). De esta forma se dirige a su destino.

🖋 Enviar un mensaje con un archivo adjunto toma más tiempo que enviar un mensaje regular de sólo texto.

🖋 Usted debería asegurarse de que el receptor del mensaje pueda leer el tipo de archivo que usted le está enviando. Por ejemplo, enviarle un archivo de Word a un usuario de WordPerfect podría no tener el resultado que usted espera.

🖋 Tome en cuenta que algunas personas no pueden recibir archivos muy pesados. En algunas ocasiones, el límite es 5MB, pero yo lo he visto menor a 1MB. ¿Cuál es la alternativa? Queme un CD-R y envíe los archivos por medio del correo habitual. (Vea el Capítulo 24 para obtener información para quemar un CD-R.)

🖋 Envía imágenes JPEG o PNG. Cualquier otro formato de imagen por lo general es muy grande y el receptor debe esperar mucho para recibirlo.

🖋 Puede enviar más de un archivo a la vez, sólo debe seguir adjuntando los archivos que quiere enviar.

🖋 Además, en lugar de enviar muchos archivos pequeños, tome en cuenta que los puede colocar a todos en una carpeta comprimida y enviar una sola carpeta.

🖋 No envíe accesos directos de archivos, envíe sólo los originales. Si envía un acceso directo, la gente que recibe el archivo no obtiene el original. En su lugar, reciben el acceso directo de 296 bytes, que no es de mucha ayuda.

🖋 Trate de no mover o borrar los archivos que adjunta en un mensaje de correo electrónico hasta *después* de enviar el mensaje. Sé que parece algo tonto, pero a menudo, mientras espero que el correo electrónico se envíe (cuando estoy desocupado), comienzo a borrar archivos. ¡Vaya!

Parte V
La parte de los diez

"Lo conseguí en una de esas compañías para comprar equipo por correo que le permiten diseñar su propio sistema."

En esta parte . . .

Hacer listas es un ejercicio divertido que quizás sea inútil. ¿Ha escuchado la vieja historia de "Los diez libros que quisiera tener en una isla desierta?". Es tan sólo un ejercicio mental. Quiero decir, si en realidad encallara en una isla desierta y alguien se enorgulleciera de tener esos 10 libros, ¿no le gustaría estrangular a esa persona? Conozco personas que tienen listas de los "10 CD para una isla desierta" y los "10 amigos para una isla desierta". Pero, amigos, el asunto no se trata de una isla desierta, se trata de crear listas, que es lo que encontrará en esta parte del libro.

Capítulo 29

Los diez errores comunes de un principiante

- -

En este capítulo

▶ No cerrar Windows de forma apropiada

▶ Comprar demasiado software

▶ Comprar hardware incompatible

▶ No comprar suficientes suministros

▶ No guardar su trabajo

▶ No respaldar archivos

▶ Abrir o borrar cosas desconocidas

▶ Tratar de salvar el mundo

▶ Responder al spam

▶ Abrir un programa adjunto a un mensaje

- -

E*s* cierto: puede cometer millones de errores con una PC, ya sea borrar el archivo equivocado o dejar caer la impresora láser a color en su dedo. Sin embargo, he delimitado la lista a diez errores. Éstos son los errores prácticos del diario vivir que la gente tiende a repetir hasta que se les pide que no lo hagan o leen algo al respecto.

No cerrar Windows de forma apropiada

Cuando ha terminado de trabajar con Windows, ciérrelo. Elija el comando Apagar equipo (Turn Off Computer) del panel Inicio, haga clic en el botón Apagar (Turn Off) y espere hasta que la PC se apague.

✔ No se le ocurra presionar el interruptor de energía cuando haya terminado.

✔ Vea el Capítulo 4 para obtener instrucciones detalladas para apagar la PC.

Comprar demasiado software

Es probable que su PC saliera de la caja con docenas de programas preinstalados. (No, no es necesario que los use; vea el Capítulo 23, la sección acerca de la desinstalación del software.) Con todo ese software preinstalado, no se abrume por conseguir *más* software de inmediato.

Comprar demasiado software en realidad no es pecado en este caso. El pecado es comprar demasiado software y tratar de aprender a usarlo todo de una vez. El hábito de comprarlo todo de una sola vez se adquiere al comprar música, caso en el que está bien llegar a casa con un montón de CD. Usted puede escuchar diversos CD durante unos días. La primera vez se disfrutan mucho y al envejecer siguen siendo atractivos. Mientras que el software es horripilante el primer día y puede demorar meses para poder manipularlo.

Tenga piedad de sí mismo y adquiera software a un precio moderado. Compre un paquete y aprenda a usarlo. Luego, siga adelante y adquiera algo más. De esa forma aprende más rápido.

Comprar hardware incompatible

¿Cómo? ¿No revisó que el teclado que compró era para Macintosh? O quizás pensó que estaba aprovechando una buena oferta en ese escáner FireWire y resulta que su PC no tiene un puerto FireWire. La mayor decepción: usted compra una tarjeta de expansión AGP nueva, y todo lo que tiene disponible son ranuras PCI.

¡Revise el hardware antes de comprarlo! En especial si compra en línea, si no tiene certeza de que el hardware sea compatible, llame por teléfono al vendedor y haga preguntas específicas.

No comprar suficientes suministros

Compre papel para impresora en cajas grandes. Se le *acabará*. Compre papel adicional y una variedad de papeles para diferentes tipos de impresiones (borradores, a color, alta calidad y fotografías, por ejemplo). Compre un carrete de 100 CD-R. Adquiera unas cuantas tarjetas de medios adicionales. Mantenga cartuchos de tinta para impresora adicionales a mano. Ya tiene una idea de lo que quiero decir.

No guardar su trabajo

Cada vez que cree algo muy original, elija el comando Guardar (Save) y salve su documento en el disco duro. Cuando escribe alguna tontería que piensa arreglar después, elija el comando Guardar también. La idea es elegirlo cada vez que se acuerda, lo mejor sería después de unos pocos minutos, o antes.

¡Guarde! ¡Guarde! ¡Guarde!

Usted nunca sabe cuándo fallará su PC mientras trata de terminar los últimos párrafos de ese informe. Guarde su trabajo lo más a menudo posible. Además, recuerde guardarlo cada vez que se levanta de la silla, aunque sea sólo para traer una galleta de la cocina.

No respaldar archivos

Guardar el trabajo en una PC es un proceso de varios pasos. Primero, guarde el trabajo en su disco duro mientras lo crea. Luego, al finalizar el día, respalde su trabajo en una unidad externa, como el CD-R o una unidad de memoria rápida (flash). Siempre mantenga un duplicado, una copia segura de su trabajo en algún lugar porque nunca se sabe.

Al finalizar la semana (o el mes), ejecute un programa de respaldo. Sé que este proceso es aburrido, pero ahora es más automatizado y más sencillo de hacer que en el pasado. Le recomiendo revisar el software Dantz Retrospect Backup y usarlo para respaldar su información importante en un CD-R. ¡Me lo agradecerá!

www.dantz.com/es

Abrir o borrar cosas desconocidas

Las PC tienen reglas para abrir y cerrar objetos desconocidos en hardware y software. En cuanto al software, yo tengo una regla:

Borre sólo aquellos archivos o carpetas que usted haya creado.

Windows está lleno de archivos inusuales y desconocidos. No los manipule. No los borre. No los mueva. No les cambie el nombre. En especial, no los abra para ver lo que hay dentro. Algunas veces abrir un ícono desconocido puede causarle problemas.

En cuanto al hardware, no abra ningún aparato adjunto a su PC a menos que esté completamente seguro de lo que está haciendo. Algún hardware está diseñado para abrirlo. Las consolas nuevas tienen tapas desmontables para un fácil acceso. Esto hace que realizar mejoras sea algo muy sencillo. Si usted abre una consola, ¡recuerde desenchufarla! No hay problema con abrir su impresora para deshacer un enredo o para instalar tinta nueva o un cartucho de tóner. Aun así, no abra los cartuchos de tinta o de tóner.

Otros objetos de hardware tienen escrita la leyenda "No abrir" por todos lados: el monitor, el teclado y el módem.

Tratar de salvar el mundo

¡Evite ese instinto de héroe! Las personas que comienzan a usar una PC y el correo electrónico se sienten algo envalentonadas y creen que son responsables de la salud, la seguridad y el entretenimiento de todas las personas que conocen en Internet. Para ser honesto, si está comenzando, tenga en cuenta que los que ya estamos en Internet hemos visto ese chiste. Hemos visto las fotografías divertidas. Conocemos las historias. Además, todas las personas nos han enviado ese correo que dice que si se lo envía a siete personas que conozca, de alguna manera Bill Gates le enviará un cheque por US$4,000.

Por favor no sea parte del problema. Informarle a otra gente de la existencia de un virus y de amenazas *reales* es una cosa, pero distribuir engaños de Internet es otra. Antes de enviar un correo para todo el mundo que conoce, confirme que está enviando la verdad. Visite unos cuántos sitios web, como `www.truthorfiction.com`, `www.ciac.org/ciac/` y `www.vmyths.com`. Si el mensaje que está distribuyendo es cierto, por favor incluya unos cuántos vínculos a páginas web para verificarlo.

¡Gracias por ser parte de la solución y no del problema!

Responder al correo electrónico spam

No responda ningún correo spam a menos que quiera más spam. Un truco muy conocido de quienes lo envían es colocar un texto que dice "Responda este mensaje si no quiere recibir más mensajes". ¡No lo haga! Responder un spam es una señal para que quienes lo envían sepan que tienen "uno vivo". ¡Nunca jamás responda un correo spam!

Abrir un programa adjunto a un mensaje de correo electrónico

Usted puede recibir fotografías por medio del correo electrónico. Puede recibir archivos de sonido. Puede recibir cualquier tipo de documentos. Incluso puede recibir archivos comprimidos o carpetas comprimidas. No hay problema con recibir ese tipo de archivos. Pero si usted recibe un archivo de programa (EXE o COM) o un archivo Visual Basic Script (VBS), ¡no lo abra!

La única forma de infectar una PC con un virus es *ejecutar* un archivo de programa infectado. Puede recibir el archivo sin tener problemas. Pero si usted lo abre, está muerto. Mi regla es "No abra ningún archivo EXE que le envían por correo electrónico".

✔ Los archivos comprimidos se pueden recibir. Puede abrirlos y ver lo que hay dentro. Si tienen programas de los que no está seguro, sólo bórrelos. Con eso estará a salvo.

✔ Si tiene que enviar un archivo de programa por correo electrónico, llame al receptor o escríbale con anticipación para hacerle saber a la persona lo que va a recibir.

✔ Cuando tenga dudas, ejecute un software antivirus y escanee el archivo antes de abrirlo.

✔ Algunos tipos de virus pueden venir en documentos de Microsoft Word. El software antivirus podría atraparlos, pero en todo caso, confirme que en realidad el emisor quería enviarle el archivo antes de abrirlo.

Capítulo 30

Diez cosas que valen la pena comprar para su PC

. . . .

En este capítulo

▶ Almohadilla para 🖱 y descansamuñecas

▶ Pantalla antirreflejo

▶ Protector para el teclado

▶ Más memoria

▶ Un disco duro más grande y más rápido

▶ Teclado ergonómico

▶ Suministro ininterrumpido de energía eléctrica

▶ Tarjeta de expansión USB

▶ Escáner o cámara digital

▶ Reproductor de música digital portátil

. . . .

No estoy tratando de venderle algo. Estoy seguro de que no piensa gastar montones de dinero en cosas como otra PC (a menos que sea el dinero de otra persona). Aun así, existen algunos juguetes o, debería decir, acompañantes, que valdrían la pena que estén al lado de su PC. Aquí hay una lista de accesorios que recomiendo. Algunos no son tan caros y ¡no los vendo en mi sitio web!

Almohadilla para 🖱 y descansamuñecas

Si tiene un 🖱 mecánico (no óptico), necesita una almohadilla para que pueda rodarlo. Consiga una; las variedades son infinitas, además, con eso se asegura de tener al menos un lugarcito en su escritorio libre para movilizar el 🖱.

Un *descansamuñecas* cabe delante de la parte inferior del teclado y le permite descansar sus muñecas de manera cómoda mientras digita. Este producto le puede ayudar a aliviar algunas lesiones por movimientos repetitivos que son comunes entre las personas que usan teclados de manera constante. Los descansamuñecas vienen en muchos colores, algunos incluso los puede combinar con su ropa.

Pantalla antirreflejo

Aunque suene elegante, una *pantalla antirreflejo* no es más que un pedazo de nailon que se coloca frente al monitor. Muy bien, es un nailon profesional en una armadura lujosa que se adhiere a su pantalla. Como resultado, el brillo estridente de las luces en la habitación o la calle no lo perjudica. Una pantalla antirreflejo es tan buena idea que algunos monitores las traen incluidas.

El reflejo es la causa principal de la fatiga visual cuando usted usa una PC. Las luces por lo general se reflejan en el vidrio, ya sea desde arriba o desde una ventana. Una pantalla antirreflejo disminuye los reflejos y hace que le resulte más fácil ver lo que está en su monitor.

Algunas pantallas antirreflejo también incorporán un filtro antirradiación. Es en serio: ¡proporcionan protección contra los rayos electromagnéticos tan dañinos que salen de su monitor incluso mientras lee esta página! ¿Es esto necesario? No.

Protector para el teclado

Si usted es torpe cuando tiene una taza de café en sus manos o tiene hijos pequeños o una pareja que en ocasiones anda con los dedos llenos de mantequilla de maní cuando usa el teclado, un cobertor es una magnífica idea. Es probable que usted haya vista alguno en las tiendas. Ese protector cubre el teclado de manera ajustada, pero le permite teclear. Es una magnífica idea porque, sin ese protector, toda la basura cae entre las teclas.

En este mismo sentido, puede adquirir un cobertor de polvo genérico para su PC. Con esto puede preservar la apariencia de su PC, pero no tiene ningún otro valor real. Use uno sólo cuando la PC está apagada (y en lo personal, no recomiendo apagarla). Si coloca el cobertor sobre su PC mientras está encendida, crea un mini efecto invernadero y la PC se pone demasiado caliente y se podría derretir. Sin duda, eso sería algo terrible. Este tipo de calentamiento no le ocurre al teclado, por lo que puede tener el protector todo el tiempo, lo cual, más bien, será positivo.

Más memoria

Cualquier PC funciona mejor si tiene más memoria instalada. El límite máximo en algunas PC es de 4GB de RAM, lo cual parece ser excesivo en este momento, ¿pero quién sabe lo que pase dentro de dos años? Aun así, mejorar su sistema a

512MB o 1GB de RAM es una buena idea. Casi de inmediato, usted nota la mejora en Windows y en varias aplicaciones gráficas así como en los juegos. Pídale a otra persona que haga la actualización, usted sólo tiene que comprar la memoria.

Un disco duro más grande y más rápido

Los discos duros se llenan con rapidez. La primera vez es porque usted ha guardado mucha basura en el disco: juegos, cosas que la gente le envía, archivos y programas viejos que ya no usa. Puede borrarlos o copiarlos en un CD-R para almacenarlos por muchos tiempo. Luego, después de un tiempo, su disco duro se llena de nuevo. La segunda vez tiene cosas que usted en realidad sí usa. ¿Qué puede borrar ahora?

La solución es comprar un disco duro más grande. Si puede hacerlo, instale un segundo disco duro y comience a llenarlo. De lo contrario, reemplace su primero con un modelo más grande y más rápido. Comprar un modelo más rápido es una excelente forma de mejorar el desempeño de cualquier PC vieja sin tener que botarla.

Teclado ergonómico

El teclado tradicional de la PC se basa en el teclado de la antigua máquina de escribir (el modelo Selectric de IBM, por cierto). ¿Por qué? No tiene que ser de ese modo. No hay ningún mecanismo dentro del teclado que requiera que las teclas estén escalonadas en un estilo de cascada. El tecleo repetitivo en este tipo de teclado puede provocar desórdenes motores muy desagradables.

Para ayudarle a digitar con más comodidad, puede adquirir un teclado ergonómico, como el Teclado Natural de Microsoft. Este tipo de teclado organiza las teclas de forma cómoda para sus manos ya que las deja alineadas y no torcidas, como en un teclado tradicional.

Adquiera una UPS

La *Unidad de suministro eléctrico ininterrumpido* (UPS) es una gran ayuda en cualquier lugar del mundo donde la energía eléctrica no es confiable. Conecte su consola en la UPS. Conecte el monitor en la UPS. Si la UPS tiene receptáculos adicionales, conecte también su módem.

- ✔ El Capítulo 4 tiene información sobre el uso de una UPS así como de la regleta.
- ✔ Usar una UPS no afecta el desempeño de su PC. A la PC no le interesa si está conectada al enchufe de la pared o a una UPS.

Tarjeta de expansión USB

Una USB es lo que debe tener para expandir su PC. Si su PC no cuenta con un puerto USB, usted puede comprar una tarjeta de expansión.

Mi consejo: adquiera una tarjeta USB de 4 puertos PCI. (Discúlpeme por todas esas siglas y toda esa jerga.) Cuatro puertos es una cantidad adecuada. Prefiero la línea de productos Belkin. Vea el Capítulo 7 para obtener más información sobre la USB.

Escáner o cámara digital

Los escáneres y las cámaras digitales son en realidad la misma cosa, sólo que vienen en cajas distintas. Un *escáner* es un aparato parecido a una cama plana que se usa para escanear cosas planas. Una *cámara digital* es un escáner portátil con lentes de enfoque, que le permite "escanear" cosas en el mundo real, que no es plano. Ambos aparatos hacen lo mismo: transfieren alguna imagen del áspero mundo real al divertido universo digital de la PC.

Si usted ya cuenta con una cámara manual, conseguir un escáner es una excelente forma de iniciar su viaje por el mundo gráfico de la PC. Con facilidad puede escanear fotografías existentes, cuando están digitalizadas las puede almacenar en su PC o enviarlas por correo electrónico a sus amigos. (Vea el Capítulo 28.)

Las cámaras digitales también son una excelente inversión, aunque son más caras que los escáneres. El futuro de la fotografía es digital, de manera que comprar una ahora o más adelante es algo que quizá se encuentre en su lista de cosas por hacer antes de morir.

Reproductor portátil de música digital

Por si no lo ha escuchado o leído en algún lugar, el reproductor de CD ya murió. De hecho, los entendidos en música dicen que los CD de música pronto serán cosa del pasado. El próximo lugar para su música será su PC. La extensión portátil de esa música será un reproductor digital, también conocido como un *reproductor MP3*.

El reproductor de música digital más conocido es el iPod de Apple. Aunque iPod es un producto de Apple, es compatible con su PC, al igual que el conocido programa de música iTunes. También existen otros reproductores digitales de música. Asegúrese de que el que adquiere tiene suficiente almacenaje para toda su música, es compatible con su PC y tiene una forma sencilla de comunicarse con ella, así como de recargar su batería.

Capítulo 31

Diez consejos de un experto

- -

En este capítulo

▶ Recuerde que usted está al mando

▶ Tenga en cuenta que a los expertos en informática les encanta ayudar

▶ Use software antivirus

▶ No se apresure a mejorar el software

▶ No reinstale Windows para arreglar los problemas

▶ Ajuste su monitor perfectamente

▶ Desconecte la PC cuando abre su caja

▶ Suscríbase a una revista de cómputo

▶ Evite el despliegue publicitario

▶ No se tome este asunto de la informática muy en serio

- -

No me considero un experto en informática ni un genio o un gurú, aunque muchos me han llamado con esos nombres. Sólo soy una persona que comprende la forma en que funcionan las PC o, mejor aun, comprendo la forma de pensar de los informáticos. Quizás no puedan expresar una idea, pero yo puedo ver lo que quieren decir y lo puedo traducir a un lenguaje apropiado para usted. Con esto en mente, aquí hay algunos consejos y sugerencias para que usted y su PC puedan trabajar con tranquilidad.

Recuerde que usted controla la PC

Usted compró la PC. Usted es quien arregla sus desórdenes. Usted la alimenta con CD cuando se lo pide. En resumen: usted controla la PC. No permita que ella lo intimide con sus conversaciones estrafalarias y sus idiosincrasias divertidas. En realidad la PC es un poco tonta.

Si alguien trata de echarle una lata de aceite para motor en su boca, ¿usted trataría de probarla? Por supuesto que no. Pero si usted coloca un poco de ese aceite en una unidad de CD, la PC tratará de leer información porque cree que es un CD. ¿Lo ve? Es tonta.

Usted controla la PC sin cerebro así como controla a un niño pequeño. Debe tratarla de la misma forma, con respeto y mucha atención. No vuelva a sentir que la PC lo está dominando como si fuera un bebé con hambre a las 3 de la mañana. Ambos son criaturas indefensas. Sea amable, pero tome el control.

Recuerde que a la mayoría de los expertos les encanta ayudar a los principiantes

Es triste, pero la mayoría de los expertos en informática pasan la mayoría de las horas de actividad frente a su PC. Saben que es algo un poco excéntrico, pero no lo pueden evitar.

Su sentimiento de culpa es lo que hace que se alegren cuando le ayudan a los principiantes. Cuando comparten sus conocimientos, pueden legitimizar las horas que se sumergen en el océano de sus equipos. Además, les permite mejorar sus destrezas de socialización que andan un poco lentas: el arte de *hablarle* a una persona.

✔ Muestre su agradecimiento cuando reciba ayuda.

✔ Un excelente lugar para obtener ayuda en línea es mi foro en Wambooli, un lugar donde expertos reales le ayudan a los principiantes. Véalo usted mismo en:

    http://forums.wambooli.com/

✔ Tenga cuidado con los expertos falsos. Esta gente no ama las PC, pero pareciera que fueron a alguna escuela a aprender unos cuantos trucos de memoria. No son de mucha ayuda y quizás no saben nada de PC, excepto lo que les cuentan. Puede detectarlos porque no muestran el entusiasmo de los verdaderos expertos, esos que le ayudan cuando usted los necesita.

Use software antivirus

Es una triste afirmación, pero para que en realidad disfrute de su PC, tiene que invertir en algún software antivirus. Usted realmente necesita de la protección que ofrece ese tipo de programa, incluso si es cuidadoso. Toda PC que use Windows y que esté conectada a Internet está en riesgo. No hay excepciones.

Yo recomiendo el Antivirus de Norton. Es el líder de estos productos y es muy eficiente. El programa de protección antivirus McAfee también es una buena opción. Pero yo no recomiendo un antivirus basado en la web. Adquiera un programa real aunque pague más dinero por él. Si sus datos son importantes, vale la pena el costo.

✔ Así es, invierta dinero y compre la suscripción anual para mantener su software antivirus actualizado.

✔ Algunos programas antivirus vienen con otro software de seguridad para Internet, esto incluye protección spyware y quizás una barrera de protección o firewall. Así es, todo eso vale el costo.

✔ No hay necesidad de tener dos programas antivirus (o spyware o firewall) al mismo tiempo. Un programa es suficiente para realizar el trabajo.

✔ Para obtener más información sobre las cosas desagradables que le pueden suceder a su PC y a la forma de prevenirlas, vea uno de mis libros favoritos (porque yo lo escribí): *Troubleshooting Your PC For Dummies* (Wiley Publishing, Inc.).

Comprenda que mejorar el software no es una necesidad absoluta

Al igual que las modelos de la portada de *Vogue* cambian su ropa cada temporada (o quizás debería decir que "cambian su *moda*" cada temporada), las compañías de software siempre aparecen con actualizaciones permanentes. ¿Debería comprarlas de inmediato?

¡Por supuesto que no! Si se siente a gusto con su antiguo software, no hay razón para comprar una versión nueva. ¡Ninguna!

Es probable que la mejora del software tenga unas cuantas características nuevas (aunque todavía no haya podido revisar todas las características de la versión actual). Además, la mejora quizás tiene algunas pulgas que la harán fallar de formas nuevas. Tiene la libertad de ver la caja, tal como se queda mirando la portada de *Vogue*. Pero no se sienta obligado a comprar algo que no necesita.

Nunca reinstale Windows

Un mito presente en los sitios de soporte técnico dice que la solución a todos sus problemas es reinstalar Windows. Algunos supuestos representantes del soporte técnico incluso afirman que la mayoría de usuarios de Windows reinstalan ese software al menos una vez al año. Son puras tonterías.

Nunca es necesario reinstalar Windows. Todos los problemas se pueden arreglar. Lo que pasa es que los llamados encargados del soporte técnico son vagos y recurren a una solución drástica en lugar de tratar de descubrir cuál es el verdadero problema. Si usted los presiona, le *dirán* lo que anda mal y la forma de solucionarlo.

En todos mis años de usar una PC, nunca he reinstalado Windows ni he tenido que volver a formatear mi disco duro. Tampoco es bueno refrescar los bits en el disco duro ni ninguna otra idea sin sentido que le traten de vender. Sencillamente nunca hay necesidad de reinstalar Windows. Punto.

Vea mi libro *Troubleshooting Your PC For Dummies* (Wiley Publishing, Inc.) donde encontrará varias soluciones que puede probar en lugar de volver a formatear su disco duro o reinstalar Windows.

Ajuste perfectamente su monitor

No tengo mucho que explicar aquí. Mantener el monitor muy brillante es dañino para sus ojos y gasta su monitor con mayor rapidez.

Para ajustar un monitor CRT a total perfección, ponga el botón del brillo (el que tiene el sol) hasta arriba y ajuste el contraste (el botón con la media luna) hasta que se vea agradable. Luego, disminuya el brillo hasta que le guste lo que observa. ¡Eso es todo!

Desenchufe su PC cuando cambia de hardware

Las PC más nuevas no vienen con un interruptor como el de los modelos más antiguos. Cuando usted abre la caja para realizar una mejora o para agregar una tarjeta de expansión, su estómago (si es como el mío) podría presionar el botón de encendido (tenga en cuenta que está trabajando en un ambiente eléctrico peligroso). Para evitar eso, desconecte la consola antes de abrirla para realizar alguna mejora.

No es necesario que desconecte la consola o que apague la PC cuando agrega un dispositivo USB o FireWire. (Sin embargo, sí debe desconectarla si agrega una tarjeta de expansión USB.)

Suscríbase a una revista de cómputo

Bueno, ¿por qué no? Busque en los estantes de su tienda-café-librería- disco-teca local y trate de encontrar una revista de cómputo que le agrade.

✔ Una revista que parece ser útil para los principiantes es *SmartComputing*. Búsquela en un puesto de revistas cercano.

✔ Lo que me hace comprar una revista son las columnas y los detalles *nuevos* que aparecen en la portada.

✔ Algunas revistas son puros anuncios. Eso puede ser genial si le gustan los anuncios o puede ser aburrido.

✔ Evite las revistas muy elevadas, aunque quizás esta advertencia no era necesaria.

Evite el despliegue publicitario

La industria de la informática está repleta de publicidad. Incluso si se suscribe a una revista de cómputo para la familia, siempre se encuentra detalles de lo último que han inventado o de la siguiente gran tendencia. ¡Ignore todo eso!

Mi indicador con lo que se anuncia es si se envía como una parte estándar de la PC. Siempre reviso los anuncios para ver si envían el objeto; si es así, escribo sobre ello. De lo contrario, es un mito y quizás nunca sea cierto. Evite que el despliegue publicitario lo atrape.

✔ Cuando la publicidad se haga realidad, usted lo leerá en este libro.

✔ Algunos anuncios que por dicha ha ignorado han sido el Pen Windows, los canales web, el Shockwave, el Microsoft Bob y el Windows CE, por mencionar algunos.

✔ Algunos anuncios que se volvieron realidad: el USB, el CD-R, comprar en la web (o el *e-commerce*), las unidades de DVD, las cámaras digitales y las redes caseras.

No lo tome tan en serio

Vamos, ¡tranquilícese! Las PC no son parte de la vida. No son más que depósi-tos minerales y productos de petróleo. Cierre los ojos y respire hondo un par de veces. Escuche el rocío de las olas en el jardín; escuche las burbujas del jacuzzi de mármol en la habitación principal.

Imagine que conduce un automóvil convertible a lo largo de un bosque de secuoyas en un día soleado con el viento que se escurre por su cabello y le silba al oído. Imagine que está descansando en la cubierta bajo el sol mientras el crucero avanza con rumbo al sur, hacia las islas con amistosos monos de ojos muy abiertos que comen pedazos de cocos de la palma de su mano.

Se encuentra volando en un globo de aire caliente, toma el primer sorbo de champagne y siente las burbujas que explotan en su lengua. Más adelante, hacia el extremo izquierdo, se observa la cúspide de un castillo que atraviesa las nubes y puede oler el banquete que le espera del Chef Meisterbrau.

Luego, lentamente abra sus ojos. Es sólo una tonta PC. No se lo tome tan en serio.

Índice

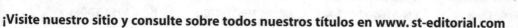

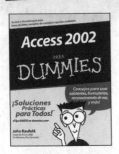